西南大学"双一流"建设优秀著作文库
A Library of Excellent Works of Southwest University "Double First-Class" Project

# 从脱贫攻坚到乡村振兴
——西南民族地区县域职校发展生态与路径

林克松·著

西南大学出版社

图书在版编目(CIP)数据

从脱贫攻坚到乡村振兴：西南民族地区县域职校发展生态与路径 / 林克松著. -- 重庆：西南大学出版社，2024.5

ISBN 978-7-5697-2401-1

Ⅰ.①从… Ⅱ.①林… Ⅲ.①民族地区—职业教育—发展—研究—西南地区 Ⅳ.①G719.21

中国国家版本馆CIP数据核字(2024)第103958号

## 从脱贫攻坚到乡村振兴——西南民族地区县域职校发展生态与路径

CONG TUOPIN GONGJIAN DAO XIANGCUN ZHENXING——XINAN MINZU DIQU XIANYU ZHIXIAO FAZHAN SHENGTAI YU LUJING

### 林克松·著

| 责任编辑 | 曾　文 |
| 责任校对 | 尹清强 |
| 装帧设计 | 闻江文化 |
| 排　　版 | 杜霖森 |
| 出版发行 | 西南大学出版社(原西南师范大学出版社) |
| 　　地　　址 | 重庆市北碚区天生路2号 |
| 　　邮　　编 | 400715 |
| 　　电　　话 | 023-68868624 |
| 印　　刷 | 重庆市圣立印刷有限公司 |
| 成品尺寸 | 170 mm×240 mm |
| 印　　张 | 15 |
| 字　　数 | 252千字 |
| 版　　次 | 2024年5月 第1版 |
| 印　　次 | 2024年5月 第1次印刷 |
| 书　　号 | ISBN 978-7-5697-2401-1 |
| 定　　价 | 88.00元 |

# 序言

"十四五"时期,我国开启了全面建设社会主义现代化国家的新征程,是向第二个百年奋斗目标进军的开局。实现脱贫攻坚同乡村振兴有效衔接是"十四五"时期我国改革发展的关键与核心,也是连接"'两个一百年'奋斗目标"的桥梁与纽带。2021年中央一号文件以及《中共中央、国务院关于实现巩固拓展脱贫攻坚成果同乡村振兴有效衔接的意见》就对"实现巩固拓展脱贫攻坚成果同乡村振兴有效衔接"这一战略任务做出了具体部署。进入新的发展阶段,全面推进乡村振兴尤其是继续推进脱贫地区乡村振兴的任务显得更为紧迫。职业教育作为塑造我国区域发展新格局的关键一环,是建设现代化经济体系、推动区域优势互补、解决区域人才供需矛盾的重要途径,在促进就业、改善民生和解决"三农"问题上发挥着不可或缺的重要作用。相继出台的《乡村振兴战略规划(2018—2022年)》《国家职业教育改革实施方案》《中华人民共和国国民经济和社会发展第十四个五年规划和2035年远景目标纲要》都充分肯定了职业教育在国民经济社会发展中的重要作用。可见,新时代,职业教育仍将为实现巩固拓展脱贫攻坚成果同乡村振兴有效衔接发挥重要引擎作用,因为这不仅是国家对职业教育改革发展的需求,更是职业教育自身重要的使命担当。

职业教育加快推进脱贫攻坚同乡村振兴有效衔接是一项系统工程,涉及诸多复杂的因素,特别是在我国经济社会步入高质量发展期间,城乡关系将进一步调整,乡村发展中的重大结构性、趋势性、转折性变化将进一步凸显。职业教育如何做到在巩固和拓展前期脱贫攻坚成果的同时,加快推进全面乡村振兴,最终实现脱贫攻坚同乡村振兴的无缝衔接,是需要全党和全社会高度关注的问题,也是相关研究者在进行理论研究时亟须回应的问题。因此,立足于新的发展阶段,有必要对职业教育在我国脱贫攻坚事业中的"能为"与"所为"展开回顾总结,从而为职业教育服务乡村振兴提供理论考量与实践尺度。林克松的这本著作其实就是在致力于回答上述问题。

这本书紧跟新时代国家战略方针的需求,围绕职业教育在反贫困治理过程中的重大现实问题,进行了一系列深入思考与实践调研。总体而言,本书呈现出三大特点:第一,面向时代发展需求,问题聚焦精准。在新的发展阶段,加快构建新发展格局的深厚基础仍在民族地区、农村地区与县域,而民族地区"县域治理"的特点决定了县域职校在民族地区扶贫工作中发挥的重要作用。本书将研究对象定位在"西南民族地区"和"县域职校"上,研究视域聚焦于西南民族地区县域职校在反贫困过程中的重点、堵点与难点问题,如民族地区县域职校扶贫体制机制问题、传承与创新民族文化问题、参与民族地区农民培训问题、控辍保学问题,等等。这些问题紧扣了时代发展的需求,紧抓了民族地区脱贫攻坚以及乡村振兴的关键,聚焦了县域职校的发展。因此,本书具有很强的问题意识。第二,面向理论知识前沿,内容创新性强。自国家深入开展脱贫攻坚与实施乡村振兴战略以来,职业教育扶贫研究的热度迅速攀升,理论成果与学术空间不断拓展。本书在原有的学术成果基础上,又进一步丰富了相关研究的内涵,如利用多元学科视角明晰了县域职校扶贫的价值机理、以推拉理论(人口迁移理论)分析了县域职校如何驱动学生县域就业、以资本理论构建县域职校的发展模型、以嵌入理论构建"民族地区县域职校"和"民族文化"之间的互动机制等。作者通过前沿的、科学的、特色的理论知识,进一步厘清了西南民族地区县域职校发展与脱贫攻坚的内在逻辑,深度解释了民族地区县域职校扶贫的运作机制、实际成效、影响因素以及发展方向,为民族地区县域职校的振兴发展与反贫困治理提供了有理论高度与创新性的学术启示。第三,面向具体实践情境,经验效用较强。职业教育事业始终是围绕着党和国家的中心工作以及人民群众的实际需求展开的。因此,职业教育研究必须是具有扎根性和本土性的。本书基于相关政策文件落实情况和职业教育具体改革进展,对西南民族地区县域职校的振兴发展与反贫困治理进行了扎根考察,调研与评估了"县域职业教育"与"县域经济社会"之间的结构耦合度、县域职校参与农民培训的秩序样态、县域职校助力控辍保学的成效与梗阻,并提出了县域职校振兴发展与反贫困治理的实践转向和路径,真正做到了学术创新与田野实践的结合,理论成果与社会服务的融合。

这本著作的完成源于林克松及其课题组成员多年来参与职业教育扶贫研究工作所积累的实践经验,是他们辛勤付出、坚持根植所凝聚出的成果。林克松及其课题组成员深入云、贵、川、渝、藏等省(自治区、直辖市)的民族县及职业院校开展调研工作,考察当前我国民族地区县域职校改革发展的现实情况,践行了作为一名职业教育研究者应有的责任意识与担当精神,这一点是值得肯定的。未来,在全面实施乡村振兴战略的大背景下,县域职校的改革发展会持续深化,民族地区职业教育面临着新目标、新使命和新任务。身为职业教育研究者,我们应该如何承担自己的学术使命,进而为实现职业教育高质量发展和乡村振兴做出属于学术人的贡献,是需要我们致力求索的问题。

2024 年 5 月

# 目录

## 第一章 价值定位
一、社会学视角 /002
二、经济学视角 /004
三、文化学视角 /006
四、教育学视角 /008
五、多学科观照 /010

## 第二章 作用机理
一、宏观作用机理 /014
二、微观作用机理 /020

## 第三章 应然逻辑
一、顶层共生逻辑 /027
二、中层协同逻辑 /032
三、底层融合逻辑 /037

## 第四章 评价指标
一、文献梳理 /042
二、构建依据 /045

三、构建原则与方法 /049

四、模型呈现 /051

五、评定等级 /053

## 第五章 背景评价

一、县域发展情况 /055

二、学校发展情况 /064

## 第六章 输入评价

一、帮扶方式 /072

二、人力投入 /081

三、财力投入 /082

四、物力投入 /085

## 第七章 过程评价

一、产业扶贫和振兴 /087

二、人才扶贫和振兴 /091

三、文化扶贫和振兴 /098

四、生态扶贫和振兴 /102

五、组织扶贫和振兴 /107

## 第八章 结果评价

一、县域发展度 /110

二、个体获得感 /113

三、学校生长力 /117

四、传导关系 /120

## 第九章

### 外部影响

一、县域经济水平 /124

二、县域产业基础 /125

三、人口规模结构 /127

四、地理交通环境 /130

五、政治地理资本 /131

六、文化地理资本 /135

## 第十章

### 内部影响

一、学校发展基础 /137

二、学校参与动力 /139

三、人才培养能力 /141

四、农民培训能力 /145

五、文化传承能力 /148

六、内部治理能力 /152

## 第十一章

### 发展资本

一、经济资本 /156

二、文化资本 /159

三、社会资本 /163

四、象征资本 /166

## 第十二章

### 发展机遇

一、西部大开发新格局驱动 /170

二、共建"一带一路"持续推进 /173

三、乡村振兴常态化推进 /175

四、乡村文旅融合发展 /178

五、区域协作纵深发展 /180

## 第十三章

### 发展框架

一、时代意义 /182

二、价值遵循 /186

三、逻辑框架 /189

## 第十四章

### 发展路径

一、宏观路径 /195

二、中观路径 /201

三、微观路径 /205

后记 /217

部分参考文献 /221

附录：调查表 /224

# 第一章
## 价值定位

价值定位是县域职校[①]助力脱贫攻坚、乡村振兴的逻辑起点和思想指南。职业教育区别于普通教育,不仅是一种以培养技术技能人才为主的类型教育,而且是一种面向人人、面向社会,具有跨界属性的类型教育。因此,县域职校在扶贫过程中具有独特的价值,发挥着举足轻重的作用。特别是随着当前社会经济发展和扶贫工作的持续推进,相关研究者对贫困概念的认识经历了从绝对到相对、由静态描述到动态分析、从现象到本质的逐步深化过程。[②]越来越多的研究者意识到贫困并非单一因素导致,而是一个复杂、分散、多系统的现象与问题,具有多学科的耦合性,预示着扶贫工作的多领域融合性。而作为与区域经济、人力资本、就业创业联结密切的职业教育扶贫系统,牵涉了政治、经济、文化、教育等多个领域系统,是一个混沌的整体性存在。[③]因此,学界对县域职校扶贫的价值定位往往会解构为多个横切面,以适应不同学科视角下扶贫工作对县域职校的需求和县域职校扶贫的全方位价值追求。

---

[①] 本研究所指的"县域",既包括国家行政管理单位中的县,也包括市辖区、县级市。"县域职校"特指在县域举办的职业教育中心、职业高中以及中等职业学校。需要特别指出的是,由于西藏自治区以及四川的一些地级市,市域内大多县没有专门设立中等职业学校,所以本研究将西藏昌都市、日喀则市、四川阿坝州以及四川甘孜州等地级市及市级中等职业学校纳入研究对象。

[②] 陈春霞,石伟平.职业教育精准扶贫的实践效能与治理路径——面向"消除贫困"的未来图景[J].河北师范大学学报(教育科学版),2020,22(2):118-124.

[③] 谢德新,邱佳.论职业教育精准扶贫研究的实然、必然与应然[J].职教论坛,2019(1):27-33.

## 一、社会学视角

"让贫困家庭子女都能接受公平有质量的教育,阻断贫困代际传递"不仅是《中共中央、国务院关于打赢脱贫攻坚战的决定》中确立的战略指导思想,也是教育扶贫需要实现社会公平正义的价值追求和使命担当。从社会层面而言,贫困问题不只是简单的社会民生问题,其实质反映了社会的公平正义问题。[1]那么,可以说扶贫减贫战略的下位目标是使贫困地区和贫困人口脱离贫困,但上位目标是消除社会中的不平等,使全社会达到公平正义状态。同样,教育扶贫最终的目的,不仅仅表现为帮助贫困地区和贫困人口获得财富,更重要的是通过教育实现这种财富获得的可持续性,阻断贫困的代际传递,从而实现教育扶贫对社会公平正义的价值追求。可见,站在社会公平的角度思考县域职校扶贫的价值定位,将具有更为深远的意义。

早在20世纪60年代,美国社会学家在研究贫困阶层长期性贫困的过程中,发现贫困家庭与贫困社区存在贫困代际传承的现象,并从社会学的阶层继承和地位获得的研究范式中提出贫困代际传递这一概念,即贫困父母将其贫困以及与之相关的各种不利因素传递给其子女的过程。从社会学视角而言,贫困的成因绝非个人的能力、资产、文化、关系、资源等微观维度上的失衡。研究者往往更关注于个人所处整体社会阶层的命运,将贫困问题与社会结构性因素紧密地捆绑在一起,认为贫困是一种子辈与父辈之间的传承现象,具有较强的代际传递作用。换言之,父母较低的经济地位将会通过某种机制传递给子女,使子女在成年后继承父母的贫困,甚至进一步将不利因素继续传递给后代。[2]因此,在社会视域下,县域职校扶贫的价值定位着重在于阻断贫困的代际传递,切断由于贫困所产生的因果链,实现底层阶层的向上流动。如学者徐桂庭认为,随着全球化进程的加快,职业分化和社会分工的细化,将促使职业教育成为打开劳动市场之门的"钥匙",将会在淡化社会分层与阻断贫困代际传递中发挥重要作用。[3]可见,县域职校扶贫的社会价值就是通过对贫困人口

---

[1] 李兴洲.公平正义:教育扶贫的价值追求[J].教育研究,2017,38(3):31-37.
[2] 郭晓娜.教育阻隔代际贫困传递的价值和机制研究——基于可行能力理论的分析框架[J].西南民族大学学报(人文社科版),2017,38(3):6-12.
[3] 徐桂庭.从教育扶贫看职业教育与贫困阶层的代际传递[J].职教论坛,2019(9):14-18.

职业技能的培训教育,进而使他们在未来的劳动力市场上找到一个合适的职业位置、获得较好的社会生活机会,以有效阻断贫困的代际传递。

当然,在这个基础上,还需要厘清县域职校阻断贫困代际传递的关键症结。先赋性因素与后致性因素常被视为阻断贫困代际传递和打破社会阶层封闭的关键性因素。[1]因此,从社会学的视角出发,县域职校扶贫的关键在于两个方面:一方面是弥补贫困人口先赋性缺陷,另一方面是激发贫困人口的主体能动性。以"弥补说"为代表的研究者更关注于职业教育的外援式扶贫,比如建构职业教育奖助学模式[2]、健全政策支撑与法治保障[3]、加大财政投入等。这种外援式的扶贫方式从微观层面而言,实质是通过提供现金补贴、社会服务等来帮助贫困家庭进行人力资本投资,使得贫困家庭子女在后期的劳动力市场竞争中能够拥有获取一定资本的能力,与其父辈相比,通过重建劳动力市场中的角色,获取长期的人力资本投资回报[4];从宏观层面而言,其实质是把教育资源向贫困地区和贫困人口倾斜,弥补过去对贫困地区和贫困人口教育投入和教育扶持的历史欠账,加大教育帮扶力度,从而使贫困人口也能够享受到优质的教育资源,努力做到起点公正,体现教育公平理念。然而,以"激发说"为代表的研究者则更关注于职业教育的内生式扶贫,即通过提高人力资本和文化素质,增强贫困地区的"造血"功能。[5][6]人力资本是相对于物质资本而言的,表现为人所拥有的生产知识、劳动技能、管理能力和健康素质的总和。人力资本是一种投资,且该投资的回报大于物质投资。[7]县域职校的内生式扶贫,可以说实质是通过教育阻断贫困的内部发生机制,即由于人的知识能力缺乏所产生的贫困。那么,县域职校就要通过提升贫困群体的文化素养和职业准备能

---

[1] 洪岩璧,钱民辉.中国社会分层与教育公平:一个文献综述[J].中国农业大学学报(社会科学版),2008,25(4):64-76.
[2] 曾小兰,朱媛.职业教育精准扶贫的定位、模式及推进策略[J].教育与职业,2017(19):5-11.
[3] 郭广军,邵瑛,邓彬彬.加快推进职业教育精准扶贫脱贫对策研究[J].教育与职业,2017(10):5-9.
[4] 祝建华.贫困代际传递过程中的教育因素分析[J].教育发展研究,2016,36(3):36-44.
[5] 朱方明,李敬.习近平新时代反贫困思想的核心主题——"能力扶贫"和"机会扶贫"[J].上海经济研究,2019(3):5-16.
[6] 杨小敏.精准扶贫:职业教育改革新思考[J].教育研究,2019,40(3):126-135.
[7] 郭晓娜.教育阻隔代际贫困传递的价值和机制研究——基于可行能力理论的分析框架[J].西南民族大学学报(人文社科版),2017,38(3):6-12.

力,增加劳动技能,从而提高其经济收入,降低贫困的发生率和传递率。

总体观之,从社会学视角探讨县域职校扶贫的价值定位,不仅为县域职校扶贫工作奠定了一定的理论基础,同时有助于研究者理解社会阶层与职业教育之间的关系,为提高县域职校扶贫水平和缓解扶贫压力提供社会层面的反馈。

## 二、经济学视角

反贫困理论作为一个起源于发展经济学派的思想,在很大程度上是教育扶贫的行动指南和思想指引。反贫困理论所强调的是贫困治理的具体路径在于扩大资本投资进而提高生产效率,推动经济发展。[1]从经济学层面而言,贫困问题不仅仅是简单的资源获取、收入分配、经济增长等不均衡的问题,它同时还与资本投入和产出回报关系密切。可以说,反贫困的最终目标不仅在于从微观层面解决个体的物质贫富问题,同时在于从宏观层面推动整个贫困区域的经济发展。同样,推及教育扶贫的经济学范畴,教育扶贫就是要将自身作为一种特殊的公共产品,通过对贫困地区教育的投入,提高贫困人口的教育水平,使贫困群体的经济条件得以改善,最终促成区域经济的能动性发展。

经济学作为一门理论性和应用性兼具的学科,一方面注重于研究财富资本的创造,另一方面更注重研究财富资本的资源配置与合理分配。[2]经济学家库兹涅茨(S.S.Kuznets)经济增长理论、拉格纳·纳克斯(Ragnar Nurkse)贫困恶性循环陷阱理论、纳尔逊(R.R.Nelson)低水平均衡陷阱理论和冈纳·缪尔达尔(G.Myrdal)循环积累因果关系理论普遍重视资本与贫困的辩证关系,直到舒尔茨(Theodore W. Schultz)提出人力资本理论,经济学对于国家经济的发展考虑得更为全面,将更多的生产要素带入经济发展中。因此,在经济学视角下,县域职校扶贫常常与劳动力供求、资本获取、生产力质量、收入消费关系等诸多要素紧密关联。从整体性的视角来看,经济学视角下县域职校扶贫的价值定

---

[1] 袁利平,张欣鑫.教育扶贫何以可能——多学科视角下的教育扶贫及其实现[J].教育与经济,2018(5):30-39.
[2] 李春明.精准扶贫的经济学思考[J].理论月刊,2015(11):5-8.

位往往在于实现各个经济要素与资源的区域协调,即通过县域职校为县域贫困地区产业发展提供人力资源和技术支持,以此实现县域贫困地区资源的优化配置和经济结构的优化提升。[①]

从宏观经济学层面而言,区域空间之间要素流动和分配的不平衡是导致贫困出现的主要原因。特别是处于中国城乡二元经济结构的现实条件下,县域作为一种独特的空间类型,正是我国城乡空间融合的"度"之所在,促进县域的经济发展对城乡贫困地区的扶贫工作有深远的意义。那么,从经济学视角出发,县域职校扶贫的可为性在于实现城乡经济结构的接轨,促使两个轨道相融合,走向"城乡融合发展""农业现代化""社会主义新农村建设"的发展路径。[②③]简言之,统筹城乡经济社会发展是县域职校扶贫推动区域经济发展的关键与核心。在城乡经济统筹发展进程中,县域职校一方面将为城乡统筹发展提供强大支撑,通过对贫困人口素质的提高与就业的解决、企业的转型升级等途径维系区域经济持续发展;另一方面,城乡经济统筹发展又会促进城乡间要素的流动,为县域职校提供广阔的发展空间。[④]为此,县域职校在扶贫的过程中,形成了一种互惠双赢的发展模式。那么,在经济学视角下,县域职校扶贫的具体做法一是要提升县域职校带动力,其核心是实现县域职校在城乡不同区域的合理发展。县域职校要提升带动力必须进一步强化基础能力建设、提升教育质量、提高带动就业的能力,增强农村转移人口的适应力。二是要让城市职业院校通过与农村职业院校、农村产业企业的合作,将城市资源与农村资源进行合理配置,从而减少资源内耗,促进空间优势资源的合理流动。[⑤]三是要加大县域职校对农村转移人口的关注与培训力度,将教育资源和社会资源组合在一起,通过与政府、社区、企业及第三方组织的合作,充分发挥社会服务功能,通过"以教促智""以智促富""以富促教"的共进式良性循环,改善农村转移贫困人口的生存现状。

---

① 谢盈盈,杨虹.职业教育与区域产业协同扶贫的必要性、机理与路径[J].教育与职业,2020(11):12-19.
② 曾阳.乡村振兴战略下职业教育服务城乡融合发展的路径研究[J].国家教育行政学院学报,2019(2):23-30.
③ 喻涛.现代化视野下的农村职业教育可持续发展[J].继续教育研究,2017(5):41-43.
④ 朱德全.职业教育促进区域经济高质量发展的战略选择[J].国家教育行政学院学报,2021(5):11-19.
⑤ 朱德全.职业教育统筹发展论[M].北京:科学出版社,2016:245.

因此，从经济学的视角出发，职业教育扶贫不仅是一个教育问题，更是一个经济问题，只有实现产业模式、经济运行模式与职业教育的契合才能解决城乡经济二元发展的问题。[①]经济学视角下县域职校扶贫，将更关心县域贫困地区人口的生活福祉，也将促使相关研究者思考并制定更优质、更有效益的扶贫模式。然而，在县域职校扶贫产生直接效益的同时，如何使贫困人口能长期可持续地发展，是一个值得探讨的问题，因为这背后不仅仅是经济学各要素流动配置的问题，更涉及文化习俗、环境资源、教育心理等众多因素。

## 三、文化学视角

贫困文化是文化学对贫困现象的理论阐释，它主要是指长期生活在贫困状态下的群体所形成的一种自我维护的文化体系，这种文化体系是他们特定的生活方式、价值观念、行为态度，是一种脱离了现代主流社会文化的亚文化系统。[②]在前期物质扶贫取得一定成效之后，"精神贫困""素质贫困""文化贫困"等词语渐趋进入到我国相关的扶贫政策和学术研究的话语体系中。特别是到了以"精准扶贫"为指导方略的扶贫时代，教育扶贫显著提高了贫困人口的人力资本质量和收入水平，而此时如何激发脱贫内生动力、阻断贫困代际传递成了教育扶贫的重点靶向。贫困文化所具有的特殊结构和机理，让其呈现出一种代际传递的特征且难以消解，这也是一直以来困扰我国贫困地区发展和治理的突出难题。习近平总书记在全国脱贫攻坚总结表彰大会上就指出，"志之难也，不在胜人，在自胜"。可见，扶贫工作进入到最后的攻坚时期，其主要目标就在于逐步消解和根除贫困文化。教育具有培养人、改造人的功能，因此教育扶贫将作为一种促进社会合理流动的机制，有效阻隔贫困文化的代际传递，进而改变穷人的价值观及其生活方式，使其心生动力和劳动的积极性，最终助推其摆脱贫困。

在文化学的视角下，贫困文化一旦形成，便将会成为一个长期且根深蒂固的过程，它不仅表现为外在物质上的贫穷，更表现在内在精神上的贫穷。这种

---

① 徐国庆.我国二元经济政策与职业教育发展的二元困境——经济社会学的视角[J].教育研究,2019,40(1):102-110.

② 王秀华.职业教育精准扶贫的理论基础、价值主线与实践突破[J].教育与职业,2017(21):16-22.

精神上的贫穷致使贫困者安于现状,丧失挑战贫困、创造新生活的精神动力,也在很大程度上成了扶贫政策实施的最大阻力。①基于此,县域职校扶贫的价值定位便在于如何有效地瓦解这种顽固的贫穷文化体系。因职业教育本身所附带的教育属性和职业属性对此有特殊的功效,故县域职校助力扶贫工作的价值定位,不仅在于就业导向,更在于提高贫困人口的文化素质与认知水平,以此达到促进贫困人口脱贫信心增强、公民素养提高、人力资本增值的功能定向。②

在文化学的视角下,县域职校扶贫的主要策略是注重精神扶贫,建立一种"智志双扶"的脱贫理念,从根源上铲除贫穷。③一方面,在扶智上,县域职校通过保障贫困者接受中、高等教育的权利,让更多的贫困者接受先进的职业文化教育,包括知识创新文化、技术创新文化、职业道德文化、产业发展文化、产品质量文化、科学管理文化等,增加贫困人口的文化知识占有量,提升其文化认知能力及学术水平,转变文化价值观念,增强文化自觉意识,消除庸俗低级文化的不良影响,摆脱贫困文化的束缚,进而转变发展的思维方式和行为习惯,追求健康的生活方式,促进自身的可持续发展。④另一方面,在扶志上,县域职校则主要是通过对贫困人口精神层面进行改善,针对其自我效能感低、缺乏上进意识、自我发展内生动力不足等问题,让"等、靠、懒、要"等行为与观念逐渐消解,最终促使贫困人口能够发挥自身的主观能动性改变未来和命运。

尽管贫困文化能够引导相关研究者理解贫困的历史性、根源性、相对性与复杂性,为职业教育扶贫提供一些新的见解,但是从文化学的视角出发却往往会过于关注于他们的内在心智模式,忽视贫困人口的发展能力与社会地位。因此,文化学视角下对职业教育扶贫的解释力、指导力也具有一定的局限性和片面性。

---

① 何仁伟.中国农村贫困形成机理研究进展及贫困问题研究框架构建[J].广西社会科学,2018(7):166-176.
② 陈鹏,王晓利."扶智"与"扶志":农村职业教育的独特定位与功能定向[J].苏州大学学报(教育科学版),2019,7(4):8-15.
③ 马建富,吕莉敏.乡村振兴背景下贫困治理的职业教育价值和策略[J].苏州大学学报(教育科学版),2019,7(1):70-77.
④ 侯长林,游明伦.职业教育的多元化扶贫功能及其定位探讨[J].教育与职业,2013(36):26-28.

## 四、教育学视角

党的十八大以来,我国教育扶贫进入全面发展的新时期。以习近平同志为核心的党中央高度重视教育事业发展,对教育扶贫开发工作做出了深刻阐述和全面战略部署,将教育扶贫作为国家扶贫工作的重要内容。2015年11月29日,中共中央、国务院发布《关于打赢脱贫攻坚战的决定》,明确指出"加快实施教育扶贫工程,让贫困家庭子女都能接受公平有质量的教育,阻断贫困代际传递"。这表明在我国进入脱贫攻坚、决胜全面建成小康社会的重要阶段后,党和国家明确了教育在扶贫开发工作中的战略性、奠基性和先导性地位。[1]教育扶贫成了打赢脱贫攻坚战的重要抓手,其所发挥的价值功能和影响将远远超过物质救济。教育能够发掘出隐藏在个体身上的财富资本和潜能,能够帮助实现个体的自由而全面的发展。清醒且客观地认识到教育在人的发展和减贫脱贫中的价值和作用,将会对贫困问题有更深入的理解,也将探索出更多的教育扶贫实践路径。教育学视域中关于教育扶贫探讨更多的是基于教育的功能和意义来进行的,依靠教育来提升人口素质进而摆脱贫困的根本依据就是教育的个体功能中的正向部分。概言之,教育扶贫的出发点和落脚点是对人的关注与促进人的全面发展。

目前很多研究一致表明受教育水平与贫困状况存在着显著的负相关关系,劳动力受教育水平的提升可以有效降低贫困率。[2]然而在贫困地区,教育投资往往是一种不确定性投资,家庭对子女教育投资的意愿较低,也就间接造成了较低的劳动生产率与低收入。因此,"扶贫先扶智"是教育学视角下解决贫困问题的第一原理,发展教育也被视为帮助贫困地区摆脱贫困的根本性举措。职业教育作为一种兼具了教育性和职业性的跨界教育,与地方经济结构和教育水平紧密相关。从教育学的视角审视县域职校扶贫的价值定位,主要是面向更为微观的"人",注重通过对受教育者进行专门的技术技能训练及理论提升培训,帮助其适应经济社会发展或就业需求,进而提高贫困地区的就业

---

[1] 袁利平,李君筱.我国教育扶贫话语体系的发展脉络与时代构建[J].贵州师范大学学报(社会科学版),2021(4):50-58.
[2] 李晓嘉.教育能促进脱贫吗——基于CFPS农户数据的实证研究[J].北京大学教育评论,2015(4):110-122.

率与收入水平。①可以说,职业教育扶贫的价值意义就在于提高人的理论水平和技能水平,使贫困地区的人口具备摆脱贫困的信念与意识,以及掌握实现脱贫致富的实用技能。②同时,一直以来,职业教育是我国一种重要的类型教育,对学习者的基础教育水平要求相对较低,可利用较短的培训和实践周期,实现学习者对基本职业技能的快速掌握,此外,对于普通职业技能工作者来说,适应性较强、覆盖面较广,这些特点都很好地契合了精准扶贫的现实诉求。③

县域职校发挥教育职能解决贫困的关键在于两个方面:一是促进受教育者技术技能提升,进而优化县域贫困地区的劳动力结构;二是促进受教育者思想观念的转变,进而树立起他们致富的理念与思路,激发县域贫困地区经济活力。④具体而言,一方面,县域职校要注重对贫困群体内在职业能力的培训与教育,通过贫困群体的精准治愚、精准扶智,提升贫困群体的个人职业技术技能和职业素养,在精神素质、技术能力层面上实现对贫困群体的扶智,拓宽贫困群体的脱贫致富之路,提升贫困群体的个人成就感和幸福获得感,从而实现精准脱贫致富。另一方面,县域职校要改变传统"输血式"的外源式扶贫,转向触发贫困群体内在脱贫能力,从更深层次的思想观念、精神道德上激发贫困群体的内在潜能,促使其形成一种可持续的发展,进而让个体带动区域的经济社会发展,发挥出职业教育的个体功能和社会功能。

以教育学视角定位职业教育扶贫的价值,其更多探讨的是教育功能和教育本质在教育扶贫中的功用,教育学科视角关于贫困的认知是建立在人的全面发展的基础之上的,体现了国家扶贫工作以人为本的价值追求。与此同时,教育学视域将研究视角聚焦于更小的"人"的维度上,有助于深度地挖掘导致贫困的潜在因素,也更加契合"精准扶贫"的现实诉求和内在逻辑,能将扶贫工作的重点从外部条件的改善转变为内部能力的促进,对贫困地区人口摆脱代际贫困产生持久的影响。

---

① 黄颖,葛鑫,张洪冲.乡村振兴战略背景下农村职业教育价值取向的重塑与实现路径[J].成人教育,2019,39(7):67-71.
② 李柱朋,毕宪顺.我国高等职业院校精准扶贫的价值与路径[J].职业技术教育,2017,38(13):34-38.
③ 贺东建,王庆福.新时代精准扶贫中精准职业教育的协同创新研究[J].成人教育,2020,40(8):77-81.
④ 许媚.基于精准扶贫的农村职业教育问题审视与发展路径[J].教育与职业,2017(18):25-31.

## 五、多学科观照

教育扶贫精准化的必然趋势以及多学科发展的现实诉求将扶贫问题上升为社会层面的综合性问题,也共同决定了县域职校扶贫是一项具有学科辐射性和共通性的复杂工程,所以在实践过程中,只有以多学科统整的多维视角与分析框架来审视贫困问题,才能更全面地认识贫困,提高县域职校精准扶贫的成效。通过以上论述,我们可以发现在不同的学科下县域职校扶贫的价值定位各不相同,然而,无论将贫困放置于哪一个单一的学科知识框架内,它总是不可避免地要与其他学科产生交集。[①]比如,如若将贫困单纯地置于社会学范畴之中,我们就会发现要深入地、全面地以社会学视角考察贫困,必然要牵涉到其他学科,比如教育投入、区域文化、个体心智对经济贫困造成的诸多影响;若将贫困视为一个经济问题,那么县域贫困地区的经济发展又与其文化发展、教育发展、产业发展等紧密相依,且它们之间相互影响。由此可见,县域职校扶贫的价值定位所涉及的不仅仅是教育价值定位的问题,其载负的价值也不仅限于对个体能力的发展;贫困的动态性、多维性和复杂性决定了县域职校教育扶贫与经济学、社会学、文化学等多学科在价值上具有一定的耦合性。

县域职校扶贫与经济学的价值耦合性体现在县域职校能够通过职业技能培训,促进县域贫困地区人力资本开发,进而在根本上提高贫困人口的素质和能力,从而将人力资源开发最大化和最优化,将其转化为激发区域经济发展的内在资本。

县域职校扶贫与社会学的价值耦合性体现在县域职校是扩大文化资本积累和社会阶层流动的重要渠道。县域职校对县域贫困人口提供"学历+技能"双提升的扶持模式[②],学历的提升有助于贫困人口获得内在的文化资本,技能的提升则有助于贫困人口在劳动力市场中的分工更合理的优化与劳动收入的提升。可以说,县域职校扶贫使得贫困人口获得和积累相应的文化资本,再对其进行转化,从根本上扩大阶层"循环性流动"的可能性,从而减弱在资本转化

---

① 袁利平,张欣鑫.教育扶贫如何精准化——基于多学科视角的模型建构[J].教育与经济,2020(1):3-10,18.
② 梁小军,胡多.相对贫困治理中的职教扶贫:目标转向与实践逻辑[J].职教论坛,2021,37(10):145-151.

过程中由于文化资本的获取不均而造成的马太效应。

县域职校扶贫与文化学的价值耦合性体现在它是帮助贫困人口摆脱精神贫困衍生和文化贫困传递的重要手段。习近平总书记之所以提出并强调"扶贫先扶智,治贫先治愚"的科学扶贫思想,是因为如果贫困主体表现出思想道德素质和文化水平的低下,思维的局限以及理想信念的缺失,就会导致其难以摆脱贫困的循环,难以通过自身的能力去脱贫致富。而在很大程度上这种精神或者是文化贫困形成的根源是教育的缺失与掣肘。县域职校就是要通过对贫困人口思想道德水平的提升和技能技术的提升,使其摆脱"等、靠、要"的思想,形成一种主动去改变和发展的思想,树立远大的脱贫之志与脱贫目标,依靠自身的努力和地方与国家的政策支持,弥补贫困带来的劣势。

从多学科视角下县域职校扶贫的价值定位和价值耦合性来看,对相关学科进行统整是县域职校扶贫走向精准化的必然路径,要将多学科的资源与智慧运用和渗透到县域职校的扶贫工作当中,需要在多学科的扶贫理论指导下,利用县域职校实现科学的精准扶贫。基于此,笔者构建了多学科视角下县域职校扶贫的模型(如图1-1)。

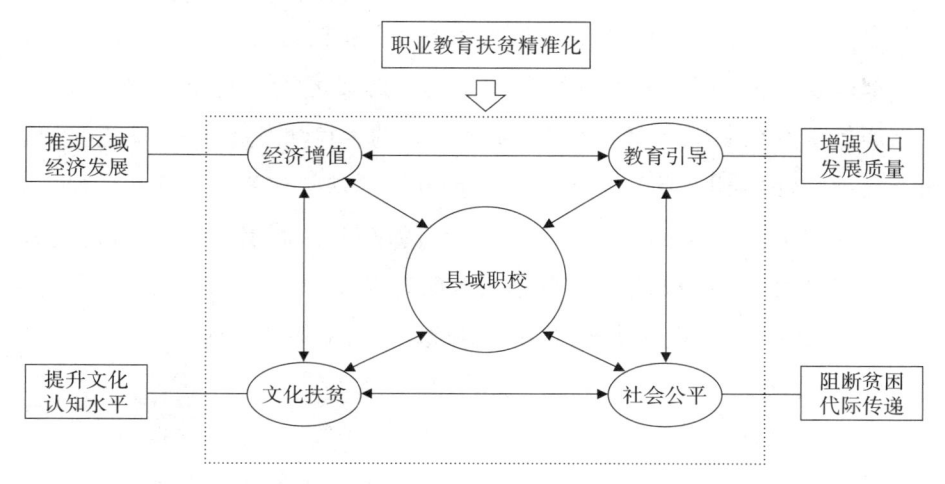

图1-1 多学科视角下县域职校扶贫的模型图

具体而言,县域职校要在多学科扶贫模式下做到"四位一体"。首先,要将教育引导放在扶贫的主导地位。通过教育价值统筹其他学科下县域职校扶贫的价值定位,来推动县域贫困地区职业教育事业优先与快速发展,通过增强人口发展质量,促使县域贫困人口习得脱贫致富的知识、技能并掌握一定的科学技术手段。教育扶贫是顺利实现脱贫的基础和前提,发展教育是最为持久且有效的扶贫方式。其次,要将经济扶贫作为县域职校扶贫的动力点。经济基础决定上层建筑,经济的稳定发展是国家稳定和社会安定的"命门",经济发展的质量和水平决定了政治、教育、卫生等现代化的进程。通过加大教育经费投入、统筹教育资源、保障资助体系等一系列政策输入,保障县域职校的发展步伐;同时,也可以此达成以高质量的人力资源输出,推动县域贫困区域经济发展的目的。再次,要以社会公平为导向。阶层是社会学中的重要概念,是指由于受到经济、政治、文化等的影响在社会结构中处于不同地位的群体。以社会公平为导向的县域职校扶贫就在于要打破阶层固化的现象,使得每一个人都能够拥有向上流动的机会,而不是让贫困人口处于在所处的社会结构中难以流动的一种被动状态。县域职校站在这个立场上,就是要在职业教育精准化扶贫过程中利用教育优势打破阶层固化。实现阶层的合理流动,就要保证教育起点、教育过程和教育结果的公平,让县域贫困人口能够通过自身的努力实现阶层的跃升。最后,要以文化扶贫作为着力点。在文化层面,文化的产生和改变都以教育这一根本力量为条件,教育乃是比文化更加深刻的分析视角。[1]县域职校扶贫在文化上就是要提升贫困人口的生存和发展能力,就是要从思想上突破"贫困文化"藩篱,这是解决贫困问题的基础和关键环节。[2]因此,县域职校要注重对县域贫困人口"造血"意识的培养,从而消除贫困人口在思想意识上的惰性和"等、扶、靠、帮"的消极现象。概言之,"扶贫先扶志,攻坚先攻心",文化扶贫是深层次的扶贫,要作为县域职校扶贫的着力点。

---

[1] 雷云,赵喻杰.以教育看待贫困——中国教育扶贫理论建构及未来路向[J].教育研究,2021,42(12):120-130.

[2] 李兴洲.公平正义:教育扶贫的价值追求[J].教育研究,2017,38(3):31-37.

# 第二章
## 作用机理

党的十八大以来,党中央把贫困人口脱贫作为全面建成小康社会的底线任务和标志性指标。自"十三五"规划以来,学术界对县域职校扶贫的研究不断升温,成果不断丰富。2016年12月,教育部出台了《教育脱贫攻坚"十三五"规划》,提到了大力发展职业教育和培训、加快推进高职院校分类考试招生、资金向职业教育倾斜等举措。由此可见,精准化理念已经注入教育扶贫之中,细化到职业教育领域。在脱贫攻坚时期,构建职业教育精准脱贫的长效机制,巩固职业教育脱贫攻坚的成效,已经成了我国减贫事业的工作重心与必然要求,是教育高质量发展的重要内容。县域职校作为扶贫开发的重要"生力军",通过发挥自身的科技、人才、智力等资源优势,在具体的实践过程中也根据扶贫目标和禀赋条件,积累了多种具有职业教育特色的扶贫路径与扶贫模式,建立起了长效的扶贫机制,为取得全面打赢脱贫攻坚战的决定性成就做出了巨大贡献,对于巩固脱贫攻坚成效、缓解相对贫困和实现乡村振兴意义重大。简要概括,县域职校扶贫模式,可以从宏观与微观层面分为两类主导模式:一是宏观层面上以推动地区经济为主导的模式;二是微观层面上以推动个人发展为主导的模式。两种模式对县域职校扶贫的路径、策略及对策有交叉之处,但也各有侧重。

## 一、宏观作用机理

职业教育参与脱贫攻坚战略的优势在于其功能定位在一定程度上与扶贫事业目标相契合,作为与地方社会经济联结最为紧密的教育类型亦能很好地匹配地方的扶贫需求。因此,从宏观层面而言,职业教育扶贫的运行过程必然是通过制度性的保障和路径实现地方社会经济的发展进步,最终缩小城乡二元经济结构的差异,达到"共同富裕"的目的。正如有学者指出的,"从宏观层面而言,职业教育在宏观层面,职业教育通过促进区域经济社会发展助推县域、村域的扶贫,如此也就有效覆盖到了贫困县、贫困村"[①]。职业教育承担了推动地区经济发展与缩小区域差距的责任,因而在该阶段相关研究分别提出了三种模式,这三种模式更注重的是通过搭建县域职校与外部环境之间的关系,促进县域职校扶贫宏观目标的达成。

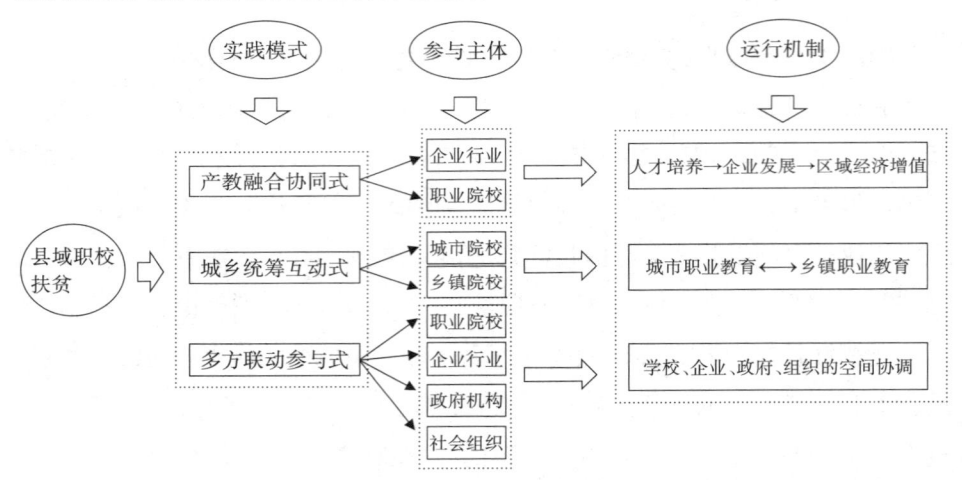

图 2-1 县域职校扶贫宏观层面的作用机制图

### (一)"产教融合协同式"

县域产业在县域社会经济发展中发挥着至关重要的作用。实现县域职校与县域产业结构之间的常态化运作,能在大范围、集中性地消除区域性的贫穷问题,降低和消除贫困群体人口数量,最终促进区域经济社会的发展。因此,产教融合协同的扶贫模式一直以来备受推崇。

---

① 李鹏,朱成晨,朱德全.职业教育精准扶贫:作用机理与实践反思[J].教育与经济,2017(6):76-82.

产教融合协同的扶贫模式,主要是指县域特色产业与县域职校之间形成一种良性的合作机制,进而为扶贫区域提供可持续发展的活力与空间。比如从外部关系分析这种合作机制,完整的产业扶贫模式要经过"产业培育—贫困户进入产业链—促进产业链稳固发展"三个阶段,而这三个阶段离不开职业教育的协同合作。一方面,如果缺乏一批良好的技术技能人才,便难以具备承接产业运作发展的能力;另一方面,职业教育扶贫模式又离不开产业发展的扶持,如果产业结构不完善,便会缺乏足够的吸引力,从而造成优秀技术技能人才的流失。在此基础上就衍生出三种县域职校产教融合模式,即"联合补偿模式""结构匹配模式""功能联动模式"[1]。从内部关系出发,产教融合的扶贫模式将成为贫困地区职业教育发展的根本方向,而产教融合的模式也依赖于职业教育内部的专业设置与产业需求的对接、教学内容与职业标准的对接、教学过程与生产过程的对接,唯有产教融合才能带动地区经济发展,形成人才培养的良性循环。[2]从内外部联结关系出发,产教融合协同的扶贫模式分别在结构、制度和功能三个层面,出现了交叉联动机制,有效推进二者协同发展。[3]一是结构层面的联动模式,分别是专业布局与产业集群契合、学校层次与产业链匹配、专业结构与产业网络形态适应;二是制度层面的联动模式,分别是部门与行业协同、专业与产业对接、学校与企业合作;三是功能层面的联动模式,分别是教育与经济同步、规模与效益统一、人才培养与企业需求吻合。

具体到实践过程中,产教融合协同的扶贫模式包括了以下几种扶贫实践行动。一种是利用县域职校的智力资源和人才优势,建立特色县域产业培育及产业规划长效机制。这要求县域职校在进行产业扶贫时,要注重分析县域县情及具体的产业发展禀赋,围绕县域产业整体发展规划,创新产业发展的合作模式,完善合作体制机制,通过"订单式"的人才培养和人才输出模式,培养特色产业,发展支柱产业。另一种是利用校企合作,加强县域职校产业扶贫的科技支撑作用。以职业教育为依托,以企业为基地,充分引导县域科技企业、县域科学技术、县域科技人员以及县域科技资金的支持,助推贫困县及村镇的

---

[1] 谢盈盈,杨虹.职业教育与区域产业协同扶贫的必要性、机理与路径[J].教育与职业,2020(11):12-19.
[2] 王慧.产教融合:农村职业教育发展方向[J].教育研究,2018,39(7):82-84.
[3] 王义.职业教育扶贫与产业转移的联动机制[J].高教发展与评估,2019,35(4):25-34,110-111.

整体发展。同时,发挥产学研一体化示范基地的作用,引导更多的职业专家团队走进产业一线,开展集中科研攻关,借助校企扶贫联盟资源优势,进一步强化产业发展科技支撑,增强产品的附加值。

产教融合协同的扶贫模式最终旨在丰富贫困地区的商业形态,优化贫困地区的产业结构,而县域职校则在其中起着人才保障的作用,通过技术与智力的支撑,提高产业的效益与附加值,为地区经济注入新的活力,助推区域产业经济发展的提档升级。县域职校与区域产业协同扶贫的过程,蕴含着体制内外多重资源的有机整合,有着独特的运作机理,因此,有必要把职业教育扶贫与产业扶贫在实践中实现融合,发挥出"1+1＞2"的协同效应。

### (二)"城乡统筹互动式"

城乡统筹互动的扶贫模式对优化资源配置、促进生产要素交换、人才流动具有十分重要的意义。相比于产教融合协同的扶贫模式,它的参与主体还拓展到了"城市"场域。它主要是指县域职校通过统筹城乡之间的要素流动,加快县域的城乡融合发展的进程,进而促进县域贫困地区的经济社会发展。

城乡统筹互动的扶贫模式是"城市职业学院+乡镇职业院校"双主体运行机制,两者与结对帮扶当地的县、乡、村共建共担脱贫任务,确保帮扶举措有效、有序、有力地落实。它们将发挥职业教育的校校合作的优势,将集群合作办学的经验延伸到精准扶贫之中,充分发挥城乡职业院校双方各自的优势,共同助力职教扶贫。这也就要求县域职校在精准扶贫实践中,要体现出城乡职业教育发展和精准扶贫"智志双扶、双向受益"的共生内涵。两者作为共生单元,要明确职教扶贫共生目标任务、探索职业教育扶贫共生模式、健全职业教育扶贫共生环境。那么,以城乡融合发展为主导的扶贫模式与县域职校具备了三个层面的契合。第一层面在于县域职校通过提升人力资本,推动县域经济发展,进而服务县域贫困地区城乡融合发展;第二层面在于县域职校通过促进公共服务体系的完善,进而服务县域贫困地区城乡融合发展;第三层面在于县域职校通过提升农村人口观念素质,进而服务县域贫困地区城乡融合发展。①这三个层面,分别涵盖了三种空间向度:经济空间、制度空间、教育空间。这三种空间向度也正是城乡统筹互动扶贫模式的核心要义。

从具体的实践路径而言,在经济空间上,县域职校要将城乡市场之间的需求导向与供给导向结合,合理分析城乡之间的产业优势与就业形势,一方面培养一批能"走得出"的技术技能人才,带动县域贫困地区的"就业脱贫";另一方面通过自身的文化资源吸引城市的资金流入,带动县域贫困地区的"市场活力"。在制度空间上,县域职校要结合政策红利,通过协调城乡企业与当地政府之间的关系,建立对口援助策略和帮扶项目,实现城乡之间的资源共享和功能互补②,如可以构建多元统筹的经费投入机制,以此确保县域职校经费总额持续增长、拓展县域职校经费来源渠道、促进城乡职业教育均衡发展,也可以让县域职校基于自身的优势和各种优惠政策,大力发展校办产业,走产学研结合道路,增加自我筹措资金的能力,缩小区域内城乡职业教育的经费差距。③在教育空间上,则是要实现城乡职业教育的一体化发展,突破职业教育城乡分治的局面。一方面要依托城市优质的教育资源,比如师资力量、互联网平台、实训基地等,实现城乡教育资源共享,以此来提升贫困人口的文化素质,更好地服务于农业现代化。④另一方面,主张开发农村职业教育增长点。"城乡联动"不在于"输血",而在于"造血"。农村职业学校要抓住脱贫攻坚、城乡融合发展、乡村振兴等战略的政策红利,注重发掘自身发展潜力和发展特色,提升吸引力和指导力,联合所在区域的优质学校和优质企业,在欠发达区县建立乡村基地,通过资源共享、功能分工、协同发展,形成强有力的区域能量集聚,从而提高县域职校扶贫水平。具体到实践过程中,从横向上,县域职校可以采取结对帮扶的方式——发达地区的职业院校为处于贫困地区的职业院校捐赠实训教学设备、派遣专业教师、指导专业建设、开展教师培训;从纵向上,通过中

---

① 曾阳.乡村振兴战略下职业教育服务城乡融合发展的路径研究[J].国家教育行政学院学报,2019(2):23-30.
② 张晨.职业教育"东西部扶贫协作"中的问题与实践研究——以上海对口支援喀什地区为例[J].教育发展研究,2018,38(7):40-45.
③ 林克松,朱德全.职业教育均衡发展与区域经济协调发展互动的体制机制构建[J].教育研究,2012,33(11):102-107.
④ 肖称萍,徐文新.新时期农民工职业教育城乡一体化发展策略研究[J].教育发展研究,2017,37(11):55-62.

高职衔接培养,在县域贫困地区的职业学校建设生源基地和分院,开展联合培养等方式,支持县域贫困地区职业学校的专业建设提档升级和人才培养质量的快速提升,这就能为缓解当地的职业教育资源的匮乏起到一定作用。

城乡统筹互动的扶贫模式改变传统以牺牲农村、农民利益为代价的区别化,甚至带有歧视性的发展策略,它在承认城乡二元结构差距的同时,也发现了城乡之间的互补共生性,将职业教育作为了一种中介,形成了各种要素实现了双向流动、优势互动的一体化生产生活格局。[①]这种模式实现了职业与精准扶贫之间从单向输出到双向互动的成功探索,其在战术上探索形成了"双向并进、双轮驱动、多管齐下、双主体保障"的反贫困长效机制和有效路径。[②]可见,县域职校均衡发展是推进区域经济协调发展的必要步骤和重要组成部分,是实现城乡融合、改变县域地区落后面貌、构建新型城乡关系的必要举措,也是我国职业教育扶贫的必然要求。

### (三)"多方联动参与式"

职业教育作为一种类型教育,是"面向社会、面向人人"的教育。从系统科学来分析,职业教育扶贫系统属于典型的开放系统,与外界环境时时刻刻都在进行着物质、能量和信息的交换。因此,可以说,它的一个重要特征是"多元主体",这种"多元主体"的特征也自然体现在县域职校扶贫的模式之中。目前,所衍生出的"产教协同""职业教育东西协作计划"等扶贫模式,正是一种广泛动员社会力量参与职业教育扶贫事业的多元参与模式。

由于扶贫对象的差异与特征,多方联动参与式的扶贫模式也并非一成不变的,其参与主体也会随着时代境遇和不同视角站位有着不同的变化。有学者从空间理论的视角出发,认为要实现振兴扶贫工作就必须要协调好政、校、企三大空间,以此助推职业教育服务乡村扶贫振兴的组织链形成和供应链优化;[③]有学者通过对我国职业教育扶贫模式的演化分析得出结论,认为多元参

---

① 陈春霞,石伟平."四化同步"战略下农村职业教育发展的适应性反思:症结与转型[J].现代教育管理,2018(7):79-83.
② 王永莲,周璇,王朔.基于共生理论的职业教育精准扶贫人才培养模式研究——以四川交通职业技术学院的实践探索为例[J].职教论坛,2021,37(7):141-145,151.
③ 朱德全,曾欢.民族地区职业教育服务乡村文化振兴的空间向度[J].教育研究与实验,2019(6):1-10.

与将成为职业教育扶贫模式的一种趋势,而发挥各主体参与的自觉性尤为关键,这将会促使"多元协作"的职业教育扶贫模式升级为"多元融合"的格局;[①]有学者则认为在乡村振兴的战略背景下县域农村职业教育需要通过多元协同化的办学方式来培养乡村振兴的技术技能人才,如寻求与高职院校、农业院校、科研院校、家庭农场、农民专业合作社等主体的合作。[②]有学者认为,县域职校在扮演服务脱贫攻坚的角色过程中,涉及多领域、多组织、多要素,各主体之间的利益诉求与博弈关系,并共同构成了一个复杂的"角色集",要更好地实现扶贫,就要化解多方角色冲突、对其进行角色调试。[③]

总结而言,这种多方联动参与式助力脱贫攻坚的机制建设:一是在于建立多方合作的经费筹措机制,充分动员职业院校、政府、行业企业、社会团体、致力于扶贫事业的个人等多方力量,保证扶贫经费稳定增长;二是通过推动"放管服"改革,简政放权,改变政令式扶贫模式,推动政府"公正监管""高效服务",营造社会各方积极参与的良好扶贫环境;三是要健全合作办学机制,使扶贫对象更容易精准对接行业标准,学习企业的先进技术,熟悉企业工作流程,提升职业能力,尤其要继续开办订单班,让扶贫对象在学校的学习就等于其上岗前接受的职业培训,毕业即就业;[④]四是促使县域职校扶贫从"多元协作"转变为"多元融合"的新格局,需要统一性的理念和结构化的行动,针对组织中各参与主体利益博弈、作用力失衡、内生性动力不足的现状,以职业教育为中心结构点,纳入政府、行业、企业、社会群体、私人等主体,打造职业教育服务乡村振兴"角色集"。[⑤]

随着脱贫攻坚的结束,出现"多维贫困、多元贫困、动态贫困"等相对贫困的新表征。这就意味着县域职校的发展及其扶贫开发工作是一个复杂的社会生态系统,牵一发而动全身,必须树立全局观念,建立多方联动助力机制,确保

---

[①] 瞿晓理.我国职业教育扶贫模式的演进历程、经验总结及逻辑走向[J].职业技术教育,2020,41(13):57-62.
[②] 黄颖,葛鑫,张洪冲.乡村振兴战略背景下农村职业教育价值取向的重塑与实现路径[J].成人教育,2019,39(7):67-71.
[③] 林克松,刘璐璐.后扶贫时代职业教育服务乡村振兴的角色困境及行动策略[J].职教论坛,2021,37(11):36-42.
[④] 李中国,黎兴成.职业教育扶贫机制优化研究[J].国家教育行政学院学报,2017(12):88-94.
[⑤] 张旭刚.乡村振兴战略下农村职业教育产教融合发展动力机制研究[J].教育与职业,2019(20):19-26.

各要素有效协同,扶贫工作有序运作。多方联动参与式的扶贫模式秉承多中心治理的理念,其理念宗旨就是要打破政府作为唯一管理机构和单一权力中心的现状,实现管理中心和权力主体的多元化。走向"多中心"扶贫就要实现县域职校服务供给多元化的路径选择,这也是县域职校精准扶贫的突破口。可以说,多方联动参与式的扶贫模式改变传统政府主导或职业院校主导的单一扶贫机制,架构出了以"校、企、政"三方参与为中心不断向外辐射的多元共治的立体模式,有效地化解了不同主体在参与扶贫事业过程中的"碎片化"行动与目标。然而,如何激发各个主体的扶贫自觉性、如何实现各个参与主体间的叠加效益、如何厘清多元主体在职业教育扶贫事业中的角色等问题,都需要在实践过程中不断考虑。

## 二、微观作用机理

"十三五"规划后精准扶贫成为我国教育扶贫事业的战略主线。职业教育精准扶贫可以精确聚焦到贫困县、贫困村、贫困户及贫困个人。县域职校在精准扶贫的探索路径中,更加注重实现以职业教育内部系统带动县域贫困对象脱贫能力提升的谋划。县域职校内部聚焦模式的扶贫方式主要是指通过职业教育的课程内容、教学手段、教育理念等将扶贫目标聚焦于贫困对象上,进而提高学生的能力素质,使其能创造财富,摆脱贫困。在微观层面上的县域职校扶贫探索中,形成了"扶资""扶智""扶志""扶业"四种形式的扶贫模式(如图2-2),而这四种模式也在逐步走向融合共治。

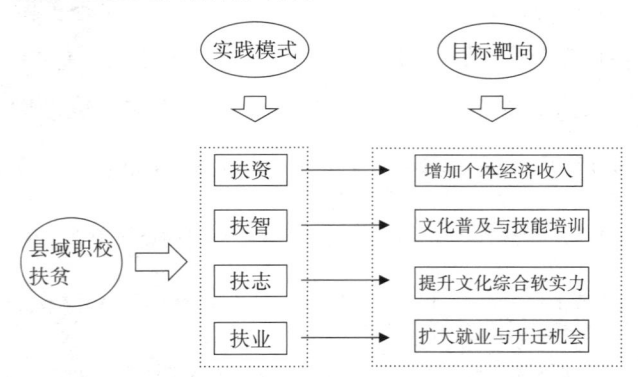

图2-2 县域职校扶贫微观层面的作用机制图

## （一）"扶资"模式

"扶资"的职业教育扶贫模式是指通过健全相关经费的保障制度与培训教育实现对贫困人口的助学专项、个体收益的资助。这种模式可以称为职业教育精准的直接性扶贫，即通过职业教育，增加贫困个人的经济收入，特别是物质收益。一方面，这种资助模式包括面向贫困学生的学费政策、国家奖学金和励志奖学金政策、国家助学金政策、雨露计划、泛海助学计划，以及其他相关职业教育扶贫工程"奖、助、贷、勤、补、减"等多种方式[1]，比如在甘肃甘南州的天津援藏特困生高中班项目、援藏建档立卡特困生助学项目2016年至2018年招生388人，援助资金539.49万元；甘南州舟曲县职业中等专业学校获中组部帮扶资金630万元以及5家央企援助2670万元。[2]另一方面，这种扶贫模式包括了通过职业教育的教育和培训，让扶贫对象能通过文凭和技能谋求一份工作，甚至提高工作收入。如《2016年中国高等职业教育质量年度报告》显示，高职学生毕业三年后平均月收入增长到5020元。还有"9+3"的免费职业教育政策促使四川民族地区2万多人返乡就业创业，1万多人升入高职院校继续深造，5000多人通过定向招考入职民族地区乡镇基层队伍，2000多人参军入伍。[3]可见，扶资模式将会在短期和中期内直接帮助贫困人口个体经济性资本收益增加。

尽管县域职校"扶资"的扶贫模式旨在帮助每一位贫困学生不会因为经济困难而失学，不会因为不具备就业能力而失业，但是这种扶贫模式本质上仅是"授人以鱼"的救济型帮扶模式，只是在资源要素上对其进行了帮扶，缺乏心智文化要素上的帮扶。"扶资"的模式对贫困地区职业教育辍学率居高不下的现象具有一定的缓解作用，但是并非长远之计。实现由物质财富"输血式"向精神财富"造血式"的人力资源开发转变，才是县域职校精准扶贫的更优路径。

---

[1] 廖龙,王贝.中国职业教育精准扶贫：发展历程、实践模式及未来走向[J].职业技术教育,2020,41(13):63-67.
[2] 张劲英,陈嵩."后脱贫时代"职业教育如何行稳致远——"三区三州"职业教育发展现状与未来展望[J].教育发展研究,2021,41(11):1-8.
[3] 助力贫困家庭子女成长成才[N].四川日报,2019-09-29(14).

## (二)"扶智"模式

县域职校精准扶贫不单单是解决贫困人口的吃、穿、住、行问题,更重要的是解决当地县域人口生产生活的可持续发展问题。知识技术服务是职业教育重要的社会职能,同样也是县域职校扶贫的重要手段。从教育扶智活动的整个过程看,要在对教育扶贫主体的情况进行全面认知后,有针对性地改变受教育主体的知识结构、精神世界和智力水准。[1]"扶智"的县域职校扶贫模式是指通过对贫困群众进行文化普及和技能技术培训,从而最大限度地改变他们文化程度低、致富手段缺乏的现状,尽可能地让他们适应目前所从事的职业,实现就业增收。[2]这是一种"扶知识、扶技能、扶思路"的帮扶策略。这种"扶智"的模式,一是在于将县域贫困地区沉重的人口负担转变为优质的人力资源。即通过对劳动力资源的重新配置、科技素质提升等,提高贫困人口的职业技术能力,动态调整贫困地区的人力资源结构,以此保证贫困人口具备核心竞争能力,面对复杂的劳动市场,具有就业、再就业或职业迁移的能力。二是在于更好地满足当地产业发展对技术技能人才的素质要求,满足贫困地区产业转型的资源开发的需求。贫困地区的脱贫攻坚,农村剩余劳动力资源的重新开发,是提升贫困地区区域竞争力和产业竞争力的重要要件。[3]那么,县域职业教育的"扶智"模式,将会为欠发达地区区域经济发展提供智力保障和人力资源支撑,激发区域经济活力。三是通过学历和技能的提升,阻隔贫困代际传递。这要求县域职校要通过学历和技能的提升,促使受教育主体拥有促使其身心成长发展的必备通识知识,又要拥有与经济社会行业发展相契合的专业技能,还要拥有与未来技术进步和社会公共治理相匹配的理念和思维,使其能打破贫困的代际传递。

县域职校"扶智"的扶贫模式,突破了物质精准扶贫主导地位,实现了由"物"为中心向"人"为中心的转变,可以将其定位于适龄社会劳动力的"智力扶贫"。当然,"扶智"的模式不仅在于对微观层面上贫困对象的技能知识帮扶,更重要的是要结合宏观的产业结构、经济结构、就业市场等要素,立足于行业的发展,有针对性、差异性、多元性地进行知识技能扶贫,以此培养出一批"留得住、用得上"的技术技能人才。

---

[1] 李永春.扶知、扶智、扶志:新时期教育扶贫的三重策略[J].教育理论与实践,2020,40(13):28-32.
[2] 张世珍.关于进一步发挥职业教育在西部地区精准扶贫中作用的思考[J].教育与职业,2017(15):5-7.
[3] 贾海刚.职业教育服务精准扶贫的路径探索[J].职教论坛,2016(25):70-74.

## (三)"扶志"模式

要提高新时代县域职校扶贫的成效,还必须坚持以贫困群众内生动力为着眼点,加大外部元素的渗透和影响,从面上开展全覆盖的精神扶贫。县域职校"扶志"的模式和"扶智"的模式,其特征都在于从"输血式"扶贫转向"造血式"扶贫转变,进而科学规划,建立人口脱贫的长效机制。然而,相比于以促进贫困人口掌握知识技能的县域职校"扶智"模式,"扶志"的模式更侧重于强调职业教育对贫困人口在文化素养、思想观念、精神面貌上的帮扶。如果说职业教育"扶智"模式最终的目的是摆脱贫困人口物质上的贫困,使其具有创造财富的能力,那么职业教育"扶志"模式的最终目的则是摆脱贫困人口精神贫困的衍生,使其具有脱贫的信念与志气,最终实现文化综合软实力的提升。

一方面,职业教育"扶志"模式功能定位有助于提升贫困人口的文化素养,阻断贫困文化的传递,助推贫困人口价值观念的提升。[1]对于职业教育助推"扶志"的路径选择,第一种策略是从社会环境出发,改变贫困地区的精神面貌,营造扶贫攻坚的正能量环境,以此推动文明乡风的建设,使得贫困人口转变"等靠要"的思想观念;[2]第二种策略是从教育环境出发,构建"扶志"类的课程体系与信息化教学模式,将"扶志"的精神渗透至校园文化与教学文化中,促进学生内生动力的发展;[3]第三种策略是从区域文化环境出发,从乡俗民约入手,不断引进健康积极的正面生态元素,将乡村文明与教育扶志相结合,对传统的迷信思想、功利主义思潮进行坚决打击。

另一方面,职业教育"扶志"模式聚焦文化扶贫,是对民族地区文化软实力的扶持与提升。县域职校是关注民生的"平民教育",相较于其他教育,它更具开放性和社会性,能够精确聚焦底层社会与贫困群体[4],有效深入到乡村建设的细微环节,满足农民的精神需求,改变乡村人口的精神面貌和行为方式,进

---

[1] 陈鹏,王晓利."扶智"与"扶志":农村职业教育的独特定位与功能定向[J].苏州大学学报(教育科学版),2019,7(4):8-15.

[2] 李春根,陈文美,邹亚东.深度贫困地区的深度贫困:致贫机理与治理路径[J].山东社会科学,2019(4):69-73,98.

[3] 左明章,向磊,马运朋,杨登峰.扶志、扶智、扶学:信息化促进教育精准扶贫"三位一体"模式建构[J].电化教育研究,2019,40(3):13-19,33.

[4] 李鹏,朱成晨,朱德全.职业教育精准扶贫:作用机理与实践反思[J].教育与经济,2017(6):76-82.

而促进乡风文明,助力乡村文化振兴。在推进民族地区乡村文化振兴的进程中,乡村文化系统与县域职校系统的耦合互动关系不容忽视。县域职校的发展如果忽视了乡村文化,将无法实现特色发展,也将失去可持续发展的动力,更无法达到其"服务于三农"的定位。乡村文化振兴也离不开县域职业教育的助力,县域职校是乡村文化振兴的载体,要提升乡村的人力资本,挖掘整合乡村文化,并结合其他专业或科学技术对乡村文化进行传承创新,进一步形成文化产业。如果没有县域职校的支持,乡村文化将可能失去活力。

因此,相比于"扶资""扶智"的扶贫模式,"扶志"模式是一项长期而艰巨的任务,在实践过程中也会遭遇现实的掣肘。然而,一旦职业教育"扶志"走向成功,必然会为脱贫致富提供持续性的内生动力。

### (四)"扶业"模式

产业扶贫是指通过依托县域职校整合产教资源,带动学生就业和提升区域产业技术的精准扶贫。职业教育和技能培训还能够给贫困个人带来符号性资本收益,而县域职校"扶业"模式正是基于这个原理进而帮助贫困人口实现脱贫致富。一方面,毕业证和职业资格证很好地充当了职场"敲门砖",获得了更多的就业机会和升迁机会。这就要求县域职校精准扶贫,必须建立与当地企业产业的深度合作,以区域产业与区域市场为导向,建立校企协同育人的办学机制,使育人更有针对性与实效性。通过"产教融通",开展订单式培养与实训式培训,让农村学生掌握相对应的生产实用技术,也让广大贫困人口接受实用技术的专题培训,进而提升农村地区青少年的就业竞争能力,让其能够以自身能力与实力摆脱贫困。[①]在这个基础上,通过解决产业、人才、标准、建设等结构性调整问题,最终指向区域的产业经济发展。另一方面,毕业证和职业资格证成了职校毕业生创业资格的"通行证"。产业是盘活地区经济的基石,是推进脱贫攻坚地区经济发展的保障。职业教育通过对学生的培养,不仅在于促进学生就业,在更高需求层次上还可以让一些学生返乡创业,这些技术技能人才直接通过创业,推动贫困县域经济社会向产业化、集约化、现代化方向发

---

① 朱成晨,闫广芬,朱德全.乡村建设与农村教育:职业教育精准扶贫融合模式与乡村振兴战略[J].华东师范大学学报(教育科学版),2019,37(2):127-135.

展,提高县域贫困地区建设与发展的速度。

县域职校"扶业"的扶贫模式,必然要求县域职校要与企业建立深度的合作关系,进而提升贫困县域人口的就业与创业竞争力,最大限度发挥职业教育特点与优势。然而,部分贫困县域受到人口老弱病残及缺乏支柱产业支撑的双重限制,会造成县域职校"扶业"的扶贫模式缺乏物质、资金、人力等关键要素。因此,"扶业"的模式要想达到一个良好的扶贫效果,就要确保外部环境的支持和保障。

# 第三章
## 应然逻辑

随着全面建成小康社会奋斗目标的达成,接续全面推进乡村振兴成为新时代"三农"工作的重心。乡村振兴本质上是县域的全面振兴[①],县域职校与农业、农村和农民工作密切关联,具有推进乡村全面振兴的重要职能。正因如此,教育部2019年颁布的《关于办好深度贫困地区职业教育助力脱贫攻坚的指导意见》(教职成厅〔2019〕4号)再次明确了贫困地区职业教育助力乡村振兴、脱贫攻坚的重要作用。

县域职校对于帮助贫困地区摆脱贫困、促进县域经济社会发展、服务乡村振兴的作用是毋庸置疑的,但县域职校扶贫应遵循何种逻辑,以及学界目前提出的"跨界""融合"等理念在县域职校扶贫中具体指向什么等问题还悬而未决。厘清县域职校扶贫的应然逻辑是深入探讨县域职校扶贫何以可能与何以可为的前提。因此,本章主要是借鉴社会学的嵌入理论思想,结合笔者近年来对县域职校扶贫的实践调研与理性思考,来分析县域职校扶贫的应然逻辑,即县域职校深度嵌入县域经济社会发展的三重逻辑,包括顶层共生逻辑、中层协同逻辑和底层融合逻辑。

---

① 杨华.论以县域为基本单元的乡村振兴[J].重庆社会科学,2019(6):18-32.

## 一、顶层共生逻辑

共生(Symbiosis)最先由德国真菌学家德贝里(Anton de Bary)于1879年作为一个学术概念提出,本义是指不同种类的生物共同在一起生活,并进行物质和能量的传递与交换的过程。[①]

此后,"共生"的理念被进一步发展,逐渐演变成一种新的世界观、价值观和方法论,现已被运用到教育研究领域。[②]在理想状态下,县域职校与乡村振兴是相互促进、共生共存的关系体。

一方面,县域职校是服务乡村振兴的重要力量。从县域职校服务乡村振兴的维度审视,县域职校能够充分发挥其教育与经济的双重属性并结合地区特色作用于县域经济发展,为其提供人才、技术、文化等资源的"订制"服务,从而充分发挥自身既"功在当下"又"利于长远"的双重效应。它不仅能够培育农村人才,重塑传统农民的素质结构,使其获得相关的知识及技能,进而扎根投身于乡村建设中;还能最大限度地开发贫困地区的人力资源优势,使贫困人口获得一技之长从而解决自身温饱问题,限时脱贫"消化存量",并帮助贫困家庭子女改变命运,阻断代际传递"防止增量"[③];更能充分发挥自己的平台作用,统筹整合多重力量推动乡村文化的传承与创新,以满足农民的精神文化需求,进而培育乡风文明,从而促进贫困地区的内涵发展。

另一方面,服务乡村振兴可实现对县域职校的重构。从乡村振兴保障县域职校发展的维度解读,县域的振兴与发展能为职业教育发展提供强有力的物力保障、财力支持以及文化支撑,为县域职校的发展提供能量。首先,乡村振兴需要聚集整合各种要素资源,加之国家的政策倾斜,可为县域职校提供实践平台、技能指导、资金赞助、就业岗位等资源和帮助,这便为县域职校的发展注入新的资源与活力,从而促进其在办学、知识、设备、技术等多个方面的更新与创新,进而拓展县域职校的发展空间。其次,服务乡村振兴将倒逼县域职校对自身结构进行优化改革,在要素配置和结构布局上不断推陈出新,更好地为

---

[①] 袁纯清.共生理论——兼论小型经济[M].北京:经济科学出版社,1998:1-4.
[②] 吕光洙.美国教师教育与多元文化的共生关系分析[J].比较教育研究,2018(2):76-82.
[③] 张志增.实施乡村振兴战略与改革发展农村职业教育[J].中国职业技术教育,2017(34):121-126.

乡村振兴发展提供人才保障和智力支持。最后,服务乡村振兴可以使得县域职校在乡村文化的滋养和驱动中突出文化特色和文化形象,兼具人文精神和时代价值,进而不断提升自身发展质量和水平,实现内涵式发展。

基于这种相互联系、相互作用的关系前提,县域职校与乡村振兴的共生关系呈现的是"闭式循环"的逻辑联结关系,即县域职校与乡村振兴作为两个不同的共生单元,围绕产业振兴、人才振兴、文化振兴、生态振兴、组织振兴的核心要素,通过资本要素的多重驱动,在相互作用、彼此促进与互相制约的过程当中进行能量流动,最终达到县域职校与乡村振兴共生发展的良性互构。

### (一)围绕产业振兴,县域职校与乡村经济建设实现全链共生

作为乡村"五大振兴"之首,产业振兴不仅直接关联到乡村经济社会发展,更是乡村其他领域得以发展的前提条件。县域职校助推乡村产业兴旺的着力点在产教融合,通过吸收有关行业、企业,乃至农户、农民的深度参与,有机衔接乡村产业链、教育链、人才链和创新链,推进产教在供需匹配且平衡的基础上,走向互嵌。产教融合的全链条是一个全闭环的结构,县域职校既作为其中某一环节的重要主体,又对其他链条的形成与两两之间的对接具有重要的聚合作用。一方面,县域职校通过发挥职业教育的教育与社会的双重功能,为乡村培养当地产业发展所急需的人才,包括在教学空间上构建自上而下覆盖省、市、县、乡、村的立体式网络,"向上"引企入校、与高职建立合作关系,"向下"与乡镇教育中心联合;在人才培养上,推进专业设置与产业结构、技术教学与企业生产、专业课程与市场需求的"三对接",由此,构筑了乡村技能型人才培养的完整教育链。另一方面,县域职校与乡村产业跨界合作,在与乡村一二三产业互嵌融合的过程中,通过发挥"产业富农"的经济功能,"协调传统农业与特色产业、统一产业发展与新兴技术、融合农业生产与文化生态"。[①]同时,以产业急需的技能型人才培养来耦合教育链与人才链、产业链,以新技术在乡村的转移与推广来耦合人才链、产业链与创新链,以乡村产业转型升级及其延伸出的产学研科技创新联盟来耦合创新链与教育链。由此,有效构建起乡村"产业

---

① 朱德全,熊晴.民族地区职业教育服务乡村振兴——基于系统耦合的立体性分析框架[J].南京师大学报(社会科学版),2021(4):13-22.

链—教育链—人才链—创新链"全链融合的结构,推进县域职校与乡村经济建设实现共生发展。

## (二)围绕人才振兴,县域职校与乡村人力资源形成互惠共生

技术技能型人才培养是职业教育服务乡村振兴的主渠道,县域职校承担着这一任务,根据乡村在经济、政治、文化、生态等各方面建设的实际需要,培养专门人才。这既是出于应对当前乡村"空心化"困境的需要,也是职业教育促使人力资源向人力资本飞跃提升的办学追求。具体而言,县域职校为乡村培养人力资源体现在三个方面。其一是扶志,通过职业教育使乡村贫困人口转变观念,引导他们从被动帮扶转向积极脱贫。贫困不完全是就绝对意义上的生活水平而言的,它的真正基础在心理上。[①]因此,县域职校扶贫的前提就在于转变贫困人口的思想观念,先扶精神之贫,激发其"想脱贫""能脱贫"的内生动力。其二是扶智,通过职业技术技能培训和文化基础知识传授等形式,对贫困人口进行智力帮扶,使其具备从事特定工作岗位工作的能力,获得一技之长,不仅满足其就业需求,更以智促志,增强其内生脱贫的信心。其三是扶质,县域职校助力乡村人才振兴,既要扩大"增量",也要盘活"存量",更要提升"质量",进而促使人力资源变为人力资本,生成乡村振兴的强大原动力。提高乡村技术技能型人才的培养质量,首先要确定人才的多维面向,针对乡村地区的多种功能,为乡村培养"田秀才""乡创客""土专家""乡村工匠"和"双创新农人";[②]其次要构建"1+N"创新联动式培养方式,组建"学校+企业+乡村"的合作育人主体,开发"项目+创新+创业"行动育人载体,延展"校园+庭院+田园"联动育人课堂以及搭建"线下服务+线上引导"的混合育人网络;[③]最后要明确为乡村培养实用人才的价值旨归,以定向培养的形式规避人才外流的情况。只有培育一支高质量的"爱农村、懂农业、爱农民"的乡村振兴人才队伍,乡村全面振兴才具有现实可行性。

---

① 马尔科姆·吉利斯,德怀特·H·帕金斯.发展经济学[M].北京:经济科学出版社,1989:103.
② 曾欢,朱德全.新时代民族地区职业教育服务乡村人才振兴的逻辑向度[J].民族教育研究,2021,32(1):74—81.
③ 林克松,袁德梽.人才振兴:职业教育"1+N"融合行动模式探索[J].民族教育研究,2020,31(3):16—20.

### (三)围绕文化振兴,县域职校与乡村乡风培育追求价值共生

2021年中央一号文件指出,全面推进乡村文化振兴要"深入挖掘、继承创新优秀传统乡土文化,把保护传承和开发利用结合起来,推动形成文明乡风、良好家风、淳朴民风"①。乡村文化的传承与创新离不开农民这一重要主体,可以说,农民的精神风貌及其对自身主体地位的正确认识直接影响到乡风文明建设的成效。县域职校作为职业教育彰显育人功能的载体,首先承担着职业教育"化民成俗"②的重要功效。从这个意义上说,县域职校与乡村文化振兴具有共同的价值追求,即塑造"三农"的文化品格,体现在文化传承、文化创新与文化自觉三个方面。在文化传承上,如费孝通所言,"从基层上看去,中国社会是乡土性的"③,历史沉淀下来的优秀传统乡土文化是培育文明乡风的根脉基因,县域职校不仅在育人过程中为农民留存住乡土文化记忆,更通过将社会主义先进文化、红色革命文化等嵌入融合到乡土文化中,营造出和谐、友善、互助、文明的乡村社会氛围;在文化创新上,新时代推进乡风文明建设必须立足于新发展阶段,以新理念、新目标、新方法回应农民对美好生活的向往,搞活农村文化,县域职校以工匠精神为切入点,将工匠精神根植于农村大地,引领农民在岗位上做到敬业奉献、精益求精,摒弃乡村陋习,提升自身文化修养;在文化自觉上,文化振兴的实质是树立乡村文化自信,为乡村全面振兴注入精神源泉,县域职校通过为乡村培养既掌握先进知识技术,又具有思想道德文化,更怀揣"三农"情怀与振兴乡村美好理想的新型职业农民,提升其乡风文明建设能力与自觉性,使其广泛参与乡村建设,与乡村社会缔结精神纽带,增强乡村文化自觉意识。

### (四)围绕生态振兴,县域职校与乡村绿色发展体现技术共生

乡村生态振兴必须践行"绿水青山就是金山银山"的发展理念,把保护乡村生态环境摆在更突出、更重要的位置。良好的生态环境是乡村实现可持续

---

① 中共中央、国务院关于全面推进乡村振兴加快农业农村现代化的意见[N].人民日报,2021-02-22(1).
② 朱德全,马鸿霞.乡风文明:职业教育"化民成俗"新时代行动逻辑[J].国家教育行政学院学报,2020(8):3-9.
③ 费孝通.乡土中国[M].北京:北京大学出版社,2012:9.

发展的基础。因此,乡村绿色发展的首要任务在于环境治理与生态修复。乡村职业教育内嵌于乡村场域之中,本身具有生计、生活与生态的价值取向[1],在推进乡村振兴中关怀着人的生存需要与价值追求,协同着人与自然、人与社会的和谐共生,县域职校则可以通过技术赋能与关系重塑,恢复乡村绿色宜居的生态环境。技术赋能既包括以职业教育与培训的形式送技下乡,示范和推广新型农业技术,改变乡村传统粗放式的发展模式,打造独具特色的乡村绿色产业;又涉及提供"绿色技术服务"[2],借助大数据等技术手段,一方面挖掘海量乡村建设数据,实现数据价值增值和服务创造,另一方面则为乡村建设提供数据治理技术及标准规范。关系重塑的方式旨在重构人与自然的和谐关系,不仅要以文化育人,引导农民养成绿色健康的生活方式与消费方式,更要协调经济与生态、政治与生态、文化与生态、教育与生态的关系,以县域职校为纽带,构建集经济生态、政治生态、文化生态、教育生态于一体的乡村大生态圈,有效推动实现"产业兴旺、生态宜居、乡风文明、治理有效、生活富裕"。

### (五)围绕组织振兴,县域职校与乡村有效治理指向秩序共生

秩序是组织的内核,乡村组织振兴的关键在于重构治理秩序。一般来说,秩序表征为三个层面:道德、信仰、价值层面,社会结构层面和社会制度层面。[3]县域职校通过发挥在乡村振兴中的"主渠道""连接器""智囊团"等角色作用,有效助推乡村治理秩序建设。作为"主渠道",县域职校在技能培训与文化教育中强化思想政治教育,增强学生党员党性修养,打造一支"既红更专"的乡村干部队伍,既提升乡村治理队伍的活力与能力,更铸牢以人民为中心的协商共治价值理念。作为"连接器",县域职校内部联合教师、学生、专家等主体力量,以三大产业为切入点,深化产教融合,延伸乡村教育链、人才链与产业链;外部协同行业、企业以及乡村基层党组织、基层政权组织、村民自治组织和社会组织等,建立理性、平等、开放、信任的合作关系,形成校企政行的合作格

---

[1] 谢元海,闫广芬.乡村职业教育的应然价值取向:生计、生活与生态——以乡村振兴战略为视角[J].教育发展研究,2019,39(1):10-16,39.

[2] 蒋成飞,朱德全,王凯.生态振兴:职业教育服务乡村振兴的生态和谐"5G"共生模式[J].民族教育研究,2020,31(3):26-30.

[3] 陈先哲.我国社会第二次转型与高等教育秩序重建[J].高等教育研究,2012(1):5-9.

局。作为"智囊团",县域职校通过为乡村培养既有品行技术、又爱农懂农的"新乡贤",使其成为乡村基层社会的"代理人",维护乡村的秩序规范。一方面将"新乡贤"吸纳进村干部队伍,并依靠其自身智慧构建一套有效的乡村治理体系,解决乡村基层社会中的诸多治理难题;另一方面,利用"新乡贤"的号召力,带动村民广泛参与到乡村治理中,将个人理性的行为规则约束在大众遵守的共同规则中,形成具有内生约束力的乡村治理自发秩序。

## 二、中层协同逻辑

在中观层面上,县域职校扶贫的应然逻辑体现为协同逻辑。协同,即系统中许多子系统(它们通常属于相同种类或者几个不同种类)的联合作用[①],包容着系统内部合作、竞争等复杂关系。县域职校扶贫的协同逻辑,就是将竞争与合作协调地统辖为一体,通过二者的相互作用,共同加快县域职校扶贫的进程。而这一进程往往与职业教育的跨界属性相伴产生,因而协同既要厘清"关系",也要明确界限范围。所以,县域职校扶贫的中层协同逻辑具体表现为一种跨界协同的逻辑,包含着内部要素、功能与结构的协同和外部主体、关系与机制的协同。

### (一)"理念—框架—路径"跨界协同

职业教育是一种横跨"职业域""技术域""教育域"与"社会域"的跨界性教育类型[②],县域职校扶贫是在跨界中融合,在融合中协同,体现跨界协同的逻辑,可以从理念思维、逻辑框架与发展路径上予以探讨。

首先,跨界协同的理念思维。县域职校扶贫是一项牵涉多领域的复杂工程,无法绕开职业教育系统与乡村社会的大系统,需要以跨界思维作指导,为后续行动提供价值目标与理念导向。县域职校扶贫不能囿于传统思维方式,使职业教育被动适应乡村社会的发展,而要以跨界的关系性思维指导县域职校扶贫工作。一方面基于乡村建设实际情况,发挥县域职校智力支持的能动

---

① 沈小峰,吴彤,曾国屏.自组织的哲学——一种新的自然观和科学观[M].北京:中共中央党校出版社,1993:46.
② 朱成晨,闫广芬.精神与逻辑:职业教育的技术理性与跨界思维[J].教育研究,2020,41(7):109-122.

作用,融通普通教育、职业教育与成人教育,整合学校教育、家庭教育与社区教育,凝聚与激活多元的扶贫力量;另一方面,跳出职业教育看职业教育、跳出乡村社会看乡村社会、跳出扶贫看扶贫,关注乡村内生脱贫与职业教育外力扶贫的供需关系,观照乡村社会的复杂结构与职业教育的本体结构,关联乡村"五大振兴"与职业教育的多元功能面向,进而使县域职校助力乡村全面振兴从被动适应走向主动引领。

其次,跨界协同的逻辑框架。县域职校推进乡村扶贫减贫脱贫事业的实质是要从"输血式"扶贫走向"造血式"扶贫,激活乡村内生脱贫的原动力。这一目标的达成依赖于县域职校与乡村社会的精准对接。只有立足乡村,精准聚焦乡村物质贫困背后的精神之困、能力之困等问题,将职业教育置于与乡村社会跨界协同的复杂结构之中进行审视,才能找到县域职校扶贫的着力点。县域职校精准扶贫以"扶志""扶心""扶智""扶资"与"扶业"为逻辑框架:一是"扶志",以新农村建设的美好愿景唤醒脱贫致富的志趣与志向;二是"扶心",以真情与真心感化依赖与懒惰之心;三是"扶智",以学习型农村与终身教育理念培养"懂技术、会经营、有文化"的新型农民;四是"扶资",以多种经费来源"雪中送炭",以"星星之火"点燃"燎原"之势;五是"扶业",以"产教融通"基地建设平台搭建"产业致富"的发展舞台。[①]

最后,跨界协同的发展路径。县域职校扶贫关注"怎么扶贫"和"扶贫效果如何"两大问题,扶贫效果直接取决于扶贫的内容与方式。在扶贫内容上,县域职校培训的内容既包括职业技术的理论知识,也涉及与乡村三大产业密切相关的实践知识,并且注重二者的结合。比如在不同专业课程中将理论知识与实践知识进行衔接,定期安排学生到企业见习实习等,旨在将扶贫从学技术、学手艺的形而下层面提高到学思想、学精神的形而上层面,发挥职业教育对人的观念内化、选择转化以及行为转变的作用。在扶贫形式上,县域职校协同政府、市场、社会等力量,改变了以往完全由政府包办的局面,构建了扶贫发展的新格局。多方育人合力的形成,也意味着县域职校扶贫不再停留在以输

---

① 朱成晨,闫广芬,朱德全.乡村建设与农村教育:职业教育精准扶贫融合模式与乡村振兴战略[J].华东师范大学学报(教育科学版),2019,37(2):127-135.

送技术为主的技术扶贫,或者是以培养贫困人口职业能力为主的能力扶贫,而走向了以重视贫困人口主体价值、保障贫困人口权利为主的治理扶贫。

### (二)"要素—结构—功能"内部协同

中国乡村社会长期处于一种"匮乏经济"状态,不但生活水平低,而且没有太多发展的机会,物质基础被限制,是一个薄弱且复杂的系统。[①]县域职校扶贫乡村社会、助力乡村全面振兴不仅大有可为,更应大有作为,但并非点对点式的帮扶,而是指向系统与系统的协同共生,即基于乡村社会系统与职业教育系统协同与耦合,进而生成县域职校扶贫乡村社会的完整系统。根据唯物辩证法与系统论的观点,一个完整系统包含要素、结构与功能[②],因此,县域职校扶贫的内部协同体现在要素、结构与功能三个方面。

首先是要素上的协同匹配。要素是构成系统并维持系统正常运行的最小单位,在系统运行过程中具有基础性作用。已有研究发现,乡村振兴包含五大系统要素,分别是生计资源、产业基础、区位交通、文化/生态环境、市场需求[③],县域职校的系统要素则包括人才、智力、师资、课程、教学、技术、信息、场域、文化等。县域职校与乡村社会的要素协同包括要素集聚融合和要素流动共享两个向度。就要素集聚融合而言,县域职校扶贫要将系统内部各要素聚集与联结,促进相关要素与乡村振兴关键要素的关联运作,形成不同的要素组合,针对乡村建设不同方面的实际需求,发挥出"1+1>2"的效果;就要素流动共享而言,县域职校要进一步实现与高职、本科的有效衔接,确保扶贫系统内部的各要素与外界始终处于动态开放的交换流动状态,促使乡村社会系统与职业教育系统形成互利互补的依存关系。

其次是结构上的协同优化。精准扶贫驱动乡村重构是一个驱动经济、社会和空间三个子系统协同重构的过程。其中,经济系统奠定物质基础,社会系统发挥保障功能,空间系统提供场域支持[④],县域职校便是协同三个子系统重

---

[①] 费孝通.乡土重建[M].长沙:岳麓书社,2012:3.
[②] 坚毅.要素—结构—功能——唯物辩证法范畴立体化之八[J].学术研究,1999(7):18-21.
[③] 谢臻,张凤荣,陈松林,等.中国乡村振兴要素识别与发展类型诊断——基于99个美丽乡村示范村的信息挖掘分析[J].资源科学,2019,41(6):1048-1058.
[④] 丁建军,王璋,余方薇,等.精准扶贫驱动贫困乡村重构的过程与机制——以十八洞村为例[J].地理学报,2021,76(10):2568-2584.

构的"助推器"。一方面,县域职校以校企联合培育扶贫产业促进乡村经济重构,以乡村治理人才队伍建设与治理秩序建立促进乡村社会重构,以绿色理念与技术在乡村生产、生活与生态领域的传播推广促进乡村空间重构。另一方面,县域职校发挥复合功能。一是以市场为切入点,将市场作为乡村治理的主体力量,发挥市场对乡村就业、日常生活的正确引导作用,同时推进乡村主导产业市场化和商品化范围不断拓展,实现经济重构与社会重构的耦合;二是以乡村治理为主线,通过基础设施建设、服务机构进驻、旅游业等第三产业开发,推进生活空间与生态空间的提质升级,建设美丽乡村,实现社会重构与空间重构的耦合;三是通过推进乡村产业转型升级,挖掘乡村产业的文化价值与生态价值,实现空间重构与经济重构的耦合。

最后是功能上的协同耦合。县域职校扶贫乡村社会旨在发挥职业教育在经济、社会、文化和生态等方面的多重价值功能,激活乡村发展动能,使其获得内生发展能力,彻底摆脱贫困。一般而言,县域职校不仅是乡村技术技能型人才培育中心,也是农业技术推广中心、咨询服务中心和文化传播中心。作为人才培养中心,为乡村输送了大量懂知识、懂技术、待得住、留得下的专业人才,包括技术人才、管理人才与创新人才等;作为农业技术推广中心,既向乡村推广了现代农业先进技术,提高了乡村农业科技水平,也通过建立农业科技园,联合企业、高校等研发农业新技术,改进了传统农业耕种等技术,发展了绿色生态农业、观光农业等新产业;作为咨询服务中心,向村民宣传了最新的方针政策、传播了农业技术信息,为农户农业生产提供指导,还向村委会等就乡村建设整体发展建言献策;作为文化传播中心,既要保护与传承乡村优秀传统文化(如非遗技术、民俗、节日庆典等),也要立足新时代,利用新的媒体技术进行创新,进而实现对内纯化乡风民风,使农户具有良好的精神风貌和文化自觉,对外宣传县域职校助力乡村振兴的先进经验与典型做法。

### (三)"主体关系—运行机制"外部协同

中国广大乡村的脱贫之路是靠多方协同作战、接续奋斗实践出来的。单一的主体只可能通过外源式帮扶,使乡村暂时脱困,但无法彻底脱贫摘帽,只有协同政府、市场、社会,形成助乡村脱贫的强大合力,才能使乡村从"等、靠、要"走向自力更生,实现"自我造血式"的可持续发展。协同的根本目的在于打破不同主体间的合作壁垒,实现不同主体间的有效协作与优势互嵌,从而使内部各协同要素的价值实现最大化。因此,县域职校与外部多元主体的协同主要体现在主体关系、运行机制的协同上。

在主体关系上,县域职校与政府、行业、企业、社会等协同,构成多主体发力格局,推动乡村全面振兴。其中,政府发挥主导作用,统筹规划与乡村产业发展相衔接的职业教育发展,整合生产要素与职业教育资源,为县域职校助力乡村振兴指明建设方向;行业发挥指导作用,以行业指导委员会为中介,架起乡村产业与县域职校的沟通桥梁,既为县域职校提供行业人才需求预测分析、专业设置指导、人才培养要求等实时信息,又为政府、企业、县域职校提供对话合作的平台,有效确保多元主体间围绕乡村振兴形成深度合作;企业发挥主体作用,在师资队伍建设、课程建设、实习基地建设、资金投入等方面积极参与到县域职校助力乡村振兴中,实现教学标准与产业标准、课程教学内容与职业资格标准、技能培训过程与岗位生产过程的全面对接,提高县域职校与企业的合作紧密程度,为推进乡村振兴增效赋能;社会发挥保障支持作用,主要是协同农业基地、农舍农户、兄弟职校、普通高校以及农业科研机构等,实现场域、人力、智力、信息、技术等要素资源的聚集,确保县域职校能够因地制宜地服务乡村振兴,使乡村经济社会与职业教育协同发展。

在运行机制上,县域职校与外部多元主体在统筹管理、资源分配、沟通监管等方面实现协同。一是县域职校充分吸纳外部社会力量,尤其是使村民民主、自由地参与到乡村振兴中,因为"乡村是农民的乡村,应该按照农民的乡村理想去振兴乡村,而不是政府、市场以及其他参与者各自想要的村落样态"[①],进而在乡村社会建设方面实现协同共治,形成多元耦合的统筹管理机制;二是打好"三农"与"职教"协同发展的"组合拳",激发乡村人才、土地、资金、技术等各类资源要素的市场活力,协同发挥乡村三次产业融合发展的乘数效应,协同抓好农村电商、休闲农业、乡村旅游等新兴产业业态,实现乡村各类资源要素

---

① 朱德全,王志远.协同与融合:职业教育服务乡村振兴的逻辑理路[J].陕西师范大学学报(哲学社会科学版),2021,50(5):114-125.

利用的最优化[1];三是进一步充分利用互联网、大数据等技术,在县域职校与其他外部主体间建立信息数据库等平台,实现信息资源共建共享和沟通管理的高度协同。

### 三、底层融合逻辑

县域职校与乡村振兴在顶层和中层呈现出共生和协同的逻辑,要实现二者的共生发展与协同发展,势必离不开在底层推进中的融合路径,唯有如此,县域职校与乡村振兴的共生发展与协同发展方能从"应然"走向"实然"。县域职校与乡村振兴的融合逻辑,是以县域职校服务乡村振兴为手段,通过县域职校各要素与县域发展各层面的多重联结,构成以"产教融合、校企合作、工学结合、知行合一"为内核的融合路径,从而实现县域职校与乡村振兴的共生共赢。

#### (一)产教融合:强化"三个对接",推进乡村三大产业融合发展

产教融合是农村职业教育发展的根本方向[2],县域职校要抓住"产教融合"这一主线,着力实现乡村产业兴旺的目标。乡村产业发展与兴旺存在四个维度,包括农村产业要素具有与其他产业大致持平的要素回报率、农村产业的创新贡献度或全要素生产率持续提高、农村内部的产品结构更能契合居民变动的消费机构、农村产业融合形成对接城乡居民需求的新供给体系。[3]因此,县域职校可以从三个层面推进政策制度设计与乡村职教系统、乡村产业链与县域职教链、乡村产业结构与县域职教专业设置的对接。

从宏观层面看,以乡村振兴等国家重大战略选择、政策制度引导与推进乡村产业系统与县域职教系统有机融合。县域职校在以国家教育政策为指导,推动两大系统融合的同时,一是要寻求政策落实的创新空间,探索产教融合的新样态;二是要抓牢乡村本土产业与特色产业,对接好与整合好乡村产业体系与相关政策文件,明确县域职校推进乡村产业振兴的功能定位。从中观层面

---

[1] 翟坤周.新时代"三农"协同发展的马克思主义中国化逻辑:问题、范式及目标[J].新疆师范大学学报(哲学社会科学版),2020,41(1):73-83.

[2] 王慧.产教融合:农村职业教育发展方向[J].教育研究,2018,39(7):82-84.

[3] 高帆.乡村振兴战略中的产业兴旺:提出逻辑与政策选择[J].南京社会科学,2019(2):9-18.

看,对接乡村产业与乡村社会发展的实际需求,衔接乡村产业链与县域职教链。县域职校推进产教融合的关键在于找准重点领域、构建融合框架,即主动研究县域产业结构与特征,在把握乡村整体产业发展需求的基础上,选择服务的产业领域,并且系统构建与乡村产业在人才培养、技术创新、资源集聚、课程建设等方面的融合框架,形成"教育提升—工艺传承—产业创新—产业布局"[①]的乡村产业发展与创新路径。从微观层面看,县域职校的专业设置衔接县域产业结构,助力乡村产业振兴。一方面,县域职校能够根据实际、因地制宜地设置符合当地产业振兴发展方向的专业,从而实现专业对接产业,为乡村振兴急需的一、二、三产业融合发展提供坚实的人才保障;另一方面,县域职校可以助力新产业、新业态、新模式的发展,紧密围绕当地县域主导产业、特色产业和现代农业,创建培育出一批创意农业、特色文化产业、乡村旅游业等现代化农业专业群,支撑当地产业的发展。

### (二)校企合作:形成"四化格局",激活乡村内生发展关键动能

县域职校的办学定位对接县域经济发展,助力乡村全面振兴。其重要目标是为县域经济社会发展培养技术技能型人才,这一目标的实现建立在县域职校与乡村当地企业紧密合作的基础上。唯有如此,才能发挥县域职校服务县域经济发展的基本职责和功能,进而激活乡村内生发展的关键动能。校企合作体现在如下方面。

一是一体化。加强县域职校与当地企业的深度合作,搭建政府、行业、企业、中职、高职和农户深度融合的平台,基于融合平台使县域职校的发展与乡村振兴的目标定位和产业发展相契合,推进学生技术学习与文化教育一体化、见习与实训一体化、就业与研究一体化、岗前培训与岗位教育一体化,为乡村培养高水平复合型涉农人才。二是联合化。县域职校不仅保留原来职业高中的基本办学功能,还能渗透融合成人教育与各类社会教育,通过"上挂、横联、下辐射",充分契合县域经济发展之需求,有效为县域经济社会发展提供全方

---

① 唐智彬,王池名.高职教育融入乡村产业的基本框架与现实路径[J].教育发展研究,2021,41(19):61-69.

位的服务。[1]因此,县域校企双方的合作需要向高职借力,通过共同打造产教融合型企业、共建实训基地来支撑校企合作,在制度建设、人才培养、课程设置、学生实训、教师专业发展等方面开展深度合作。三是智能化。县域职校服务乡村振兴不仅要重点关注服务的内容与质量,更要兼顾服务的路径与方法。通过建立校企供求信息共享的机制与平台,促使县域职校与乡村企业在求职、培训与就业等方面实现信息互通、共享。同时,在此基础上积极开展多层次的线下校企资源实体对接活动,包括服务、人才、设备、技术、就业等多方面的合作[2],助推乡村企业转型升级。四是特色化。县域职校通过校企合作服务乡村振兴,不仅要通过校企联合共建与现代农业密切相关的新兴涉农专业,培养农业推广人才和农业技能服务型人才,满足乡村社会的人才需求,更要基于乡村特色产业,共同挖掘乡村在旅游、农产品、传统工艺等方面的优势资源,通过校企联动,协力打造"一村一品""一县一业"的乡村产业发展格局。

### (三)工学结合:构建"双循环圈",打造乡村社会优质生态系统

作为职业教育主要的办学模式,工学结合是以职业为导向,在校企深度合作的基础上形成的将学习与工作密切结合的一种教育模式。由此,涉及两大圈层,即职业学习圈与企业工作圈,二者之间具有千丝万缕的联系,为县域职校服务乡村振兴奠定了基础。因此,县域职校助力乡村脱贫要构建"双循环圈",畅通两大圈层在师资队伍、课程建设、教学管理等核心要素资源上的流动与循环,形成校企深度合作的动力,形成乡村经济增长的动力,形成推动乡村可持续发展的动力。

首先是师资队伍方面的循环。县域职校应以能力为导向,建设一支"双师型"教师队伍,不仅要提升教师的理论教学和实践教学能力,更要吸纳企业技术人员、实践经验丰富的"土专家"、"非遗"手艺人等作为"双师型"教师队伍的重要组成部分。既要"引进来",让具有多元实践背景的教师进校为学生授课,也要"走出去",让学生到企业、农场、牧场进行实践学习,由此,使工学结合从

---

[1] 李伯玲.县级职教中心的办学机制问题研究——基于三个县级职教中心的实地考察[J].东北师大学报(哲学社会科学版),2016(4):161-165.
[2] 周晶,万兴亚.劳动力供求视域下吉林省发展现代职业教育的政策设计[J].东北师大学报(哲学社会科学版),2015(1):49-53.

学习空间与工作空间交替变为任意空间下两种活动的耦合。其次是课程建设方面的循环。工学结合体现出工作域与学习域跨界,这反映的是工作规律与学习规律的磨合,更是教学逻辑与生产逻辑的碰撞[①],因而对课程提出新要求。县域职校要让乡村当地的企业、农户等以"主人翁"的身份参与涉农人才培养全过程,包括在课程设计上发挥"集体审议"的智慧,鼓励与包容多元主体对职业教育专业课程在理念、目标、内容、形式等方面的建议;在课程实施上允许多元主体直接作为学生技能学习的指导者。再次是教学管理方面的循环。县域职校一是要使职业教学过程与学徒培训过程相统一,以企业生产作为职业教育的培育主线,在职校教师与企业师傅、学生理论学习与实践操作之间建立循环互动关系;二是要使教学实践任务与农业生产规律相协调,基于"农忙"和"农闲"时间合理分配教学任务,规避工学矛盾,使工学结合的意涵向教学场域空间甚至是学生身份角色进行渗透。

### (四)知行合一:理顺"两对关系",培育技术技能型乡土人才

乡村振兴的关键是人才振兴,人才振兴在很大程度上影响着乡村振兴战略的实施进度和发展动向,是乡村振兴的重要保障。县域职校是开发贫困地区人力资源、提高农民素质的重要阵地。通过为农民提供各种非学历的短期培训项目,能够使学习者及时获得相应职业知识和岗位技术技能,同时有效地引导广大群众树立新型的教育观和学习观,达到"知行合一"的境界,进而重塑传统农民的素质结构。具体而言,县域职校需要理顺"两对关系",从而为振兴乡村培育大批技术技能型乡土人才。一是文化素质与技术技能。县域职校不仅要增强农民技能本领,使他们具备自我发展的致富能力,更要提升其文化素质,使这种能力获得可持续。因此,着力提高农民的文化素质成为首要任务,要使其具备一定的知识水平,在此基础上,围绕乡村主导产业,开展以科技为主的技能培训,培养一大批兼具理论积淀与实践经验的实用人才、经营人才与科技人才。二是知识学习与实践应用。县域职校要贴近乡村社会整体建设情况,引导广大群众主动学习推广农业生产的新技术、新方法、新品种、新成果,

---

① 马新星,朱德全.发展现代学徒制培育新型职业农民的路径探寻[J].教育发展研究,2020,40(21):71-76.

同时,以产教融合、校企合作为依托,拓宽技能培训的教学场域,丰富教学实训的师资构成,有效融合理论学习与实践教育,引导学生将学习成果转化到乡村各方面的生产实践中,实现知、情、意、行整体统一和协调发展,以此增强农业农村发展的内生动力。

总而言之,县域职校推进乡村全面振兴是一项十分复杂的系统工程,其背后逻辑指向的是县域职校对县域经济社会发展的深度嵌入,自上而下地体现为共生、协同与融合的三大逻辑。这三大逻辑构成了县域职校扶贫的应然逻辑,为县域职校助力乡村振兴提供了理想图景与可行思路。

# 第四章
## 评价指标

在持续推进乡村振兴及共同富裕的新征程中,民族地区职业教育在助力区域振兴、防止个体返贫中仍将发挥持续性作用,因此测评民族地区县域职校扶贫的促进作用与实施情况意义重大。在这一共识之下,职业教育扶贫的相关研究以逻辑演绎范式为主,研究成果多从职业教育的价值功能出发,致力于澄清、分析并构建职业教育扶贫的作用机理与顶层设计,而空间跨度下的职业教育扶贫研究相对匮乏,民族地区职业教育扶贫的实施成效却始终处于"黑箱"状态。有鉴于此,本章引入CIPP评价模型,根据实地调研情况和相关文献细化评价指标,采取定量与定性结合的方法呈现西南民族地区县域职校扶贫的现状,最终形成适用于评估民族地区县域职校扶贫的指标体系及评估框架,为推进机制研究提供现实依据和方向。

### 一、文献梳理

人力资本相关思想见端于经济学家亚当·斯密(Adam Smith)在《国富论》中详细阐明的劳动价值论,其指出"资本包含社会上一切人民学到的有用才能,进入学校或工厂学习的资本,最终形成的才能又变为资本固着在他身上"。而真正让人力资本成为世界公认的理论的是舒尔茨(Theodore W. Schultz),他通过对1929—1957年美国国民收入和教育投入进行测度，计算出教育投入对国民收入的增量贡献率为33%。[①]改革开放以来，我国社会经济快速发展得益于巨大的人口红利，其中教育在将人口资源转变为人力资源的过程中起着至关重要的作用。1978—2003年，我国教育所形成的人力资本对经济增长的贡献率高达25.72%，与舒尔茨的结论相接近，并显著高于1956—1978年的9.4%。[②]2004—2010年，一项关于北京西城区的数据表明教育人力资本具有显著的外溢效益，"教育人力资本对经济增长的年均贡献率高达56.44%"[③]。此类研究以及趋势已经说明，教育作为助力人力资本转化的有力手段已成为共识，在这一理念影响下，测算教育贡献度、构建评估指标体系的研究也随之增多。然而，有学者指出不同地区的教育对经济增长贡献存在差异，较之初始劳均收入水平较高的经济体，初始劳均收入水平较低的经济体能够获得更快的GDP潜在增长速度[④]，也就是说在经济欠发达地区发展教育，人力资本产出率相对较高。这让我们的关注点发生了转向——职业教育作为面向人人的职业技能教育，其在欠发达地区的扶贫成效如何评估，是否具有显著效果？这些问题也成为职业教育助力脱贫和乡村振兴成效评估研究的逻辑出发点。

随着职业教育扶贫的不断推行，其实施的成效如何、作用怎样、走向何方、如何优化和完善等问题均颇受关注。有关教育扶贫的绩效评价，总体上可分为两类。第一类是基于投入产出要素建立指标体系，通过分析教育扶贫的投入与产出并结合实际情况建立教育扶贫绩效评价体系。如阿海曲洛（2018）从投入、产出和满意度三个维度来建立适合西部少数民族地区的教育扶贫政策绩效评估指标体系。[⑤]王欢等（2018）则从投入、配置、产出三个方面构建指标，并通过2010—2012年的相关数据来评价小凉山地区综合扶贫开发中教育投入

---

[①] 杜育红,赵冉.教育在经济增长中的作用:要素积累、效率提升抑或资本互补[J].教育研究,2018(5):27-35.

[②] 谭永生.教育所形成的人力资本的计量及其对中国经济增长贡献的实证研究[J].教育与经济,2006(1):33-36.

[③] 昌先宇.人力资本测度及对经济增长的贡献研究[J].统计与决策,2012(22):99-102.

[④] 林毅夫,刘培林.经济发展战略对劳均资本积累和技术进步的影响——基于中国经验的实证研究[J].中国社会科学,2003(4):18-32,204.

[⑤] 阿海曲洛.西部少数民族地区教育扶贫政策绩效评估指标体系构建研究——以凉山彝族自治州美姑县为例[J].四川师范大学学报(社会科学版),2018,45(4):103-112.

的绩效。①朱德全等(2021)等构建乡村振兴发展指数,并以柯布-道格拉斯生产函数(Cobb-Douglas Production Function)为基础测度职业教育对乡村振兴的贡献率。②第二类是基于过程要素建立扶贫绩效评价指标体系,通过分析在职业教育扶贫过程中的关键要素,结合实际情况建立过程性指标体系。如陈超等(2019)等构建职业教育扶贫评价的6个一级指标和69个二级指标。③张琦等(2018)提取了基础保障、能力提升、通道流动、空间协作、支持力量五个关键要素来建立教育脱贫绩效评价体系。④陈平路等(2016)基于对湖北、云南、重庆、广西四省(自治区、直辖市)雨露计划的实证调查评估职业教育专项扶贫机制的政策效果。⑤

从以上两类关于教育扶贫的评价指标体系研究中可以看出,将教育扶贫作为脱贫以及乡村振兴的重要手段和措施已经得到肯定,但评估体系及指标的建立还不够完善和具体,特别是随着职业教育发挥愈加关键的作用,有关职业教育扶贫及职业教育服务乡村振兴的成效评价研究仍比较滞后,相关研究表现出两个方面的倾向。一是相关研究的数量不足以支撑实际发展,即职业教育扶贫及职业教育服务乡村振兴的实践效果还未得到深入研究;二是相关研究还未触及职业教育扶贫与振兴的本源性问题,比如,如何将被帮扶对象的内生发展体系体现到评价中、采取怎样的评价方式才更符合职业教育扶贫与振兴的功能定位等。概言之,尚未有区域性或整体性的成熟评价指标体系。

职业教育扶贫作为教育扶贫中的重要内容,其绩效评估体系的建立尚处于讨论阶段。当前,我国的职业教育扶贫项目的监督评价机制尚不完善,亟须建立统一评价标准。总体来看,针对目前我国总体扶贫绩效的评估有明确的考核办法,如国务院办公厅印发的《省级党委和政府扶贫开发工作成效考核办法》规定由国务院扶贫开发领导小组委托有关科研机构,对扶贫工作成效逐年

---

① 王欢,庄天慧.小凉山地区综合扶贫开发中教育投入的绩效评价[J].江苏农业科学,2015(7):455-458.
② 朱德全,杨磊.职业教育服务乡村振兴的贡献测度——基于柯布-道格拉斯生产函数的测算分析[J].教育研究,2021(6):112-125.
③ 陈超,林欣.职业教育精准扶贫评价指标探析[J].中国职业技术教育,2019(12):48-56.
④ 张琦,史志乐.我国教育脱贫工作绩效评价指标体系构建[J].教育与经济,2018(2):35-42.
⑤ 陈平路,毛家兵,李蒙.职业教育专项扶贫机制的政策效果评估——基于四省雨露计划的调查[J].教育与经济,2016(4):56-63.

进行第三方评估。而针对职业教育扶贫绩效的评价,各省市一般根据当地政府制定的《脱贫攻坚工作考核办法》和《教育扶贫规划》制定相应的教育扶贫绩效评估方案。有关职业教育扶贫绩效的评估考核办法,无论是国家还是地方政府均未有明确规定。尽管部分学者已经关注并提出建立评价标准的必要性,但是目前仍未得出关键结论。因此,职业教育扶贫绩效评价体系的研究对完善我国当前的扶贫质量评价体系具有十分重要的意义。

## 二、构建依据

### (一)政策依据

防止返贫与乡村振兴是新时代党和国家对"三农"问题的最强回应,囿于地理、文化、经济等因素而发展薄弱的民族地区则是巩固脱贫攻坚成果、衔接乡村振兴的战略高地。职业教育作为横跨"职业域""技术域""教育域"与"社会域"的教育类型,通过跨界融合将外部生产要素转化为脱贫与乡村振兴的内部人力资本与技术资本,是推动民族地区实现乡村振兴战略目标的重要武器。自上而下的国家政策为职业教育助力民族地区脱贫和振兴提供了时代机遇,同时也为构建评估指标体系提供了重要依据。

党的十九大报告中明确提出,实施乡村振兴战略要坚持农业农村优先发展……加快推进农业农村现代化,从根本上解决"三农"问题。2018年,国务院颁布的《关于实施乡村振兴战略的意见》对乡村振兴战略的重大意义、总体要求以及具体举措做出了详细的论述。2020年,习近平总书记在中央农村工作会议上指出"在向第二个百年奋斗目标迈进的历史关口,必须巩固和拓展脱贫攻坚成果,全面推进乡村振兴"。2021年颁布的中央一号文件明确指出"民族要复兴,乡村必振兴,农村地区仍然是全面建设社会主义现代化国家,实现中华民族伟大复兴最艰巨最繁重的任务"。可见,乡村振兴战略的实施已成为促进国家发展与人民幸福的必然要求。一系列政策文件的出台,推动着包括民族地区在内的欠发达地区巩固脱贫成果、促进振兴的发展步伐。

联合国教科文组织于2001年修订的《关于技术和职业教育的建议书》提出

"对于弱势群体,如少数民族中的青年和儿童,应作专门安排,使他们有可能获得就业或自谋职业的技能"。中华人民共和国成立以来,我国一系列乡村振兴与职业教育发展政策均强调职业教育对振兴民族地区经济社会发展进步等方面的积极作用,如《乡村振兴战略规划(2018—2022年)》就明确提出要"大力发展面向农村的职业教育……满足乡村产业发展和振兴需要"。职业教育作为培养高素质劳动者与技术技能人才的"排头兵",受到了党和国家的高度重视,国务院在《国家职业教育改革实践方案》中明确指出职业教育要服务乡村振兴战略,为广大农村培养以新型职业农民为主体的农村实用人才。根本而言,各方面发展相对落后的民族地区要想赶上发达地区水平,实现乡村的全面振兴,就必须依靠民族教育尤其是民族地区职业教育,将其作为民族地区实施乡村振兴战略的重要支撑。

综上来看,从巩固脱贫攻坚成果到实施乡村振兴战略,职业教育与民族地区的关系密不可分,并且随着职业教育促进民族地区脱贫振兴的进程不断迈进,二者关系已经进入内涵建设的发展阶段。但是随着要求的提高、需求的多样以及民族地区情况的复杂,有必要通过构建评估指标来研判职业教育助力民族地区脱贫与振兴的成效,以满足政策优化和现实发展诉求。

## (二)理论依据

CIPP模式是美国学者斯塔弗尔比姆(Daniel Stufflebeam)倡导的科学评价模式,简称决策导向或改良导向评价模式,强调导向评价、过程评价和优化评价。作为成熟的教学评价体系已经广泛地应用到"教育公平、翻转课堂"等诸多领域,其科学性已经得到多个教学领域的实践证明。具体而言,该模型包含"背景(Context)、输入(Input)、过程(Process)、结果(Product)"4个评价维度,其中背景评价旨在了解相关环境,诊断特殊问题,分析并确定需求,鉴别机会且制定目标等;输入评价要收集建设资源信息,评价建设资源,确定如何有效使用现有资源才达到建设目标,确定项目规划和设计的总体策略是否需要外部资源的协助;过程评价是指对方案实施过程的评价,旨在解决方案效率问题,主要评价方案的效率、监督、反馈机制。结果评价是指对目标实现程度所做的评价,是对目标实现的价值评价,为方案优化提供参考依据。由此来看,

CIPP评价模型覆盖被评价事物或活动的全过程、各环节及关键要素，具有系统性、针对性、改进性和发展性等特征；以强调"评价最重要的目的不在于证明，而在于改进"为突出特色，以期达到"评价是为评价者提供有用信息，使方案更具成效"的理想状态。

职业教育是一项极其复杂的系统工程，加之民族地区县域发展的特色需求和发展屏障阻碍，职教扶贫的实施成效评价不再局限于单一维度、单向维度，应体现出评价内容从单一到多样、评价过程从固化到发展、评价视角从局部到全局的转变。在该语境之下，民族地区县域职校扶贫实施成效评价指标应该具备结构性、系统性和动态性等特征。本研究认为：CIPP评价模式在实际操作过程中的导向性、决策改进性、灵活性等评价优势能全面、系统地反映评价对象，能有效匹配并满足职教扶贫实施成效评价指标构建的需求。总之，CIPP模型是循环动态化评价，符合职教扶贫发展新需求，把评价看作评价对象活动的一部分，充分考虑了背景、投入、过程及结果，覆盖了整个实践活动，可使评价成为改进工作、提高活动质量的工具。

1.CIPP全程评价特征符合职教扶贫系统性评价的要求

教育在扶贫工作中扮演着重要角色，承担着"阻断贫困代际传递的根本使命"，在扶贫体系中发挥着战略性、奠基性、引领性和延续性作用"。从实际情况来看，民族地区还是主要的战场，特别是"三区三州"，经济生态比较薄弱，教育发展水平也相对滞后，职业教育扶贫是民族地区的重要战略选择，承载着集经济、政治、文化、社会于一体的重要使命，体现出"职教育人"全过程的系统性特征。如果仅仅把县域职校扶贫的实施结果作为考核评价的依据是片面的，难以反映职业教育对于民族欠发达地区以及贫困人口在素质提升、技能习得、观念形成等多维度的价值诉求。CIPP评价以背景评价为基础，关照输入评价，融合过程评价，依据结果评价，形成比较完整、科学的系统性评价模型，能将职教扶贫置于系统框架中实现整体把控，并进行细化，一定程度上可促进评价的科学化。

### 2.CIPP模式的过程评价符合职教扶贫规律,能满足阶段性评价要求

注重过程性评价和及时的反馈机制使CIPP模式能及时把握职业教育在民族地区实施过程中的动态变化,避免了传统的评价模式只重结果而忽视过程的局限性。在职教扶贫,特别是民族地区职业教育扶贫的语境中,关注过程、评价过程是影响实施成效的关键环节。一方面,过程评价把记录和评价方案进展中的活动作为重点,通过整合、归纳县域职校在扶贫过程中的普遍模式、重点内容以及主要举措,能将扶贫的整个过程置于评价的中心,凸显出职业教育人才培养的特点,以及评判扶贫过程的有效性。另一方面,民族地区扶贫的复杂性和实际供需矛盾决定着职教扶贫过程的多阶段性,需要突出不同阶段的差异性特征,CIPP模式将过程评价作为评价的主体环节,能有效地把握阶段性的效果,注重过程实施与目标设定的一致性,符合民族地区县域职校扶贫规律与高阶段性评价的要求。

### 3.CIPP改良性评价与职教扶贫的本质性要求存在一致性

CIPP模式的本质特征在于对教育过程的不断改进,"不在证明而在改进"的特征指向职教扶贫的本质要求,原因在于,民族地区县域职校扶贫是一个不断优化、不断发展完善的过程,需要在具体实施中不断改进,从扶贫到乡村振兴,再到共同富裕,职教扶贫的角色使命持续更新,由此,动态性评价与优化性评价成为主旨,为后续改进提供及时可靠的决策信息。具体而言,首先从评价主旨看,CIPP评价模型的目的在于改进,其主张评价是一项系统工具,为评价听取人提供有用信息,使得方案更具成效。职教扶贫评价的目的不仅在于检测目标的达成度,更在于明晰实践场域存在的问题,以明确未来的努力方向,为各级政府加快民族地区中等职业教育科学发展、推进民族地区职业教育综合改革、优化民族地区职业教育扶贫实践治理提供准确、实用、详细的信息资料与政策建议,从而促进民族地区早日实现振兴。其次,从评价功能看,CIPP评价模型关注决策者的需求,提供必要的信息,重视评价反馈,使评价活动更具方向性和价值性。基于CIPP评价模型构建民族地区县域职校扶贫评价,将使可能导致失败的潜在原因、不利因素以及与扶贫目标之间尚存的距离等变得清晰,以此可做出适时、适当的策略、方式、方法调整,从而为"职教扶贫"与"扶职教之贫"提供改进性建议。

## 三、构建原则与方法

### (一)构建原则

当前,有关职业教育扶贫的研究呈上升态势,但关注实施成效并以科学评价模型为测度工具的研究比较薄弱,对民族地区的关注度较高,但实质性推进较低。有鉴于此,结合上文引入的CIPP评价模型,将背景、投入、过程以及结果评价维度形成测评框架,具体建构指标体系将发挥实际性作用。这四类评价并非线性序列,可依据实际需要,在方案实施各阶段应用其中任意一种或几种。[①]而如何构建该指标体系,首先需要根据民族地区特征、县域治理特色、评价模型要素以及职业教育发展规律明确构建原则。

第一,全面评价与重点评价相结合原则。民族地区县域职校扶贫实施成效评价是复杂的,一方面来源于民族地区经济、文化、区域的复杂性,也源于县域职校本身办学能力和水平孱弱发挥扶贫效应的制约性,所以从宏观层面来看,实施成效评价不仅涉及民族县域的发展情况,而且涉及民族县域学校发展情况,不仅要深入了解本土办学投入,还要以本土视角看待职教扶贫供给;从微观层面来看,县域职校于西南民族县域扶贫中涉及的模式、内容与举措是宏观视角下的进一步聚焦。在全面评价时,注重民族县域实际情况与职业教育办学情况,注重宏观整体概括和县域差异;在重点评价时,侧重投入评价以及过程评价的对应维度。

第二,过程评价与结果评价相结合原则。发展性评估的目的不是单纯追求评价结果,而是在于促进后续的改进。遵循这一原则,民族地区县域职校扶贫成效不能仅以显性结果为单一维度,既要评估职业教育助力区域脱贫情况、个体脱贫情况等物质性要素,还要增加隐性结果评价维度,从理念认知情况、认可满意情况等方面做出评价。

第三,定性评价与定量评价相结合原则。在评价指标构建中涉及的因素很多,且目前以定量为分析手段的倡导与呼声较多,但并非所有因素都适合定量评价。因此,本研究认为既需要定量评价,也要有定性评价,要将定性与定

---

① 王景英.教育评价理论与实践[M].长春:东北师范大学出版社,2002:59.

量评价有机结合。如,在呈现县域、学校的背景评价与投入评价时,大多为事实性内容,以数据支撑进行定量分析较为科学可靠,在深入了解县域职校扶贫实施过程与成效结果情况时,定量分析可能会忽视贫困个体的真实诉求以及职业教育扶贫的实际效应,需要设置观测点,辅以定性评价。由此,定性与定量评价的有机结合与相互补充,能发挥两者在实践成效评价中的不同作用,从而保证评价的完整性和客观性。

### (二)构建方法

基于目前职业教育扶贫实施成效评价指标以及可参考资料较匮乏的情况,本研究认为通过德尔菲法逐步构建指标体系是最有效的方式。

1.专家选择

确定项目研究所需要的知识范围后,研究组建"咨询专家组"。专家人数一般认为以8~20人为宜。为避免因专家中途退出导致人数不足,本研究基于县域职校扶贫实施成效指标建设的要求及特点,共邀请30位在职业教育扶贫领域权威程度高、见解独到,有着丰富实践经验或较高理论水平的学者、研究机构教研员、一线校长代表、教师代表、政府部门代表组成"咨询专家组"进行德尔菲法调查,专家信息见表4-1。

表4-1 德尔菲法调查专家信息

| 来源 | 条件 | 人数 |
| --- | --- | --- |
| 有着丰富实践经验或较高理论水平的学者 | 职业教育扶贫相关研究者 | 8 |
| 研究机构教研员 | 主要研究职业教育服务扶贫、乡村振兴 | 5 |
| 一线校长代表 | 县域职校校长、副校长,熟悉职业教育扶贫工作 | 6 |
| 教师代表 | 参与职业教育扶贫、乡村振兴工作 | 8 |
| 政府部门代表 | 分管职业教育,了解职业教育扶贫情况 | 3 |

2.征询过程

研究通过电子邮件的方式进行三轮德尔菲法调查。第一轮、第二轮德尔菲法调查中,请专家对一级指标、二级指标、三级指标分别按照适宜性程度及重要性程度进行评判打分。问卷在每个指标下设置开放性问题,专家可以对指标提出具体修改意见。第三轮德尔菲法调查基于第二轮调查结果,不再设置开放性问题,仅以李克特(Likert)五点量表的形式供专家对指标进行重要性选择。

## 3.专家评价及结果

三轮调查共发出57份问卷,回收57份问卷。回收第三轮问卷后,经统计分析,专家意见趋于一致,符合预期要求。最终经过细化和调整,确定了西南民族地区县域职校扶贫实施成效指标,具体见下文。

## 四、模型呈现

结合CIPP"背景、输入、过程、结果"4个维度,注重过程兼顾结果的基本原则,本研究基于文献研究,结合相关政策文件及专家深度访谈,初步拟定测评指标体系;运用德尔菲法对初拟的指标体系进行修正、完善,确保指标体系的合理性,形成以下评价维度和具体指标(见表4-2),其中包括4个一级评价维度、7个二级指标、29个三级观测点。

表4-2 县域职校扶贫及乡村振兴评价指标

| 一级维度 | 二级指标 | 三级观测点 |
| --- | --- | --- |
| 背景评价 | 县域发展情况 | 主要民族成分 |
| | | 自然地理环境 |
| | | 常住人口 |
| | | 平均受教育年限 |
| | | 县域地区生产总值 |
| | | 产业结构 |
| | | 特色优势产业 |
| | 学校发展情况 | 职/普学校数量比例 |
| | | 职/普在校生人数比 |
| | | 专业数量 |
| | | 涉农专业数量 |
| | | 招生数量 |
| | | 在校生数量 |
| | | 学生巩固率 |

续表

| 一级维度 | 二级指标 | 三级观测点 |
| --- | --- | --- |
| 输入评价 | 行动计划 | 帮扶对象 |
| | | 帮扶内容 |
| | | 帮扶政策制度 |
| | | 帮扶程序 |
| | 资源投入 | 人力投入 |
| | | 财力投入 |
| | | 物力投入 |
| 过程评价 | 行动内容 | 产业扶贫和振兴 |
| | | 人才扶贫和振兴 |
| | | 文化扶贫和振兴 |
| | | 生态扶贫和振兴 |
| | | 组织扶贫和振兴 |
| 结果评价 | 行动结果 | 县域发展度 |
| | | 个体获得感 |
| | | 学校生长力 |

## （一）"背景评价"的构建指标说明

遵循全面评价与重点评价相结合的原则，背景评价旨在全面了解西南民族县域的发展状况以及职业教育的发展环境，因此分别从"县域发展情况"与"学校发展情况"两个二级指标，在背景评价的维度上把握实践成效的基础构成，主要明确了民族县域本身与职业教育本身的系列指标。进一步将"主要民族成分、自然地理环境、常住人口、平均受教育年限、县域地区生产总值、产业结构、特色优势产业、职/普学校数量比例、职/普在校生人数比、专业数量、涉农专业数量、招生数量、在校生数量、学生巩固率"作为三级观测点，旨在分析西南民族县域的发展潜力空间，以及职业教育扶贫的基础能力，解决的是西南民族地区县域职校扶贫目标实现的可能性问题。

## （二）"输入评价"的构建指标说明

输入评价要收集建设资源信息，评价建设资源，确定如何有效使用现有资源才能达到建设目标，确定项目规划和设计的总体策略是否需要外部资源的协助。那么可以认为县域职校发挥扶贫作用的投入评价，旨在在明晰背景评价的基础上,评估县域职校要达到预期目标所需的基础条件、主要资源等,由此将"行动计划""资源投入"作为二级指标,其中扶贫方案计划一定程度上体现着县域职校本身办学能力与水平,构成县域职校培养人才以发挥扶贫作用的关键指标;经费是助力脱贫减贫的保障。将"帮扶对象、帮扶内容、帮扶政策制度、帮扶程序、人力投入、财力投入、物力投入"作为三级观测点,充分评判西南民族地区县域职校扶贫和人才培养所需的各类资源要素是否得以配套,进而评判输入(投入)资源的支撑度。

### (三)"过程评价"的构建指标说明

在过程评价与结果评价相结合的原则下,过程评价被置于突出位置,旨在关注县域职校助力民族县域欠发达地区脱贫、贫困个体脱贫的实践过程,并对实践场域中涉及的关键环节进行评价,由此,以"行动内容"作为二级指标,掌握职业教育扶贫全过程,开展动态考量与及时反馈。此外,进一步细化过程,将"产业扶贫和振兴、人才扶贫和振兴、文化扶贫和振兴、生态扶贫和振兴、组织扶贫和振兴"作为三级观测点,深层次调研、梳理西南民族地区县域职校在扶贫实践过程中的主要活动。

### (四)"结果评价"的构建指标说明

结果评价是县域职校扶贫实践成效的最直接体现,旨在说明依靠职业教育,西南民族地区以及贫困个体的改善情况,解决的是县域职校扶贫效用性评价的问题,在此之下,以"行动结果"作为二级指标,并深入调查"县域发展度、个体获得感、学校生长力",采取定量与定性相结合的方法据此做出分析,为得出西南民族地区县域职校扶贫实践成效结论提供依据。

## 五、评定等级

实施成效级别自低向高依次为初始级、成长级、优化级、优秀级和卓越级,并用Ⅰ、Ⅱ、Ⅲ、Ⅳ、Ⅴ表示,每个级别表明所评价对象发挥扶贫作用所达到的水平,由此构建了实施成效等级评定层级(如图4-1所示)。民族地区县域职校扶贫效果的改进和提升是通过渐进的方式来实现的,较高的层次级别涵盖了低于其层次级别的全部要求。

一言以蔽之,在实际应用中,实施成效等级评定为提升民族地区县域职校扶贫效果持续提升提供了路线图。

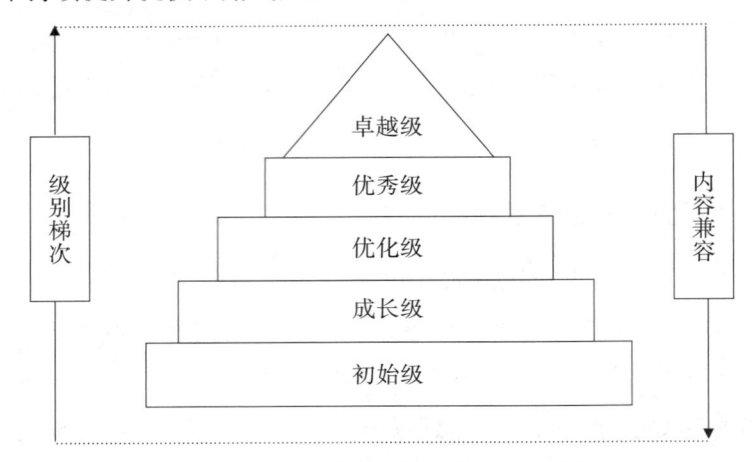

图4-1 县域职校扶贫成效等级评定层级

初始级Ⅰ:民族地区县域职校扶贫成效属于初始级,综合评价为同类比较中的末端水平,县域不发达程度深,县域职校人才培养供给和需求在结构、质量、水平上还不能适应。

成长级Ⅱ:民族地区县域职校扶贫成效属于成长级,综合评价为同类比较中的中下游水平,县域产业基本空缺,县域职校处于加速推进人才培养供需对接的上升过程。

优化级Ⅲ:属于优化级,综合评价为同类比较中的中等水平,人才培养供需矛盾结构性问题找到解决路径,县域职校扶贫路径趋于丰富。

优秀级Ⅳ:民族地区县域职校扶贫成效属于优秀级,综合评价为同类比较中的中上游水平,县域拥有特色优势产业,县域职校能够实现人才培养供需对接并不断优化和提升。

卓越级Ⅴ:民族地区县域职校扶贫成效属于卓越级,综合评价处于同类比较中的上游水平,县域职校成为引领同类学校服务扶贫、乡村振兴的标杆,人才培养供给侧和产业需求侧结构要素全方位融合,职业教育扶贫与扶职业教育之贫同频共振。

# 第五章
## 背景评价

背景评价就是在特定的环境下评定其需要、问题、资源和机会。背景评价是县域职校扶贫成效指标体系开发的前提和基础。具体来说,背景评价遵循全面评价与重点评价相结合的原则,旨在全面了解西南民族地区县域的贫困状况以及职业教育的发展环境,在了解西南民族地区县域特点情况,在特定环境下明确县域职校扶贫的存量,为衡量县域职校扶贫的成效提供前测依据。因此,分别以"县域发展情况"与"学校发展情况"为两个二级指标,在背景评价的维度上把握实践成效的基础构成,主要明确了西南民族地区县域本身与职业教育本身的系列指标。进一步设定13个三级观测点,旨在分析西南民族地区县域的发展潜力空间,以及职业教育扶贫的基础能力,解决的是西南民族地区县域职校扶贫目标实现的可能性问题。

### 一、县域发展情况

县域发展情况作为背景评价的指标之一,具体来说包括测定调研地区主要民族成分、常住人口、平均受教育年限、经济发展情况、三次产业结构、特色优势产业,以掌握西南民族地区县域的整体发展水平,明确县域职校精准扶贫的起点和依据。经调研和整理分析,发现了以下突出特点。

## (一)少数民族数量众多,贫困程度普遍偏高

西南地区是中国少数民族最多的地区,包括布依族、白族、满族、羌族、彝族、傣族、傈僳族、苗族、回族、土家族、藏族、瑶族、壮族、佤族、拉祜族、侗族等在内的30多个少数民族。此次调研选取的西南民族地区县域充分体现了少数民族数量众多的特点,涉及的部分县域及少数民族如表5-1所示[①]:

表5-1 调研选取的西南少数民族贫困县域少数民族人口占比

| 省(自治区、直辖市) | 民族地区 | 少数民族人口占比 |
| --- | --- | --- |
| 重庆 | 黔江(土家族) | 70.73% |
| | 酉阳(土家族、苗族) | 91.86% |
| | 彭水(土家族、苗族) | 55.00% |
| | 秀山(土家族、苗族) | 58.70% |
| | 石柱(土家族) | 81.07% |
| 云南 | 禄劝(彝族、苗族) | 33.11% |
| | 孟连(傣族、拉祜族、佤族) | 86.40% |
| | 峨山(彝族) | 68.40% |
| | 宁洱(哈尼族、彝族) | 55.50% |
| | 勐腊(傣族、哈尼族) | 74.30% |
| | 牟定(彝族) | 24.44% |
| 贵州 | 玉屏(侗族) | 81.88% |
| | 兴义(布依族、苗族) | 25.28% |
| | 兴仁(布依族、苗族) | 22.12% |
| | 紫云(布依族、苗族) | 65.14% |
| | 松桃(苗族) | 68.10% |
| | 台江(苗族、侗族) | 93.90% |
| 四川 | 茂县(藏族、羌族) | 88.92% |
| | 泸定(藏族) | 25.23% |
| | 德昌(彝族) | 31.50% |
| | 北川(羌族) | 39.00% |
| | 峨边(彝族) | 49.78% |
| 广西 | 都安(瑶族) | 95.87% |
| | 武鸣(壮族) | 81.63% |
| | 富川(瑶族) | 17.83% |

---

① 数据来自实地走访和各地第七次全国人口普查公报。

续表

| 省（自治区、直辖市） | 民族地区 | 少数民族人口占比 |
|---|---|---|
| 西藏 | 日喀则（藏族） | 94.68% |
|  | 昌都（藏族） | 93.89% |
|  | 阿里（藏族） | 88.08% |

从西南民族县域的贫困情况来看（如表5-2所示）[①]，自改革开放以来，西南民族地区的贫困人口主要分布在武陵山区、秦巴山区、乌蒙山区、四川省藏区、滇桂黔石漠化区、滇西边境山区6个集中连片特困地区和110个少数民族贫困县。在110个少数民族贫困县中，有一半以上的贫困县属于中度贫困县或重度贫困县。其中，中度贫困县有34个，重度贫困县有38个，分别占西南少数民族贫困县总数的31%和35%。轻度贫困县和贫困重灾县各有19个，各占少数民族贫困县总数的17%。云南省是少数民族贫困县最多的地区（有51个），也是贫困程度最深的地区。在云南省的51个少数民族贫困县中，有一半以上属于贫困重度区和贫困重灾区。云南省也是贫困重灾县比例最高的地区，西南地区的19个贫困重灾县有一半以上分布在云南（比例高达58%）。贵州省是仅次于云南的贫困程度较深的地区，其贫困县中有近一半（占总数的46%）的县属于贫困重度区。其次，有37%的县属于贫困中度区，此外，还有4个县属于贫困重灾区。在贵州省的35个少数民族贫困县中，仅有2个县属于贫困轻度区。四川省是西南地区贫困程度相对较轻的地区，其贫困县中有一半以上的县属于轻度或中度贫困区。重庆市是西南地区少数民族贫困县最少的地区（仅4个），也是贫困程度最轻的地区，在其4个少数民族贫困县中没有贫困重灾县，只有2个轻度贫困县，1个中度贫困县和1个重度贫困县。总体上，各类型贫困区也呈现相对集中连片分布的态势。其中，贫困重灾区和贫困重度区主要分布在云南、贵州和四川的边界地带。

表5-2　西南地区部分贫困县统计

| 地区 | 轻度贫困县 |  | 中度贫困县 |  | 重度贫困县 |  | 贫困重灾县 |  | 合计 |  |
|---|---|---|---|---|---|---|---|---|---|---|
|  | 个数 | 比例(%) | 个数 | 比例(%) | 个数 | 比例(%) | 个数 | 比例(%) | 个数 | 比例(%) |
| 重庆 | 2 | 50 | 1 | 25 | 1 | 25 | 0 | 0 | 4 | 100 |
| 四川 | 7 | 35 | 4 | 20 | 5 | 25 | 4 | 20 | 20 | 100 |

---

① 数据来自《中国农村扶贫开发纲要(2011—2020)》及2018年统计年鉴数据。

续表

| 地区 | 轻度贫困县 个数 | 轻度贫困县 比例(%) | 中度贫困县 个数 | 中度贫困县 比例(%) | 重度贫困县 个数 | 重度贫困县 比例(%) | 贫困重灾县 个数 | 贫困重灾县 比例(%) | 合计 个数 | 合计 比例(%) |
|---|---|---|---|---|---|---|---|---|---|---|
| 贵州 | 2 | 6 | 13 | 37 | 16 | 46 | 4 | 11 | 35 | 100 |
| 云南 | 8 | 16 | 16 | 31 | 16 | 31 | 11 | 22 | 51 | 100 |
| 广西 | 11 | 20 | 18 | 33 | 20 | 37 | 4 | 10 | 54 | 100 |
| 西藏 | 8 | 15 | 19 | 35 | 25 | 45 | 3 | 5 | 55 | 100 |

由此来看,西南民族地区贫困县域情况十分严峻,贫困人口规模大,呈现出集中连片的分布特征,属于脱贫扶贫必须啃下的"硬骨头"。如调研中选取的甘孜藏族自治州职业技术学校(以下简称:甘孜州职业技术学校),位于四川省甘孜藏族自治州东南部地区——泸定县,该县是全州土地面积最小、人口文化程度相对较高、人口最稠密、经济发展较快的山区多民族聚居县,也是全省"四大片区"88个贫困县(市、区)之一,更在全省45个深度贫困县(市、区)之列,精准识别贫困村44个、建档立卡贫困人口3043户、10493人,贫困发生率为15.6%;广西都安瑶族自治县是"十三五"时期,广西贫困人口和易地扶贫搬迁人口最多、贫困面最广、贫困程度最深、脱贫任务最重的县份,被列为全国深度贫困县、广西极度贫困县;西藏昌都、日喀则是西藏脱贫攻坚的主战场,都存在着贫困面广、贫困人口多、贫困程度深以及贫困程度高的问题。2019年是日喀则脱贫攻坚决胜之年,在此之前,全市有建档立卡贫困户4.24万户16.96万人,占当时全区贫困人口的28.75%、全市人口总量的21.65%;18个县区均属贫困县区,其中深度贫困县12个;1673个村居中,贫困村居达1669个,其中深度贫困村居达812个,全市贫困发生率高达25.27%,脱贫攻坚形势异常严峻、任务极其艰巨,是典型的民族贫困区。选取这些地处西南民族地区的贫困县域作为调研对象,为县域职校扶贫作用发挥提供了现实可能。

### (二)自然环境恶劣,发展基础条件羸弱

西南民族地区虽然地域广袤,但是,由于地处高原山区、大石山区和边远山区,可用耕地面积并不充裕,而且大多比较贫瘠,可见发展传统农牧业的思路并不现实。如据2021年甘孜州官方统计年鉴显示,甘孜州的面积虽然占四川省的三分之一,然而全州实有耕地面积仅相当于四川省耕地总面积的

2.25%，人均耕地面积不过2.59亩；此外，耕地质量比较差，多分布于高原峡谷带，地形破碎、水源奇缺、土层薄以及土壤有机质含量低。贵州地区的耕地状况更为严峻，人均耕地资源0.12公顷，农业统计资料计算的面积仅为0.063公顷，比全国人均耕地0.1公顷低37%，且坡度在15°~25°的耕地占31.32%，坡度在5°~15°的占23.18%，坡度大于25°的占21.09%，坡度小于5°的仅占24.41%，所以素有"地无三尺平"之说。此外，因为耕地梯化率低、垦殖率高，水土流失与耕地石漠化现象相当严重。仅黔南州石漠化面积就达7717平方千米，占州面积的29.45%，潜在石漠化面积7015平方千米，占州面积的26.78%，两者之和高达56.23%。至于云南，全省岩溶土地面积高达794.6万公顷，轻度石漠化面积137.4万公顷，中度石漠化112.0万公顷，重度石漠化25万公顷，极重度石漠化9.6万公顷。怒江州当地人更是以"看天一条缝、看地一条沟，出门就爬坡，种地像攀岩"来说明当地自然条件的恶劣情况。由于人地矛盾突出，毁林开荒、陡坡垦殖现象一直存在，部分农民甚至在离河谷近千米、坡度60°以上的地方开垦种植，这造成的生态环境破坏与收成微薄姑且不论，对农户来说，陡坡耕作还存在人畜坠落的风险。调研发现，贫困民族县域地域防范自然灾害能力差，老百姓靠天吃饭的现象相当突出。如广西都安瑶族自治县，石山面积占总面积的89%，人均耕地不足0.7亩，素有"九分石头一分土"之称。西藏昌都，全区范围内人均占有耕地1.5亩，二、三等耕地占25.7%。此外昌都还有暂不宜农牧林的土地，其中有裸岩地、砂地和砾石地；还有的土地海拔太高，开发难度大，无法改良利用。

**案例 贵州玉屏侗族自治县**

由于区位等自然条件，玉屏县属中亚热带红壤地带，地处云贵高原向湘西丘陵过渡的斜坡处，生物气候具有明显的过渡性特征，主要土壤类别有6个土类，19个亚类，45个土属，105个土种，多样的土壤类型为农业的多种经营提供了土壤条件，但普遍存在着不同程度的水土流失，土层薄，熟化程度不高，具有"冷、烂、锈、黏、酸、瘦"的特性，对农业生产极为不利，再加之干旱、暴雨、倒春寒、秋绵雨、冰雹、凝冻等灾害性天气频繁，对农作物影响较大。玉屏自治县农业生产条件不完备，在此背景下，县域发展的突破点就在于改造传统农业，转而聚焦高附加值的现代农业、休闲农业等产业发展,才能使职业教育扶贫之"精准"得到体现。

此外,从可供县域发展的基础条件来看,良好的地理区位与基础设施有助于脱贫,但西南民族地区的农村通常地处偏远,并且远离经济中心,这是当地许多农牧民处于贫困的基本原因之一。就四川省来看,甘孜州地处川、滇、藏、青4省(区)6地交界处,素有"老、少、边、远、高、大、穷、弱"之称,全州海拔5000米以上的地区占总面积11.3%,3000~5000米的占77.9%,18个县城与省会成都平均距离733千米,最远的石渠县距成都1061千米。由于地处偏远、交通不便,当地特色农副产品外销困难,生鲜菌类产品变质毁损严重,收购商人更是据此压价。也因为过于偏远,又兼高山峡谷,当地基础设施建设困难重重,农牧民的生产生活条件相当落后。这些基础条件的羸弱,为县域职校本身的建设和助力当地精准扶贫埋下了隐患。贵州省是一个不沿海、不沿江、不沿边,没有平原支撑的喀斯特山地省区,无论是交通、信息网络,还是物流、营销网络,民族地区都属于网络末梢,中心城市对它们的辐射带动功能十分有限。

西南民族地区贫困农村农牧民生产生活基础条件的艰难状况,也可以由我们的田野调查资料反映出来。在课题调查过程中,无论是去四川甘孜和凉山,还是去云南、贵州、西藏,感受最大的就是"行路难",尤其是乡、村的道路,其简陋破烂颠簸程度更新了我们对民族地区基础设施的认知。这也进一步表明,自然环境和基础条件的客观存在,构成了民族地区县域职校精准扶贫的局限和阻碍。

### (三)人力资源基础薄弱,受教育年限偏低

人作为脱贫的主体,其数量规模、受教育程度、知识技能储备、体能状况等对个体生计的可持续性以及县域整体性脱贫具有直接影响。经调查发现,民族贫困县域的人力资源基础薄弱,开发程度亟待提升,体现着"两低一少"的特征(家庭劳动力占人口的比重低、文化程度低、参加技能培训数量少),这种突出现象必然会对当地县域脱贫产生重大影响,县域职校精准扶贫作用力的发挥还存在巨大的提升空间。

一方面，家庭规模大、抚养人口多，但劳动力不足。劳动力是家庭的主要生产力，根据调查，在人口数上，以"4~6人"和"7~10人"的大家庭居多，而劳动力人口普遍为"1~2人"，家庭劳动力负担系数较高，而且往往越是贫困家庭，劳动力负担系数越高，相对应残疾患病以及年老体弱家庭成员也比较多。由此可见，在相对落后的民族贫困县域家庭中，子女后代接受教育的客观需求是存在的，但在各种因素影响下辍学现象也比较常见。把握住适龄儿童接受职业教育的机会，通过接受技能教育拥有支撑家庭生计和个人学历提升的机会，提升家庭内劳动力占比，进而降低家庭负担系数，将成为夯实民族地区人力资源基础的可行思路。

另一方面，技能培训不足，平均受教育年限低。从农户掌握和运用专门技术的能力看，多数农牧民仍然使用传统的农业生产技术，缺乏适应市场经济的种养殖技术和经营销售能力。虽然国家近年来不断增强技能培训，但效果不大理想，参与培训的人数不够全面，比如在贵州紫云苗族布依族自治县，在回答"近5年来您及家人是否参加过政府组织的生产技能培训"的问题中，选择没有参加的比例高达84.79%。由此来看，县域职校对当地农户开展的培训并不充分，这也是造成人力资源基础薄弱的重要因素。此外，调查发现，西南民族地区县域内，受教育程度普遍较低，初中及以下的人口数量占比十分庞大，在平均受教育年限上，集中在8~9年左右，接受职业教育的人口不多，这说明，适龄学生在普通教育辍学之余，也不会选择继续到职业学校就读，而是不再接受学校教育。本课题调研也说明了这一点，据第七次全国人口普查公报了解到，黔江人口受教育水平在初中及以下有30.88万人，约占常住人口的63%；酉阳人口受教育水平在初中及以下有44.24万人，约占常住人口的72.9%。受教育水平较低一定程度上阻碍了群体收入以及贫困个体的脱贫，中职教育对于提升受教育水平的效应还难以体现。在云南峨山县，初中及以下文化程度的人口为93799人，占总人口的65%；贵州玉屏侗族自治县，拥有初中及以下文化程度的人口占53.1%，15岁及以上人口的平均受教育年限为9.02年；贵州兴义市，15岁及以上人口的平均受教育年限为9.36年；广西都安瑶族自治县，拥有初中及以下文化程度的人口为381449人，15岁及以上人口的平均受教育年限为8.59年；四川阿坝藏族羌族自治州下辖的茂县，15岁及以上人口的平均受教育年限为8.46年。[①]

---

① 数据来自实地调研。

职业教育对于提升人口受教育水平和人口素质，发挥经济、文化等方面的带动潜力未得到注重和挖掘。

### （四）三次产业结构失调，特色优势产业潜力有待挖掘

西部民族地区由于历史经济基础落后、工业化起步晚、自然条件比较恶劣、地处边疆内陆、普遍不具有地缘优势，所以横向与全国特别是发达地区比较，产业结构仍然比较落后，经济发展水平比较低。随着工业化进程的加快，第一产业在国民经济中的比重会不断下降，第二、三产业比重不断上升。然而，从调查来看，却出现了不同的产业结构特征，经课题组实地走访和调查，汇总民族县域产业情况如表5-3所示①（以国家乡村振兴重点帮扶县为主）。可以发现，西南民族集聚地区第一产业比重更高。西部民族地区地域辽阔，民族众多，在历史上就是一个典型的经济发展不平衡地区。这种地区间长期以来形成的经济发展不平衡造成不同地区产业结构比重的严重失衡，反映出在西部大部分民族地区工业化程度还很低，产业结构性矛盾仍然比较突出。第二产业比重低，是工业化程度不高的体现。第三产业现代服务业优势不突出。随着科学技术的日新月异，经济的不断发展和社会财富日益增多，第三产业发展层次越来越分明，新兴服务业如金融保险、信息咨询、旅游、租赁服务、文化中介服务业等不断发展，而传统的批零商贸、饮食等行业比重逐渐下降。而西南民族地区传统第三产业比重还比较高。

表5-3  部分民族县域年生产总值及产业结构比

| 省份 | 学校 | 所在县域生产总值 | 三次产业结构比 |
| --- | --- | --- | --- |
| 重庆 | 彭水苗族土家族自治县职业教育中心（以下简称：彭水县职业教育中心） | 245.1亿元 | 15.2∶32.5∶52.3 |
| | 酉阳县职业教育中心 | 212.47亿元 | 20∶17.4∶62.6 |
| 云南 | 孟连傣族拉祜族佤族自治县职业高级中学（以下简称：孟连县职业高级中学） | 56.98亿元 | 32.5∶14.2∶53.3 |
| | 峨山彝族自治县职业高级中学 | 131.78亿元 | 14.8∶27.7∶57.5 |
| 贵州 | 紫云苗族布依族自治县民族中等职业学校（以下简称：紫云县民族中等职业学校） | 90.39亿元 | 33.22∶18.56∶48.22 |
| | 松桃苗族自治县中等职业学校（以下简称：松桃县中等职业学校） | 187.01亿元 | 23.48∶23.9∶52.62 |

---

① 数据来自实地调研以及各地县域2021年国民经济发展公报。

续表

| 省份 | 学校 | 所在县域生产总值 | 三次产业结构比 |
|---|---|---|---|
| 四川 | 阿坝藏族羌族自治州中等职业技术学校（以下简称：阿坝州中等职业技术学校） | 48.70亿元 | 21∶37∶42 |
| | 甘孜州职业技术学校 | 32.40亿元 | 15.4∶27.5∶57.1 |
| 广西 | 都安瑶族自治县职业教育中心（以下简称：都安县职业教育中心） | 79.66亿元 | 24.8∶14.7∶60.5 |
| | 富川瑶族自治县职业技术学校（以下简称：富川县职业技术学校） | 109.55亿元 | 33∶33.8∶33.2 |
| 西藏 | 昌都市职业技术学校 | 78.02亿元 | 12.3∶45.1∶42.6 |
| | 日喀则市职业技术学校 | 348.26亿元 | 14.9∶31.3∶53.8 |

随着工业化程度的提高,第二产业比重不断上升,第三产业比重也应该相应呈上升趋势,但西南民族地区近年来却呈现出与一般产业结构演变规律不同的趋势,经过考察得出此评价结论在于三点：

一是经济发展水平较低,制约了新兴第三产业的大力发展。以云南峨山彝族自治县为例,全县常住人口14.25万人,经济发展的薄弱和人口数量规模的萎缩导致第三产业难以发展,不仅是第三产业,第一、第二产业也难以发展。

二是西部民族地区第二、三产业关联性不强。西部民族地区第二产业比重尽管有了很大上升,但主要偏重以资源开发为主的基础工业或初级产品加工工业,资源深加工、综合利用能力较弱,产业链条短,自我发展能力特别是技术创新能力不足,第二、三产业之间不能较好地实现产业对接与渗透,难以带动第三产业一起上升。如广西富川瑶族自治县2020年全县有11家企业出现负增长,下降面为45.8%,全县新入库(编辑注：广西高新技术企业培育库)的5家企业,只有两家企业是新建投产,且企业规模较小,占比小,对整个工业经济发展的贡献不明显。此外,从投资项目看,一般性加工项目较多,新兴产业和高新技术产业较少,企业生产粗放,初级、低档次产品多,精深加工产品、高附加值产品和名优特新产品少,经济效益不高。

三是民族特色产业的潜力挖掘还不够。由于地理位置、民族文化、天然资源等固有优势,民族地区形成了别具一格的旅游产业、农产品产业等,依靠当地特色发展成为共识,但对于这种优势的发掘力度和空间还不充分,体现在盲目跟风发展第三产业以及舍弃农业,未明确二者的联动关系。民族地区的生产和生活方式根本上还是以农业为主,农业也是帮助农民增收脱贫的一大产业,应立足本地优势发展富民产业。民族地区拥有诸多农牧业生产优势,是帮助农民脱贫致富的根基产业。目前的问题是,民族地区农业产业化走入误区,把农业产业化简单理解为扩大规模、改种经济作物、一村一品,一县一品,而缺乏相应的农产品深加工产业链和完备的服务体系,特别是缺乏农产品加工和销售体系,导致农业的附加值低、市场风险非常大,减贫效果大大弱化。由此来看,产业结构的动态变化体现着民族地区发展的态势,也为县域职校精准扶贫提供了方向指引。

## 二、学校发展情况

"学校发展情况"是背景评价关注的另一重要指标,旨在调查西南民族地区县域学校办学情况,通过掌握县域内职普学校数量比例、职/普在校生人数比、专业数量、涉农专业数量、招生数量、在校生数量、学生巩固率等关键指标,窥探西南民族地区县域学校的发展规模和基数,为下一步县域职校精准扶贫的质量评判和提升路径提供可参考依据。具体来说,学校发展情况可归纳为以下三个方面。

### (一)县域职校数量少,辐射效应有限

县域职校达到一定的数量是发挥辐射效应的前提,在调查中我们了解到,县域内职业学校的数量基本都只有1所,在地域面积广阔的西南民族地区辐射效应难免被减弱,大部分地区不能做到职普大体相当。西藏、贵州部分县域职普学校数量比甚至达到1∶9。此外,从表5-4[1]中还可以看出,中等职业学校学生数量和普通高中学生数量比悬殊,职业学校的吸引力不高。不少职业教育学校在本县域内办学,面向本地有职业教育需求的学生,如阿坝州中等职业技术学校地处阿坝藏族羌族自治州,甘孜州职业技术学校位于甘孜藏族自治州,据了解,二者在学校的办学定位上都一定程度地跳出县域,立足本州,广泛收纳州内生源,加之自治州地域广博,在职普学校数量比较低的情况之下,对中职学校的校内教育和校外培训承载力提出了更高要求。此外据调研,酉阳、彭

---

[1] 数据来自实地考察以及各县2021年统计年鉴。

水、秀山等自治县有且仅有一所县域职校,而县城的常住人口数量大多在40万~60万,中等职业教育学校数量不足以覆盖县域内常住人口对职业教育的需求。

表5-4 部分县域职校数量与职普学生比

| 省份 | 民族地区 | 中等职业学校数量 | 普通高中学校数量 | 职普学生数量比 |
| --- | --- | --- | --- | --- |
| 重庆 | 彭水(土家族、苗族) | 1 | 3 | 0.85 |
|  | 酉阳(土家族、苗族) | 1 | 4 | 0.18 |
| 云南 | 孟连(傣族、拉祜族、佤族) | 1 | 1 | 0.23 |
|  | 峨山(彝族) | 1 | 2 | 0.29 |
| 贵州 | 松桃(苗族) | 1 | 6 | 0.17 |
|  | 紫云(布依族、苗族) | 1 | 3 | 0.19 |
| 四川 | 北川(羌族) | 1 | 1 | 0.56 |
|  | 泸定(藏族) | 1 | 5 | 0.46 |
| 广西 | 都安(瑶族) | 1 | 3 | 0.44 |
|  | 富川(瑶族) | 1 | 2 | 0.23 |
| 西藏 | 日喀则(藏族) | 2 | 9 | 0.39 |
|  | 昌都(藏族) | 2 | 6 | 0.44 |

### (二)专业设置问题突出,脱贫带动力不强

民族地区县域职校之所以能发挥精准扶贫的作用,在于能结合当地特色优势,掌握职业教育受教者的精准需求,这需要职业学校在专业设置上充分结合当地实际情况。然而,现实并非如此,民族地区县域职校专业设置呈现追求热门趋势,其精准扶贫功能有所减弱。

从专业数量上来看,专业广而不精。为形成规模效益,容纳尽可能多的职业教育以及培训,专业数量应多,种类也应尽可能广泛,然而问题在于,民族地区县域职校本身建设能力不足,无暇应对专业数量过多的培养要求,最后造成多数量、多种类而无一精品的现象。如从表5-5[①]中可以看出,民族地区县域职校的专业数量为10个左右,个别学校拥有不同的重点发展专业,但大部分学校广泛开设专业,缺乏围绕一个或两个核心专业做大做强、实现特色发展的意识。

---

① 数据来自实地调研及各学校2021年度质量报告。

表5-5  部分县域职校专业数量及重点专业一览

| 地区 | 学校 | 专业(数量/内容) |
|---|---|---|
| 重庆 | 酉阳县职业教育中心 | 15:学前教育、幼儿保育、园林技术、畜牧兽医、机电技术应用、数控技术应用、汽车运用与维修、新能源汽车运用与维修、计算机应用、电子技术应用、旅游服务与管理、中餐烹饪、会计、舞蹈表演、服装设计与工艺 |
| 重庆 | 彭水县职业教育中心 | 9:汽车制造与检修、康养休闲旅游服务、民族工艺品设计与制作、幼儿保育、中餐烹饪、旅游服务与管理、服装制作与生产管理、直播电商服务、计算机应用 |
| 云南 | 勐腊县职业高级中学 | 8:汽车运用与维修、电子商务、物流服务与管理、旅游服务与管理、旅游外语、运动训练、园艺技术、国际商务 |
| 云南 | 牟定县职业高级中学 | 5:汽车运用与维修、建筑工程施工、计算机应用、电子商务、旅游服务与管理 |
| 贵州 | 紫云县民族中等职业学校 | 7:计算机平面设计、汽车检测与维修、美容美发、烹饪、计算机应用、电子商务、服装设计与工艺 |
| 贵州 | 松桃县中等职业学校 | 15:服装设计与工艺、艺术设计与制作、幼儿保育、民族音乐与舞蹈、康复技术、畜禽生产技术、休闲农业生产与经营、高级饭店运营与管理、中餐烹饪、美发与形象设计、美容美体艺术、电子商务、计算机应用、汽车运用与维修、建筑工程造价 |
| 四川 | 北川羌族自治县七一职业中学 | 11:民族音乐与舞蹈、汽车运用与维修、旅游服务与管理、会计事务、电子信息技术、机电技术应用、计算机平面设计、航空服务、建筑工程施工、社区公共事务管理、建筑材料智能生产技术 |
| 四川 | 阿坝州中等职业技术学校 | 7:畜禽生产技术(高原畜牧方向和藏兽医方向)、高星级饭店运营与管理、中餐烹饪、会计事务、计算机应用、汽车运用与维修、民族美术 |
| 广西 | 都安县职业教育中心 | 8:汽车运用与维修、电子电器应用与维修、计算机网络技术、旅游服务与管理、高星级饭店运营与管理、会计事务、艺术设计与制作、电子商务 |
| 广西 | 广西民族中等专业学校 | 8:民族音乐与舞蹈、幼儿保育、电子电器应用与维修、汽车运用与维修、会计电算化、艺术设计与制作、旅游服务与管理、计算机应用 |

续表

| 地区 | 学校 | 专业(数量/内容) |
|---|---|---|
| 西藏 | 昌都市职业技术学校 | 14：藏医医疗与藏药、护理、助产、学前教育、建筑工程与施工、供用电技术、汽车运用与维修、计算机应用、旅游服务与管理、社会文化艺术、畜牧兽医、文秘、水电厂设备安装与运行、服装设计 |
|  | 阿里地区中等职业技术学校 | 12：高星级酒店服务与管理、导游、藏医药、畜牧养殖、工艺美术、民族美术、民族音乐与舞蹈、供用电技术、汽车维修、电子商务、乡村医生、学前教育 |

从专业特色上来看，同质化比较严重，涉农专业不突出。中职涉农专业是指教育部制定的《中等职业学校专业目录》中的农林牧渔类专业，包括设施农业生产技术、现代农业技艺、茶叶生产与加工等32个专业。与民族地区特色相契合的专业类型不够突出，对信息技术、交通运输、学前教育等热门专业趋之若鹜，且学校专业数量过多，未体现学校立足县域办学的针对性。专业设置雷同，近年来热门专业备受追捧，但其中却少有涉农专业的影子。根据调查所得（如图5-1所示），在调查走访的28所民族地区县域职校中，拥有涉农专业的学校占32%，未明确开设涉农专业的占68%，其中，开设涉农专业的学校，其涉农专业开设数量为1～2个。如在西藏地区，调研中发现一些学校尽可能体现出对涉农专业的倾斜，按照"3721"的发展思路，紧紧围绕西藏"一核一圈两带三区"建设，聚焦西藏七大优势特色产业，服务川藏铁路建设，服务乡村振兴，服务中小微企业，坚持急需、紧缺、优势的原则深入推进专业建设，努力形成适应区域经济发展方式转变和产业结构调整要求的现代职业教育专业设置架构。西藏自治区中等职业学校共开设85个专业，覆盖17个专业大类。2020—2021学年初，该校招生人数最多的专业大类是医药卫生大类，为4134人，一定程度上迎合并满足区域内对"藏医"的培养需求；其次是农林牧渔类，为3666人；位居第三的是旅游服务类，为2719人；第四是交通运输类，为2064人；第五是教育类，为2061人。这五类专业的招生人数占全部招生人数的45.59%。其余专业类招生人数为12107人，占全部招生人数的37.69%。其他类招生人数为5369人，占全部招生人数的16.72%。以培养服务当地经济社会发展的实用型技术技能人才为突破口，一定程度上为满足经济社会发展和产业结构转型升

级的需求提供了环境和背景。此外,北川羌族自治县七一职业中学在2021年招生的11个专业中,涉及二产类专业4个,三产类专业7个,无一产类专业,明确优先发展汽车运用与维修专业,大力建设民族音乐与舞蹈专业,转型升级机电技术应用专业、旅游服务与管理专业、电子信息技术专业、建筑工程施工专业等。

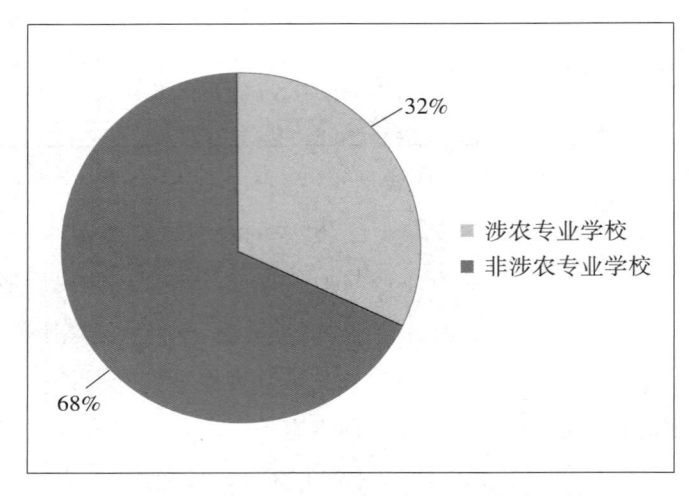

图 5-1 开设涉农专业学校与未开设学校占比情况

从专业与产业的匹配程度来看,县域职校匹配旅游、康养、休闲农业等新兴产业的程度还不够。为对接重点产业、战略性新兴产业、支柱产业、特色产业的发展需求,对接区域现代工业、现代服务业、现代农业、民族文化产业等领域发展需求,部分职校加强了区域内中职学校教学资源优化配置和专业布局,地方支柱产业、特色产业"业业有专业"的职业教育布局得到适当加强。如广西中职学校开设专业主要集中在教育与体育大类、艺术设计大类、交通运输大类、旅游大类、医药卫生大类、电子与信息大类、装备制造大类、公共管理与服务大类、财经商贸大类等,专业布点与广西"十四五"规划重点支持的产业布局发展方向基本一致;都安县所在的河池市建立以市为主导的专业设置动态调整机制,适应河池的康养旅游业、制造业等产业发展,优化专业结构,2019年,撤销电子电器应用与维修等3个专业,新增营养与保健、工业分析等5个专业,建设中餐烹饪等3个示范特色专业及实训基地;富川瑶族自治县以服务区域经济为目标,确定培养"高素质、强技能、宽适应、复合型"生产一线技术人才的目标,根据"对接产业链,建设专业链"的指导思想,认真实施"一校一品"战略,重点打造医药卫生、康复养生、加工制造、财经教育、旅游服务类专业群,明确指出富川县职业技术学校重点发展服装设计和观光农业专业。

### (三)民族地区县域职校培养人才流失严重

作为一种教育类型的职业教育在精准扶贫上优势更为明显。[①]2016年教育部等六部门印发《教育脱贫攻坚"十三五"规划》,提出"大力发展职业教育和培训,以提升建档立卡等贫困人口的基本文化素质和技术技能水平为重点,全面提升贫困地区人口就业创业、脱贫致富的能力",以期实现贫困地区"职教一人,就业一人,脱贫一家"。基于对西南民族地区贫困县及其县域职校的实地调研发现,贫困地区县域职业学校辍学现象比较严重:在2014—2019年这5年间,3个国家级深度贫困县职校学生辍学率在40%左右,8个国家级贫困县职校学生辍学率在20%左右,另外7个国家级贫困县职校高度重视辍学问题并积极治理,但辍学率仍在8%左右。同时,经学校反映,第一学期结束及顶岗实习结束,是学生辍学的高发期。毋庸置疑,学生辍学不仅造成教育资源的浪费,还无法提升其阻断贫困代际传递的能力,从而导致贫困问题难以得到根本性消解。因此,贫困县域职校学生的辍学问题亟待关注和解决。自2009年秋季国家开始实施中等职业学校免学费政策以来,大部分贫困地区县域职校都已建立以免学费、助学金为主,社会捐资助学等多渠道为补充的学生资助体系。可见,经济因素并非贫困地区县域职校学生辍学的主因。与此同时,中职办学质量在不断提高,家长对教育的重视程度也在增强,但贫困地区县域职校学生的辍学率还是居高不下。调查发现,在多种奖助政策下接受职业教育成本是降低的,非贫困性因素导致贫困地区县域职校学生的辍学行为,职业学校学生的流失,致使适龄学生在城市的吸引下提早进入城市工作,造成县域就业人数减少,难以为县域扶贫提供人力支持。部分民族县域职校辍学率见表5-6[②]:

---

[①] 杨小敏.精准扶贫:职业教育改革新思考[J].教育研究,2019(3):126-135.
[②] 数据来自各地实地考察及各县域职校质量报告。

表5-6　部分民族县域职校辍学率(实地考察及2019年学校质量报告数据)

| 省份 | 民族地区 | 辍学率 |
| --- | --- | --- |
| 重庆 | 彭水(土家族) | 8% |
| | 酉阳(土家族、苗族) | 11% |
| 云南 | 孟连(傣族、拉祜族、佤族) | 22% |
| | 勐腊(彝族) | 30% |
| 贵州 | 玉屏(侗族) | 25% |
| | 紫云(布依族、苗族) | 45% |
| 四川 | 茂县(藏族、羌族) | 26% |
| | 德昌(藏族) | 19% |
| 广西 | 都安(瑶族) | 36% |
| | 富川(瑶族) | 32% |
| 西藏 | 日喀则(藏族) | 18% |
| | 昌都(藏族) | 21% |

其一是学校育人功能滞后下的辍学现象丛生。通过调研发现，贫困地区县域职校普遍面临"半固定空间"生成困境，如实训基地规模小、实训设备简陋以及空间的文化要素缺乏，进而制约学校不固定空间的生产，最终引致两种结果：一方面，学校空间育人"力气"不足，学生对学习缺乏切身体验。"学校的实训资源普遍不足，特别是优质资源十分匮乏，难以跟上最新生产技术的要求。但同时实训资源利用率低，大量被闲置。特别是用于技能大赛的设备，与日常教学需要不匹配，常因被搁置而布满灰尘，造成学校财力和物力的严重浪费。"另一方面，学校空间育人"气力"微弱，体现在学校空间学习氛围的"稀薄"，部分甚至"乌烟瘴气"。学校空间氛围常育人于无形，与学生主体感受互相渗透，互相演绎，学生根据空间氛围暗含的场景来协调自身的行为，进行自我表达。而"稀薄"的学习空间氛围对学生学习认知和行为潜化力量不足，逐渐显现出一种"惰性"的学习文化场，学生陷入一种集体学习行动困境。在这异化的学校场域中，刻苦学习的学生反而被视为异类，陷入坚守抑或妥协的两难境地。

其二是学校就业渠道单一挤压县域就业空间。贫困地区县域职业学校学生普遍选择城市就业，县域职校未能充分发挥其为县域经济社会发展提供技术技能人才支撑的功能。实地调研发现，贫困地区县域职校学生在就业信息、就业渠道的获取上普遍表现出封闭、单一的特征，而这又客观上将学生引向城市就业。在实践场域,通过观察贫困地区县域职业学校的学生就业宣传、引导、分配现象,发现其中主要暗藏两种机制:一是将学生引向"合作企业"就业。本身而言,职业院校将学生引向合作企业就业乃是常态,符合职业教育产教融合、校企合作的人才培养特点。但是,在贫困县域,出于维持发展、提升质量以及打造声誉等需求,职业学校大都倾向于与来自城市的企业开展合作,尤其是围绕学生实习、就业进行合作,由此,这种单一的就业机制必然将学生导向城市就业。以四川北川县为例,该县域职校7个专业共有19家长期稳定的合作企业,其中17家企业来自省会城市以及沿海发达城市,而这17家企业近几年几乎每年吸收该校90%以上的就业学生。第二种机制则是将学生引向"帮扶城市"就业。近年来,在国家颁布实施的《职业教育东西协作行动计划(2016—2020年)》驱动下,东部经济发达城市职业院校对西部贫困地区展开了多层次、多渠道、多领域以及多方式的帮扶行动,重要途径之一就是积极引导帮扶城市中各类合作企业参与校企联合培养,为受帮扶职校学生提供实习、就业岗位。诚然,《职业教育东西协作行动计划(2016—2020年)》拓宽了贫困县域职业学校的学生实习、就业门路,但也带走了大批量的本土技能人才。以重庆酉阳县为例,该县县域职校酒店专业最近三年的毕业学生几乎全部被派往帮扶城市山东东营市就业。概而言之,贫困地区县域职业学校单一的就业渠道在客观上驱动学生到城市就业。

# 第六章
## 输入评价

输入评价要收集建设资源信息,评价建设资源,确定如何有效使用现有资源才能达到建设目标,确定项目规划和设计的总体策略是否需要外部资源的协助。可以认为,县域职校发挥扶贫作用的输入评价,旨在在明晰背景评价的基础上,评估县域职校要达到预期目标所需的基础条件、主要资源等,由此将"行动计划""资源投入"作为二级指标。其中,前者在一定程度上体现着县域职校办学能力与水平,关注县域职校扶贫的行动过程,把主要由"帮扶对象、帮扶内容、帮扶政策制度、帮扶程序"等组成的帮扶方式作为三级指标;后者将"人力投入、财力投入、物力投入"作为三级指标,关注并回答的重要问题是资源投入是否能满足精准扶贫的现实需求?是否还存在不足?充分评判西南民族地区县域职校扶贫和人才培养所需的各类资源要素是否得以配套,进而评判输入(投入)资源的支撑度。

### 一、帮扶方式

结合CIPP评价中对县域职校精准扶贫过程评价的指标,以及根据收集的案例、进行的访谈,在此基础上进行整合,总结出民族地区县域职校精准扶贫遵循"直接性扶贫""发展性扶贫""补偿性扶贫"三大进路,主要有"扶资""扶智""扶志""扶业"四大类别,以及对应的九种具体扶贫路径(如表6-1所示)。

表6-1　县域职校扶贫路径

| 三大进路 | 四大类别 | 具体路径 |
| --- | --- | --- |
| 直接性扶贫 | 扶资 | ①"奖、助、贷、补"专项资助 |
| | | ②接受对口支援 |
| 发展性扶贫 | 扶智 | ③顺应脱贫需求的专业调整 |
| | | ④长短结合的技能培训 |
| 补偿性扶贫 | 扶志 | ⑤文化扶贫 |
| | | ⑥加强职业教育扶贫宣传 |
| | | ⑦组织帮扶 |
| | 扶业 | ⑧产业扶贫 |
| | | ⑨对口就业 |

### (一)"奖、助、贷、补"相结合的专项资助扶贫

职业教育扶贫的重要措施即面向贫困地区学生发起的各种类型的贫困助学活动,通过政府、院校、企业等多方参与,采取不同标准、形式多样的贫困助学专项计划,给予贫困学生学习资助,确保其顺利完成学业。这已成为教育扶贫的一个重要措施。第一,对家庭经济条件困难的学生设立专项奖学金,用以表彰取得优异成绩的学生,鼓励学生努力学习。在具体操作中,可以根据不同专业的学习规律和特征,划定标准线,只要学习成效考核高于标准线的贫困家庭学生,都能获得一定金额的奖学金。第二,创造机会和条件,为具有一定实践能力的贫困家庭学生提供参与助教、助管和助研等工作的机会,学生通过履行教学辅助、教学管理和基础科学研究工作的职责,获得一定的津贴或报酬。这样一方面能够提高学生的社会实践能力,另一方面也能够帮助学生获得一定的经济收入,一举两得。第三,积极响应国家政策,及时组织、指导家庭经济困难的学生申请助学贷款。所申请的项目有面向深度贫困县学生的学费政策、国家奖学金和励志奖学金政策、国家助学金政策、雨露计划(针对建档立卡的壮年农民、贫困户中的复员退伍士兵、扶贫开发工作重点村的村干部和致富骨干、参加中等职业教育和高等职业教育的建档立卡贫困家庭子女)、泛海助学计划(建档立卡贫困家庭大学新生)、其他职业教育扶贫相关工程(金秋助学工程、国烟助学工程、圆梦助学工程)等。贷款学生在校学习期间的国家助学贷款利息全部由财政补贴,这就有效降低了贫困家庭学生的就学经济压力。

## (二)接受对口支援

在调研中可以发现,县域职校主要采取以下具体路径接受对口支援。一是各级各类教育扶贫结对帮扶活动。建立校与校之间的帮扶机制,结对的两个地区职业学校干部互派、师生交流等。二是地方政府主导建立针对贫困地区的职业教育与科技扶贫联系帮助制度,积极组织职业院校的科技专家、技术骨干人才深入贫困地区基层,发挥项目带动、科技示范、产业引领等作用,为贫困对象脱贫致富注入动力和活力。三是参与实施职业教育东西协作计划。《职业教育东西协作行动计划(2016—2020年)》是在中央确定的东西部扶贫协作框架下,以职业教育和培训为重点,以就业脱贫为导向,瞄准建档立卡贫困人口精准发力,启动实施的计划。按照中央确定的东西部扶贫协作关系,东西部地区省(区、市)开展对口协作(如表6-2)。主要有三大行动:①实施东西职业院校协作全覆盖行动,实现东部地区职教集团、高职院校、中职学校对西部地区的结对帮扶全覆盖。②实施东西中职招生协作兜底行动,东部地区兜底式招收西部地区建档立卡贫困家庭子女接受优质中职教育,毕业后根据学生意愿优先推荐在东部地区就业,实现就业脱贫。③支持职业院校全面参与东西劳务协作,帮助每个有劳动能力且有参加职业培训意愿的建档立卡贫困人口,都能接受适应就业创业需求的公益性职业培训。

表6-2 部分东西协作对口帮扶地区

| 帮扶地区 | 被帮扶地区 |
| --- | --- |
| 北京市 | 内蒙古自治区 |
| | 河北省张家口市、保定市 |
| 天津市 | 甘肃省 |
| | 河北省承德市 |
| 大连市 | 贵州省六盘水市 |
| 上海市 | 云南省 |
| | 贵州省遵义市 |
| 江苏省 | 陕西省 |
| | 青海省西宁市、海东市 |
| 苏州市 | 贵州省铜仁市 |
| 浙江省 | 四川省 |

续表

| 帮扶地区 | 被帮扶地区 |
| --- | --- |
| 杭州市 | 湖北省恩施土家族苗族自治州 |
| | 贵州省黔东南苗族侗族自治州 |
| 宁波市 | 吉林省延边朝鲜族自治州 |
| | 贵州省黔西南布依族苗族自治州 |
| 山东省 | 重庆市 |
| 广东省 | 广西壮族自治区 |
| | 四川省甘孜藏族自治州 |
| 广州市 | 贵州省黔南布依族苗族自治州、毕节市 |
| 佛山市 | 四川省凉山彝族自治州 |
| 中山市、东莞市 | 云南省昭通市 |
| 珠海市 | 云南省怒江傈僳族自治州 |

### （三）顺应脱贫需求的专业调整

县域职校的专业建设要符合当地的经济发展需求以及贫困学生个体的脱贫需求，对接当地的主要产业，提升专业与产业对接的匹配程度。依据贫困地区的产业布局进行调整，根据贫困地区发展规划、乡村振兴等需求，县域职校应打造一批以特色产业为鲜明特点的专业。一方面根据县域发展的实际情况进行专业的增加或减少；另一方面针对贫困区域内农民工、下岗工人等特定群体，分列招生计划、分类考试评价、分别选拔录取、分类制订专业人才培养方案，实行弹性学习时间和多元教学模式。

**案例　北川羌族自治县七一职业中学按需实现专业调整**

北川县产业结构发展的需求，紧贴北川产业转型升级和打造县文旅发展引领区、应急产业先行区的思路，北川羌族自治县七一职业中学及时调整了三个专业方向。一是调整了旅游服务与管理专业的人才培养方向，文旅结合协调发展，重点培养面向乡村旅游行业的服务人员。二是调整了民族音乐与舞蹈专业的人才培养方向，重点培养羌族音乐与舞蹈及羌族文化方向人才，传承与弘扬羌族文化。三是调整了汽车运用与维修专业人才培养方向，向新能源汽车领域转型，为未来汽车行业和北川地区新能源汽车维修企业提供人才支撑。

### (四)长短结合的技能培训

技术服务和技能培训是职业教育的重要社会职能,也是帮助贫困地区人口脱贫致富的重要手段,技能帮扶成为职业教育扶贫中极富成效的扶贫模式。一是通过针对贫困地区的农业生产和经济发展需要,加强农村地区的技术技能人才输送,开展不同类型的技术技能专项培训,让贫困地区农民掌握农业生产一技之能,培养大批的贫困地区本土技能人才,助力贫困人口尤其是农村青壮年贫困劳动力脱贫致富,主要包括雨露计划、温暖工程、春风行动、阳光工程、新型职业农民培育工程、农村劳动力转移培训计划等。二是各职业院校和其他培训机构对乡村贫困对象开展不同时限的各种实用技能培训,使农民迅速掌握一项或几项专业技能,如通过实施农村贫困劳动力转移培训、就业创业培训等,形成多渠道、多形式的技能培训式扶贫。三是开展订单式定向培训,对贫困区域的学生以及农民进行培训,例如举办精准扶贫培训班、开展送教下乡活动、建立退役军人培训平台等。

**案例　孟连县职业高级中学:实用技术培训进农家**

学校在认真宣传贯彻落实党的各项扶贫政策的同时,积极发挥职业教育的专业优势,对挂钩扶贫的富岩镇富雅一、二组的群众进组入户开展了家禽常见病的防治、果树苗嫁接技术培训,教师给当地群众深入浅出地讲授了实用技术知识并让他们进行了操作训练,还当场发放了禽类防病治病药品,学校共计培训建档立卡户和非建档立卡户86人次。学校专业教师因人因地施教,为群众送去知识、送去技术,深受当地群众好评。

### (五)文化扶贫

"坚持大扶贫格局,注重扶贫同扶志、扶智相结合",在扶贫过程中加强文化帮扶,让广大贫困人口树立志气和信心。职业院校积极开展文化帮扶,已成为职业教育扶贫的重要模式之一。在贫困地区,特别是民族贫困地区,文化特色是其发展的优势之一,挖掘文化瑰宝、打造文化旅游、建立文化长廊、培育文明新风、丰富文化生活等系列文化帮扶活动,能树立强大的民族精神和脱贫信心。如贵州省积极推进民族文化教育,鼓励职业学校在设置专业时融入少数民族文化,学校成立十几个到几十个不等的如剪纸、刺绣、舞蹈、书法、绘画、体育、茶艺等学生社团,在各社团辅导老师的引导下,将中华优秀传统文化作为一项重要课程,对中华文化及地方文化的传承起到了积极作用,为脱贫带来内生力;在广西,北部湾职业技术学校构建"对接—渗透—交融"育人模式,大力传承非物质文化遗产;在重庆,秀山土家族苗族自治县职业教育中心(以下简称:秀山县职业教育中心)"非遗+乡村振兴"的探索与实践,开发秀山花灯、龙凤花烛、苗绣、蜡染、陶艺和蕴含"非遗"元素的版画与剪纸等"纸质+数字"课程资源,助力文化的振兴、人才的培养。

**案例　都安县职业教育中心:民族文化传承**

学校着力建设都安扁担舞文化传承创新职业教育基地,挖掘"都安扁担舞"的文化内涵和文化元素,并将扁担舞文化运用、推广到旅游、体育、美术专业的学习中。2021年9月27—28日,学校派出扁担舞师生团队11人赴广西建设职业技术学院参加2021中国—东盟职业教育联展。学校展位以展板形式,从学校简介、扁担舞展演、扁担舞文化传承创新职业教育基地建设成果等三大方面,充分展示了学校在扁担舞文化传承方面所取得的成果和经验。学校在民族文化传承方面取得的成效得到与会领导和嘉宾的肯定。学校致力于民族文化艺术传承和发展,将抛绣球、三人板鞋、打陀螺等民族竞技项目选入体育课程,成立藤编艺术协会,建立扁担舞社团,举行民族体育竞技活动。

**(六)加强职业教育扶贫宣传**

以前,在信息沟通不对等的状况下,国家和地方不断出台加大教育扶贫投入力度的各项政策,但受众不知情、不争取,这种状况必然导致政策执行没有实效性,也会致使职业教育对脱贫的带动力有所减弱,参与程度和满意程度不高。为此,部分学校的做法有:一是派驻的帮扶干部和职业院校招生人员深入贫困家庭,对于贫困家庭现有劳动力和潜在的劳动力进行精准摸底调查,推荐他们选择合适的教育类型并指导他们进行专业发展和职业规划。同时大力宣传当地职业院校,让当地民众对地方院校的层次、特点、专业、优势以及可以享受的各项资助政策有全面了解。二是加强舆论宣传引导,加大各项政策宣传力度,不断让科学的职业教育观念深入人心。通过开展"优秀职校生校园分享""职业活动周"等活动,对职业教育精准扶贫过程中涌现出来的先进事迹和成功案例进行宣扬。三是实行信息公开制度,通过网络媒体报道等公开发布职业教育相关的政策以及职业教育资金的使用情况,确保每个公民都有知情权、监督权,并且在扶贫过程中积极动员社会群众参与进来。

**案例 孟连县职业高级中学:全面开展教育惠民政策宣传工作**

1.学校以家访、校讯通、家长会、《孟连县职业高级中学关于在校学生资助告知单》等形式,让每位家长熟知相关的教育惠民政策、中职学生资助政策,其中家长会家长参与390人次,《孟连县职业高级中学关于在校学生资助告知单》共计发放420份。学校把建档立卡贫困户学生在学校受到资助的项目名称、资助金额等情况打印成小条子,让学生带回家记录到"扶贫手册"和"明白卡"上,并把资助政策宣传给父母。学校教师在学生放寒假之际,再次开展了对全校学生的家访工作,走访家庭599户,对学生家长进行了教育惠民政策的进一步宣传工作。2.学校抓住初中生毕业前招生宣传几个关键时间开展宣传工作,争取教育资助政策宣传实现全覆盖。3.学校"挂包帮"工作队员充分利用进村入户的有利时机,积极开展教育惠民政策的宣传,让群众切身感受到家庭绝不会因上学而造成经济负担导致贫困,特别是就读职业学校的学生,读书不用交钱。

### (七)组织帮扶

组织扶贫是精准扶贫的执行者,为打赢脱贫攻坚战提供了政治保障、组织保障和人才支撑。组织振兴是乡村五大振兴之一,是乡村振兴的"牛鼻子",是乡村振兴的根本和保障,是乡村振兴的内生性发展力量。一是派遣驻村干部。县域职校根据贫困村的实际情况派遣精准帮扶的驻村干部。驻村工作制度是实现精准扶贫的关键,若将之前的扶贫策略比作"大水漫灌",精准扶贫就是"滴灌",而驻村工作队就是实现"滴灌"的管道。驻村工作队队员能够通过提升识别精度和帮扶精度来改善扶贫质量。二是加强基层组织治理。村庄的贫困在很大程度上是基层党组织的软弱涣散、领导力不足导致的,所以通过驻村干部提升基层组织能力和基层干部的领导能力是实现治贫的关键。驻村干部制度的实质是为贫困村注入领导力,从而提升基层组织的治理效能。

**案例 彭水县职业教育中心:结对帮扶有担当,精准扶贫措施细**

彭水县职业教育中心制定《党员干部助力精准扶贫实施方案》,党员干部带头，全体教师参与，对全校 314 名贫困家庭学生落实帮扶到户、精准到人的帮扶工作责任，建立零遗漏全覆盖的结对帮扶机制。建立"一师一册"的贫困学生帮扶手册。通过党员干部、教师结对帮扶贫困学生和"千师访万家"等活动，以"思想引导、心理疏导、生活指导、学业辅导、政策宣导、就业指导"为主线，有效开展"1211"脱贫工程，推进"1+N"人生导师制。

### (八)产业扶贫

发展产业是实现脱贫的根本之策。县域职校根据自身技术技能优势，通过深入贫困地区，帮助贫困人员发展特色产业，为贫困地区产业发展提供技术支持，协助开展技术攻关，促进贫困地区产业升级。一是引进产业项目。职业院校利用校企合作、产教融合的优势，为贫困地区引进特色产业项目、立项产业攻关项目、开发产业生产项目。二是培育产业技术人员。通过在民族地区成立"乡村振兴学院""特色产业发展学院"，形成"民族文化认同—民族人才培养—民族产业发展"良性循环的人才培养模式；立足新型职业农民的实际需要，开展包括宏观经济、产业规划、风险防控等方面的企业经济管理知识培训，汇聚高质量技术技能人才新势能。三是塑造特色产业集群。不断延长现代农业产业链，打造具有集聚效应和规模效益的民族地区产业集群。如云南地区拥有我国优质的茶叶生产、加工基地。职业院校通过制定制茶标准、挖掘茶艺文化以及塑造茶叶品牌形象，可以打造具有较高全国知名度的民族地区茶叶品牌，并以此促进茶旅产业融合，推动茶区、景区一体化发展，形成"茶园观光+赏茶+采茶+制茶+鉴茶+茶艺表演+品茶+购茶+康养"等的多种慢生活体验旅游项目，倒逼以茶叶生产为基础的民族地区特色产业"新六产融合"链式发展模式的形成。

### (九)对口就业

职业教育扶贫实践是"基于产业需求，对接劳动力市场"，通过"扶业"实现扶贫。一是校企双元育人协作对接劳动力市场。与学校有合作关系的企业负责学生顶岗实习和学生就业。鼓励企业和学校共同规划学校人才培养方案，学校可在企业车间建立系部。学校可以从校企合作中获得薪酬，企业也可从学校中获得科技服务支持。打造高水平的实训基地。实训基地可提供实践教学、企业真实生产等服务,为职业学校学生取得职业技能证书奠定基础。如北川羌族自治县七一职业中学现有合作企业38家,覆盖11个专业。企业一线技能人员担任学校兼职教师,承担实训教学,企业兼职教师专业课课时占15%;学校专任教师深入企业一线顶岗实践30人次,人均企业实践约10天;与企业合作开办订单班,原有订单班2021年增至百余人。二是坚持为学生提供就业指导。对贫困学生提供就业渠道,并发放一定的就业补贴,开展有针对性的职业指导。安排学生到企业顶岗实习。三是优化就业待遇,持续提高职教扶贫满意度。积极开展"1+X"证书制度,鼓励职业学校的学生在校期间获得各种职业技能证书,完善各类职业资质考试机制,实施职业技能考核以及证书发放工作,提高技术人才的各项待遇。

**北川羌族自治县七一职业中学扶贫案例**

在北川羌族自治县七一职业中学,通过建立与234户建档立卡贫困家庭学生一对一帮扶机制,实施"四包责任制",落实"1234"工作法,做好建档立卡贫困家庭学生帮扶工作。

●在物质层面,积极作为,落实资助。一是全面落实好普惠政策。中职国家免学费、中职学生国家助学金及中职三年级学生生活补助全覆盖。二是落实好特惠政策。实现建档立卡学生助学金、生活补助、教育扶贫救助基金、雨露计划全覆盖,做到应享尽享。三是积极争取社会资助。建立爱心企业奖学金,资助家庭困难、品学兼优学生。

●在技能层面,设置岗位,技能帮扶。一是在校内设置勤工俭学岗位。设置创业模拟项目、爱心超市、食堂工勤、校企合作等岗位,把在校建档立卡贫困家庭学生全部安排到相应岗位上。二是开展技能结对活动。将在校的所有建档立卡学生分到18个工种的技能实训岗位进行专业实训结对,由专业课教师手把手教授技能。三是确保顶岗实习建档立卡学生收入稳定。学校提供优质顶岗实习岗位,采取全程跟踪服务,确保薪资稳定,工资发放准时到位。

●在精神层面,注重家校结合育人,关注留守学生的心理健康问题。学校定期开展"万名教师进万家"活动,深入贫困家庭家访;精心实施结对帮扶、心理疏导和励志教育;定期召开家长会、家长委员会;开展"小手牵大手"活动,让学生将感恩、文明、礼仪、卫生等良好习惯带回家。

## 二、人力投入

人力投入是指投入精准扶贫的有目的、有计划的专门队伍，是全面建设民族贫困县域以及民族地区县域职校精准扶贫工作的主导力和智囊团，是资源投入需要考虑的首要问题。结合课题组的调研走访，笔者将西南民族县域以及民族地区县域职校作为考察的主体，发现在人力投入方面有以下特点：

其一，人力投入的重视程度不高。在行政科层导向下的扶贫工作中，资金申请与投入普遍被视为第一重要的投入途径，特别是在民族贫困地区，县域政府对资金、经费的期盼程度最高，对其他方面的帮扶反而并不在意。主要体现在，除个别贫困程度较高以及国家级乡村振兴重点帮扶县之外，县域政府部门"扶贫办"的设置缺位，且部门领导对县域职校精准扶贫不重视，对经济建设的关注较多，对职业教育扶贫处于不了解、不支持、不表态的状态之中。调研得出的"县域政府对扶贫人力投入的态度"结果也可看出，认为人力投入在资源投入中比较重要的占18%，一般的占25%，不了解的占34%，不重要的占23%，如图6-1所示。同样的情况还存在于县域职校人员的认知中，他们参与扶贫的决定因素在于是否有资金支持，开展完扶贫项目普遍在意收入能不能自由支配。县域政府部门、县域职校普遍对人力投入持漠视态度。

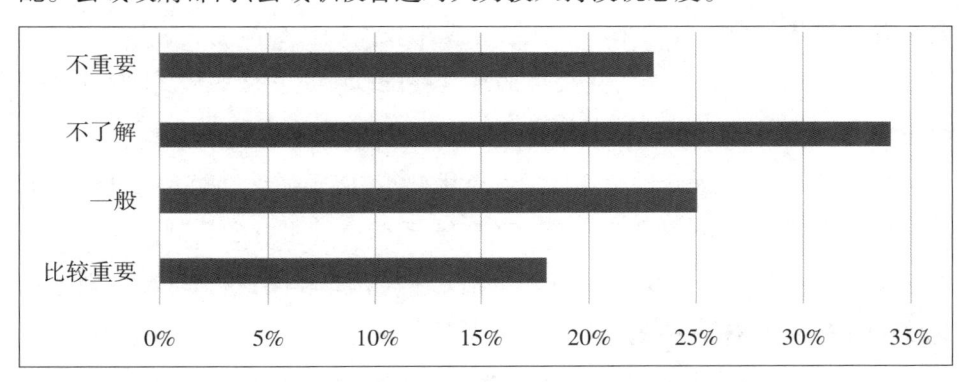

图6-1 县域政府对扶贫人力投入的态度

其二，人力投入不合理。一方面，参与县域职校扶贫队伍的人员结构不合理，未紧贴涉农专业以及贫困学生个体职业教育需求，随意选择、派遣教师，也未指派专门的校级中层及以上干部入组指导，导致县域职校对扶贫工作开展的程度、要求、计划等不明。另一方面，人力要求门槛较低。从县域职校精准扶贫的人力投入方面来说,既懂职业教育,又懂扶贫工作的人才是人力投入的理想人选,但实际情况并非如此。县域职校普遍只从学校内部抽取人员,由于不具备跨界视野和相应知识储备,对实际扶贫工作起到的作用不够理想。

## 三、财力投入

一直以来,党和国家重视对民族地区职业教育的经费投入,2015年《国务院关于加快发展民族教育的决定》提出:"国家教育经费向边疆省区倾斜,边疆省区教育经费向边境县倾斜。"[①]但是,通过对西南6省(区、市)的县域中等职业教育经费投入进行调查和分类统计,又可发现其中暗含的诸多问题。

首先,学校经费来源比较单一,扶贫专项资金后备力不足。学校经费来源主要是财政拨款(国家+省份)、事业收入、经营收入以及其他收入,其中财政拨款指本年度从本级财政部门取得的财政拨款,包括一般公共预算财政拨款和政府性基金预算财政拨款。诚然,教育特别是民族地区的教育历来受党和国家重视,在国家大力推崇职业教育、推崇技术技能人才的环境下,国家统一拨款固然力度较大,能实现最大限度的财政投入与支持,以保证民族地区职业教育发展。但我们在调研中也发现,大多数学校仅靠财政拨款作为学校办学经费来源。仅依靠单一经费来源可能会导致学校发展势头减弱,一旦国家财政困难,拨款减少,缺乏资金筹措渠道的现状就难以满足县域职校的硬件设备、教室环境、实训基地等的必要升级换代,扶贫专项资金容易受到挤压。

其次,多形式开展资助工作以落实资助政策,但实际支付能力受制约。中职学校在国家号召下,建立免学费、助学金、奖学金等多重的资助体系。中职教育免学费基本已经全覆盖,优先对建档立卡贫困户学生进行资助,资助金额为2000~3500元不等,有的地方甚至免除符合条件学生的住宿费、教材费和生活费等一系列费用,并且给予一定的生活补贴。如选取的重庆调研地区,酉阳、彭水、秀山等地的职业教育中心,学校层面每年对每位贫困生的补助在1000~1500元不等。在贫困程度较高的县域内,如广西都安县,出现了生均经

---

[①] 国务院.国务院关于加快发展民族教育的决定[EB/OL].(2015-08-17)http://www.gov.cn/zhengce/content/2015-08/17/content_10097.html.

费和国家补助较高的情况,职业教育中心对贫困学生的补助最高可达3000元/年,这是由于国家以及省级层面的特别经费支持和倾斜,但学生接受补助的实际效果、生均经费使用情况仍会受到当地财政支付能力的制约。在调研中了解到,在国家以及省级政策中,对贫困学生有专项资金投入,县域职校可以按照指标收到拨款,但现实中会出现挤占、挪用扶贫专项资金的现象,并未完全支付给贫困学生,导致后续职业教育精准扶贫计划、职业教育精准扶贫工作受到影响。

**案例 县域职校进行多样、充分的资助投入**

● 孟连县职业高级中学雨露计划

2021年拨入省级财政专项扶贫资金27.60万元,发放79人本校就读建档立卡雨露计划资金,每生补助3000元,共23.70万元。

● 玉屏侗族自治县中等职业学校(以下简称:玉屏县中等职业学校)

标准为特困2500元/生·年,困难2000元/生·年,一般1500元/生·年。

● 北川羌族自治县七一职业中学

按照每月人均200元的标准发放国家助学金;集中连片特困地区中职三年级生活补助每生每年1000元。

● 广西玉林农业学校

学费减免方面:2021年春享受免学费学生8965人,免学费金额986.15万元;2021年秋享受免学费学生9356人,免学费金额1029.16万元。国家助学金资助方面:2021年春享受国家助学金人数1301人,享受金额159.05万元;2021年秋享受国家助学金人数1587人,享受金额193.65万元。国家奖学金方面:享受国家奖学金学生人数23人,金额13.8万元。政府奖学金方面:享受政府奖学金学生人数142人,金额28.4万元。大学新生入学补助方面:享受大学新生入学补助134人,发放金额6.7万元。创业就业补贴方面:享受创业就业补贴学生577人,发放金额83.55万元。在给予贫困生物质资助的同时,对受助学生进行心理帮扶。

**访谈实录　有心无力，县域职校支付能力有待提升**

在"行为意愿"和"能力匹配"调查问卷中，针对县域职教的主要领导和负责人设置了这样的开放性问题：①学校是否有意愿主动救助贫困学生？采取了哪些措施？②在实际过程中，最大的阻碍又是什么？云南M县职业中学某负责人回答道：我们本身就是贫困县，为了保障家庭困难学生接受职业教育，学校本身很乐意按照要求给予资助，但也正是因为我们是贫困县，各类资金只能靠层层审批分拨，而中职学校越是在贫困的地方就越不受重视，职业教育本身投入又比普通教育多得多，资金得不到保障，在被逼无奈的情况下对贫困学生的认定和判断必须很严格。每一笔资金都要计划着用，钱不到位，寸步难行！

最后，扶贫专项资金管理欠缺，分拨效率较低。在脱贫攻坚期间，连片特困地区的职业教育扶贫资金主要来源于政府财政支出。以滇桂黔石漠化地区（贵州辖区）为例，为了保证教育扶贫资金，省政府建立省、市（州）、县（市、区）三级政府实施教育扶贫投入保障机制，即省、市（州）、县（市、区）三级政府共同分担职业教育扶贫经费。经过层层审批下放，到学校层面时，实际支付能力又难以得到保障。在这些环节中，分给职业学校的扶贫资金在管理方面，也偶尔会出现问题。比如，职业教育资金是由地方财政部门拨付的，而扶贫资金的拨付和管理则是地方扶贫办公室的工作。相关人员在规划和落实职业教育扶贫项目时，既需要向财政部门申请资金，也需要向扶贫办公室申请资金，这就降低了职业教育扶贫工作效率。另外，连片特困地区职业教育扶贫资金管理未实行专户运行、专人管理、专账核算、封闭运行。为确保扶贫资金用在刀刃上，减少不必要的溢出或浪费，必须加强对扶贫资金的管理。

**案例　职业教育扶贫资金管理新思路**

在阿坝州中等职业技术学校，所在县域严格执行县级财政报账制，倘若当年学校教育扶贫经费存在结余，直接结转到下年继续使用；教育扶贫专户存储所得利息，全额转作教育扶贫资金，继续用于教育扶贫工作。此外，建立职业教育扶贫到户资金"教育券"制度，把原来直接投入学校或培训机构的教育扶贫经费按照不同项目的人均单位成本折算以后，以"教育券"的方式，直接发给连片特困地区的贫困家庭或贫困人口,然后由扶贫对象自主选择投放"教育券",选择适合自己的培训项目,学校或培训机构拿"教育券"到相关部门兑现。这样,不仅确保扶贫对象的教育参与权,还能引导学校或培训机构展开竞争,提高教育(或培训)质量以及教育扶贫资金的使用效率。

## 四、物力投入

相比于普通教育,职业教育的成本要高出2~3倍,这也说明职业教育在硬件设施、场地上有着更高的要求。然而,结合西南民族地区贫困现状以及地理区位等现实情况来看,物力投入受限,制约了精准扶贫的实施成效。

第一,校园占地受地理区位制约面积偏小。在"背景评价——县域发展环境"中课题组了解到,西南民族地区受自然区位影响,普遍分布在山区,地势起伏较大,校内坡度落差大,整体校园面积不大。由此,相比于发达地区职业学校的规划面积,民族地区县域职校较小的校园面积导致学校规模不够,进一步导致辐射区域、辐射贫困学生的范围相应降低,对扶贫工作产生实际阻滞作用。

第二,实训基地种类单一,对校内教育与校外培训的承载力不足。县域职校开办专业极具实践型特征,需要拓展传统意义上的理论课堂,实现与"活动课堂"的有效结合,然而民族地区县域职校拥有的实训基地普遍不多。一方面受县域产业、企业基础薄弱的影响,校企合作实训基地不能满足职业教育需求;另一方面,在开展对接农民培训的活动中,校内场地不够,未设立专供培训的地点场所,可容纳培训的农民数量规模不足、覆盖面不够。部分职业院校基于实训基地运营成本的考虑,缺少配套的使用方案、项目支持和项目资金。主要体现在:其一,重视物理环境的建设、装置设施的购置,并未引入产学研平台,缺少科研机制,在管理机构和规章制度的设置上,缺少教育、科研、生产的系统设计,科学研究与实践教学的有效衔接随机性大,落地成果无法转化。其二,青年教师作为师资队伍的中坚力量,并未有效参与实训教学,在项目申报、实践操作、业务研修、学历深造、职称晋升、社会生产实际等问题上支持力度不足。其三,社会服务功能不突出,除了教学实训、职业资格鉴定、教学能力大赛等方面之外,实训基地的产品生产、技术研发、社会推广等服务功能并未助力区域技能型社会的建设。

**案例　实训基地建设与区域经济和社会发展不匹配**

在广西调研时,课题组发现了关于实训基地建设的一些问题。本来,政府主动为院校、企业、行业协会等多元主体牵线搭桥,遵循"政府为主导、企业为主体、院校为基础、行业为延伸"的原则,可以持续深化产教融合的政策导向,促进校企合作,多元驱动。然而在具体实施过程中,政策难以落实,多元主体的利益诉求缺乏交汇点。另外,政府对于企业的激励机制不健全,企业参与实训基地建设的合作动力不足。在部分区域,行政部门的干涉过多,职业学校办学自主权有限,学校的教学资源利用不充分。

# 第七章
## 过程评价

在过程评价与结果评价相结合的原则下,过程评价被置于突出位置,旨在关注县域职校助力民族县域地区以及个体脱贫的实践过程,并对实践场域中涉及的关键环节进行评价。由此,过程评价把县域职校的行动内容作为主要评价维度,开展动态考量与及时反馈,以掌握职业教育参与精准扶贫及乡村振兴的全过程。同时,为加强过程评价的具体性和可操作性,将"产业扶贫和振兴、人才扶贫和振兴、文化扶贫和振兴、生态扶贫和振兴、组织扶贫和振兴"作为细化指标,调研、梳理西南民族地区县域职校在精准扶贫和乡村振兴实践过程中的主要活动。

### 一、产业扶贫和振兴

作为乡村"五大振兴"之首,产业振兴不仅直接关联到县域经济社会发展,更是县域其他领域得以发展的前提条件。县域职校助推乡村产业兴旺的着力点在产教融合,通过有关行业、企业,乃至农户、农民的深度参与,有机衔接乡村产业链、教育链、人才链和创新链,推进产教在供需匹配且平衡的基础上,走向互嵌。一方面,县域职校通过发挥职业教育的社会功能,为民族县域培养当地产业发展所急需的人才,包括在教学空间上构建自上而下覆盖省(区、市)、县、乡、村的立体式网络,"向上"引企入校、与高职建立合作关系,"向下"与乡镇教育中心联合;在人才培养上,推进专业设置与产业结构、技术教学与企业生产、专业课程与市场需求的"三对接",由此,来构筑技能型人才培养的完整教育链。另一方面,县域职校与地方产业跨界合作,在与一、二、三产业互嵌融合的过程中,通过发挥"产业富农"的经济功能,"协调传统农业与特色产业、统一产业发展与新兴技术、融合农业生产与文化生态"[①]。同时,以产业急需的技能型人才培养来耦合教育链与人才链、产业链,以新技术在乡村的转移与推广来耦合人才链、产业链与创新链,以乡村产业转型升级及其延伸出的产学研科技创新联盟来耦合创新链与教育链。由此,有效构建起乡村"产业链—教育链—人才链—创新链"全链融合的结构,推进县域职校与县域内经济建设共生发展。纵然县域职校在应然设想上是"产业帮扶"的有力抓手,也是促进"四链融合"的主力军,但在实地考察与走访中我们了解到,西南民族地区六大区域内县域职校在此方面都存在着一定的现实阻碍。民族地区产业发展具有地域性、民族性、文化性、市场性、生态可持续性等特征[②],要想通过"产业兴旺"来实现扶贫,必须考虑区域贫困的现实情况,因为涉及多方因素和多方参与主体。

### (一)产教融合是民族地区县域职校产业扶贫的普遍模式

产教融合协同式的扶贫模式,主要是指县域特色产业与县域职教之间形成一种良性的合作机制,进而为扶贫区域提供可持续的发展活力与空间。调查发现,民族地区县域职校的产教融合协同模式在精准扶贫中主要从内外两个层面开展。从外部来看,通过参与产业进行扶贫,经过"产业培育—贫困户进入产业链—促进产业链稳固发展"三个阶段;从内部关系出发,产教融合的扶贫模式将成为贫困地区职业教育发展的根本方向,产教融合协同的扶贫模式具体体现在结构、制度和功能三个层面。一是结构层面的联动模式,分别是专业布局与产业集群契合、学校层次与产业链匹配、专业结构与产业网络形态适应;二是制度层面的联动模式,分别是部门与行业协同、专业与产业对接、学

---

[①] 朱德全,熊晴.民族地区职业教育服务乡村振兴——基于系统耦合的立体性分析框架[J].南京师大学报(社会科学版),2021(4):13-22.
[②] 曹昶辉.当前边疆民族地区乡村振兴的阻滞因素及应对策略[J].广西民族研究,2018(4):115-123.

校与企业合作;三是功能层面的联动模式,分别是教育与经济同步、规模与效益统一、人才培养与企业需求吻合。课题组调查发现,一些县域职校能在产教融合中发挥重要作用,并取得了成效,积累了一定经验。

**案例　勐腊县职业高级中学产教融合促双赢实例**

学校和上海圆苑公司、昆明云安会都、厦门酒店、世纪金源、喜来登酒店、北京福特汽车总装厂等州内外177家企事业单位建立了长期合作关系(建立实习、实训基地,开展产教融合工作),行业包括酒店、旅游、汽车、计算机、商务、泰语、学前教育等,涵盖学校3/4的专业,学校组织学生每学年至少一次到企业进行一至两周的见习、实践活动。勐腊县地处边疆,当地大型企业少、校企合作难度高,目前依托勐腊县宏达汽车修理厂、勐腊县望天树景区、勐远仙境等小型企业开展合作。学校和勐腊县宏达汽车修理厂共同投入教育培训资源(学校投入150万元的汽修设备),由宏达汽车修理厂提供实习基地、设备、原料,对学校建档立卡学生进行谈话,对汽修专业有兴趣的贫困生优先安排参与企业实训,对接毕业就业。由此,一方面学校通过与企业共建计划、共建课程、共建师资、共谋就业等措施,充分利用企业的设施设备和技术指导力量,改善了办学条件,增强了实训课教学的效果;另一方面,学校依据企业用人需求设置课程和培养模式,企业也得到了所需人才。

**案例　黔西南州各中等职业学校人才培养对接产业发展**

为更好服务地方经济发展需要,黔西南州支持职业院校立足区位优势、文化优势、产业优势,根据自身特点和人才培养需要开设专业,服务地方经济发展。兴仁市民族职业技术学校围绕产业园区开设电子专业,为当地工业发展提供技术人才支撑;兴义市民族职业技术学校围绕"大山地旅游战略"开设山地旅游相关专业,培养山地旅游人才;安龙县中等职业学校围绕蘑菇小镇食用菌产业开设"设施农业技术(食用菌生产与加工方向)"专业,为乡村振兴培养人才;普安县中等职业学校抢抓山地旅游发展机遇,结合普安茶产业的推广,校企合作建设茶文化基地,培养茶艺专业人才。黔西南州出台《新时代教育立州战略职业教育实施方案》加大专业技术人才培养。

## (二)民族地区产业扶贫资源约束力明显

土地是农业经济活动的第一载体,也是农业规模化经营和产业供给侧结构性改革的基础条件,民族地区依靠土地开展产业发展仍是普遍现象,第一产业发展的需求和现实可能性巨大。从表7-1部分民族县域耕地面积和人均耕地面积来看[①],民族地区虽然占地面积较大,但耕地资源较少,耕地多位于高原、丘陵地区,耕作难度较大,土地生产力较低,人均耕地面积严重不足。以广西都安县为例,都安人均耕地面积约0.7亩,地无三分平,工业进不了山,农业做不大,产业发展是千年难题,致使民族地区在深入推进农业供给侧结构性改革工作中困难重重。加之民族地区多以农业作为支柱性产业,若是按部就班依照传统的农业生产方法难以提高产能,必须从改善农产品供应、调整农产品营销思路的角度促进民族地区产业振兴,同时要发挥农村电商在农产品销售中的关键载体作用。此外,重庆酉阳是全国160个乡村振兴重点帮扶县之一,同时是国家乡村振兴示范县创建县,有耕地面积128.91万亩,农业人口占比达到67%。作为农业大县,如何写好"三农"这篇大文章,实现农业农村现代化,是产业发展迈上新台阶的关键。

表7-1 部分民族县耕地面积及人均情况

| 民族地区 | 可耕地面积占比(%) | 农业人口人均耕地面积(亩) |
| --- | --- | --- |
| 重庆酉阳 | 21.9 | 1.9 |
| 贵州玉屏 | 11.0 | 0.81 |
| 云南孟连 | 35.7 | 2.96 |
| 四川泸定 | 31.1 | 1.5 |
| 广西都安 | 7.52 | 0.7 |
| 西藏昌都 | 0.6 | 1.5 |

## (三)民族地区产业扶贫基础设施建设不完善

产业供给侧结构性改革需要完善的基础设施和公共服务配置。完善的基础设施和公共服务配置是实现产业精准扶贫的硬性条件,是促进产业产能效率提高和推进规模化生产的必备条件,但是民族地区由于环境和资源等主客观要素欠缺,各领域基础服务保障存在不足,如在与外部交流与对接的要求

---

① 数据来自各县域2021年统计年鉴。

上,县域公路通车里程、高铁通车情况以及通客运班车情况都影响着产业扶贫的成效。课题组经调查,以公路里程数和高铁通车情况为例,汇总出部分西南民族县域地区的基础设施建设情况(其中"高铁"包含"城际列车")①,具体见表7-2。由此基本可以预见,民族县域山高路远,交通设施建设并不完备,与外界交流沟通存在困难,公路基础设施仍然有待完善。这些在一定程度上阻碍着县域内部资源与外界的转换,对于民族地区县域职校外部资本获得和积累比较困难。

表7-2 部分民族县域交通情况

| 省份 | 民族地区 | 公路通车里程(千米) | 是否通高铁 |
| --- | --- | --- | --- |
| 重庆 | 彭水(土家族、苗族) | 8388 | × |
| | 酉阳(土家族、苗族) | 6041 | × |
| 云南 | 孟连(傣族、拉祜族、佤族) | 2673 | × |
| | 峨山(彝族) | 2291 | × |
| 贵州 | 紫云(布依族、苗族) | 3325 | × |
| | 松桃(苗族) | 5307 | × |
| 四川 | 茂县(藏族、羌族) | 1333 | × |
| | 泸定(藏族) | 1081 | × |
| 广西 | 都安(瑶族) | 3110 | √ |
| | 富川(瑶族) | 581 | √ |
| 西藏 | 日喀则(藏族) | 18900 | √ |
| | 昌都(藏族) | 17890 | × |

## 二、人才扶贫和振兴

人才兴则乡村兴,人才强则乡村强。没有数量充足、类型多样的人才作支撑,乡村振兴无从谈起。增大乡村振兴人才总量,既要靠扩大"增量",也要靠盘活"存量"。扩大"增量",即吸引更多的"懂农业、爱农村、爱农民"的"三农"人才投入乡村振兴事业;盘活"存量",即将农村的一般农民培训成为现代农民,进而投入到乡村振兴事业中。在扩增量、盘存量的过程中,职业教育尤其是农村职业教育,因其面向农业、面向农村、面向农民的办学属性,在"注入"和"转化"乡村人才过程中虽然能够有所作为,但是这对职业教育的办学实践提

---

① 数据来自各县域2021年统计年鉴及2020第三次全国国土调查结果。

出了更多挑战。人才扶贫和振兴作为县域职校扶贫过程中的重要维度,是乡村振兴战略的核心和关键环节,决定着乡村振兴战略的成败。以下主要从帮扶模式、技能培训以及控辍保学三个方面评估实施成效。

### (一)人才扶贫与振兴是县域职校的主要任务

"人"是职业教育发展与乡村人才振兴的共同关键点,实现乡村振兴的关键在于乡村人才振兴,即乡村人力资本的积累,这离不开县域职校对人才培养的支持。经走访和调查,西南民族地区县域职校将"人才扶贫与振兴"作为主任务,这在一定程度上提升了西南民族地区人口质量,为巩固脱贫成果、促进县域振兴积累了"人"的力量。

一方面,西南地区县域职校逐步明确功能定位,充分发挥人才培养优势。其一,帮助贫困家庭学生实现个体经济收入提升,让其获得文凭和技能,以谋求一份工作,让学生在劳动力市场更具竞争力。如广西民族中等专业学校2021年就业学生中,进入各级所有制企事业单位的学生人数为147人,占毕业学生的17%;升入高等院校人数为722人,占毕业学生的83%。初次就业起薪于2000~3000元之间。另外,如甘孜州在扎实做好2023级困难学生分档认定工作的基础上,州属中职学校共为9147人次学生免除学费914.7万元,发放助学金6313人次,共631.9万元。其二,将人才培养与乡村经济发展结合。在调查中发现,民族地区较为落后的县域职校,对人才培养的目标逐渐明确,"新型职业农民""在地化人才""懂技术、善经营"等词语成为县域职校人才培养目标中的关键词。此外,部分学校专业设置的覆盖面得到有意识的调整,包括涉农专业,也涉及第二、三产业,如康养、观光旅游农业、电商产品销售等。其三,将民族文化传承融入育人过程。县域职校在传承民族文化方面有着天然优势,承担了培养乡村文化的传承者与守护者的重任。经调查,西南民族地区许多县域职校将乡村民风民俗、地方戏曲、传统的匠人精神等融入职业技能传授与教学,丰富乡村居民的精神文化生活,营造文明的乡风乡俗。如禄劝彝族苗族自治县职业高级中学(以下简称:禄劝县职业高级中学)举行"非遗、戏曲进校园"活动、彭水县职业教育中心通过成立"民族文化建设指导委员会""民族文化研究中心""大师工作室"聚焦非遗传承,培养传承人才。

另一方面,在西南民族地区县域职校服务人才振兴取得良好成效的同时,也存在着一些问题。一是人才振兴的数量规模不足,且流失严重。巩固脱贫成果、促进乡村振兴,需要大量乡村人才,而在"逃离农村"和城市吸引的双重作用下,愿意回归乡村、留在乡村的人才明显不足。课题组在调研访谈过程中也了解到,村民为了摆脱贫困,更愿意选择到外地打工。在他们的潜意识里,改变乡村的生存环境、生活质量的方式是离开乡村,而不是扎根乡村来改变乡村。从重庆地区的调研结果来看,76.13%的县域职校毕业生表述,因为得到一技之长,离开家乡去大城市应该能得到更好的工作机会,更偏向去重庆主城寻找工作,当地人才流失趋势比较明显。此外,课题组在西藏、云南等地区了解到,县域职校普遍存在着"总体就业率高,但对当地经济社会发展服务贡献少的就业形势"。如表7-3所示,云南某职业学校2018—2023年毕业生就业情况,也验证了这一点。毕业生的大量外流直接造成了民族地区有限的教育资源流向发达地区,形成了贫富倒置的补偿效应[①]。二是人才振兴的供给结构失调。在调查中发现,西南民族地区县域职校在专业开设上覆盖面逐步拓宽,但由于同质化、缺乏特色,导致人才振兴的供给结构失调。比如在对贵州几所县域职校进行调查时,以"第一产业"下设专业为例,发现同质化比较明显。此外,专业的创新性不足也导致人才振兴的供给结构单一,高水平复合型技术人才匮乏。三是人才振兴的质量有待提高。从全国范围来看,2018年农村居民科学素质比例仅为4.93%,远低于全国公民8.47%的平均水平[②]。2021年国家统计局发布的《2021年农民工监测调查报告》显示:在全国农民工中未上过学的占0.8%,小学文化程度的占13.7%,初中文化程度的占56.0%,高中文化程度的占17.0%,大专及以上文化程度的占12.6%。(编辑注:原数据如此,各项累加之和大于100%,应是数据做四舍五入处理产生的误差。)大专及以上文化程度农民工所占比重比上年提高0.4个百分点。[③]再从西南民族地区范围来看,以广西为例,发现该地农民工学历水平呈现"中间大、两边小"的橄榄型,处在初

---

① 张诗亚.发展民族特色职业教育 促进民族共生教育体系建立[J].民族教育研究,2013,24(1):5-9.
② 中国科协农业农村部关于印发《乡村振兴农民科学素质提升行动实施方案(2019—2022年)》的通知[EB/OL].(2019-01-11)[2024-04-24].https://www.cast.org.cn/art/2019/1/11/art 5192392.html.
③ 2021年农民工监测调查报告[EB/OL].(2022-04-29)[2024-04-24].https://www.gov.cn/xinwen/2022-04/29/content5688043.htm.

中学历的占比较大,而小学和大专、高中和大专以上学历的占比较小,本科学历的几乎没有。这在一定程度上说明,职业教育赋能乡村人才振兴的学历提升的力度有待提高。同时,巩固脱贫成果、防止返贫复现、提高民族地区乡民科学文化素质刻不容缓,以高质量人才振兴带动乡村振兴更是当务之急。

表7-3 云南某职业学校2018—2023年毕业生就业情况

| 年份 | 毕业生人数 | 毕业生就业去向 |||
|---|---|---|---|---|
| | | 省内就业(人) | 省外就业(人) | 升学(人) |
| 2018年 | | | | |
| 2019年 | 545 | 206 | 209 | 130 |
| 2020年 | 601 | 152 | 307 | 142 |
| 2021年 | 601 | 148 | 309 | 144 |
| 2022年 | 632 | 176 | 267 | 189 |
| 2023年 | 635 | 165 | 238 | 232 |

## (二)农民培训流于形式

各校把服务社会作为中职教育的重要职责,坚持培养培训双轮驱动,积极对接社会需求,利用自身资源,充分发挥辐射、引领、示范作用,提升办学效益,为地方经济发展服务,成为地方经济发展的动力"引擎"。从调研情况来看,农民培训项目包括两大类:一类是涉农培训,另一类是农民转移培训。在设计农民培训内容时,首要任务是瞄准目标,根据农民培训的不同类型设计不同培训内容。其中,涉农培训应该倾向于科学种植、养殖和卫生方面的培训;而农民转移培训需要关注物业管理员培训、宾馆服务员培训、保安员培训、电动缝纫工培训、餐厅服务员培训、家政人员培训,等等。然而,长期以来,连片特困地区农民培训项目设计不切实际、培训模式单一、培训效果不理想。以雨露计划为例,根据国家乡村振兴局关于雨露计划的相关文件精神,雨露计划是一项由我国政府主导的、各级地方政府扶贫机构实施的、对贫困家庭劳动力开展务工技能和农业实用技术的培训,旨在提高农村贫困人口素质,增强其就业和创业能力,增加农村贫困人口收入的扶贫培训计划。然而,雨露计划在实施过程中扶贫效果并不理想。调研发现,政府与县域中职学校联合提供的雨露计划培训内容与农民需求经常发生错位。实地访谈也佐证了这一情况。表7-4是调查中的对话实录整理:

表7-4 雨露计划访谈实录

| 被访者身份 | 对雨露计划的认识 | 如何开展雨露计划 |
| --- | --- | --- |
| 某职教中心分管农民培训的主任 | 主要是农民培训,内容包括种植、养殖方面的,像种梨树、养猪、养羊,等等 | 参加培训的人都是村委会请来的,还要给农民钱。一般情况下,每天至少要给20块钱,要不就没有人来 |
|  | **培训过程是怎样的** | **职教中心对雨露计划的成效评价** |
|  | 通常情况下,统一上几天课,然后再实地参观学习,如到果园去学如何种植,到养猪场去看看人家怎么养猪。这样就结束了。哦,还有一个关键环节,就是要照相,拍几张照片,写写总结就完事 | 没办法关注培训的人到底有没有学到东西。只能这样了,关键是没有人愿意来学,来参加培训的人都是请来的。反正我们这边的好多学校开展培训都这样。费时费力又不讨好,但这是国家扶贫的重点举措,我们不得不办 |

这虽是一个个案,但却具有一定的代表性,课题组成员在大量的田野调查中佐证了这一情况。比如,在紫云县调查发现,这个县的一个村庄的"蜡染"工艺很出名,很多村民都想学习,尤其是想学如何将传统工艺和当前的科技相结合。可惜,雨露计划却没有开设相关培训项目。不仅如此,县域职校开展的培训项目没有实实在在地瞄准村民需求,教育扶贫资源存在投放误差。

调查过程中,有一位参训农民曾这样坦言:

我们这次参加培训,培训内容是马铃薯栽培技术,培训时间为一个星期,每天给我们的误工费为20元。报到的时候有60人,但培训两天后,大家都觉得没意思,而且离家又远,所以纷纷回家了。第三天,培训人数不到30人,所以第三天下午负责人就宣布培训结束了。

总之,受限于培训的短期性、不规范性及其简陋的条件,农村劳动力培训的资源、时间、精力没有真正用在"刀刃"上,不仅开展效率偏低,而且效果也不好。

### (三)职教控辍保学形式日渐丰富

在实际调查中发现,一些地方探索多道防线控辍保学,形成了典型案例,积累了宝贵的经验。

一是在普通中小学开设职业教育课程。各学校根据县域主导产业和地方经济发展需要设置职业教育的培训内容。小学侧重基本生活技能培训,如洗衣、择菜、手工制作等；初中侧重职业技术认知、体验和实践，如科技小发明、烹饪、社区服务等；普通高中侧重职业指导和通用技术培训，如职业引导、电工基础技术、计算机基础应用技术等；县域职校侧重面向社会广泛开展职业教育与培训，如池塘常规养鱼技术、食用菌栽培技术、畜禽养殖技术、成人学历教育等。

二是组织初中生到中等职业学校选修职业教育专业课程。2019年，四川省凉山州宁南县职业技术学校为450余名义务教育阶段超龄失学、辍学学生开展为期15天的烹饪、计算机、酒店、电子等专业技能培训以及语文、文明礼仪、禁毒防艾等基础知识培训。2019年，甘肃省临夏州东乡县全面推动控辍保学"职普结合"强化班，立足当地控辍保学短板，针对全县14周岁以上、辍学时间较长而且已不适应跟班就读的一部分失学、辍学生采取特殊强化措施，其目的在于全面实现"不让一个孩子失学"和控辍保学清零目标。2019年，广西壮族自治区贵港市覃塘区在控辍保学中实施"学技控辍"行动，对如何劝都不愿意回校学习、年纪偏大、辍学时间长，甚至有的已经成家的，动员他们到职业学校学技术，让他们能学到一技之长，并推荐到知名企业就业，实现就业脱贫。

三是在职业学校举办"职业初中班"。云南宁洱县为巩固控辍保学的成果，针对初一、初二、初三辍学的学生，探索开办了"职业初中班"，让学生积淀职业素养和学习职业技能。在完成义务教育课程基本要求的基础上，为学生提供文化课辅导、职业启蒙、职业体验和职业生涯规划指导。学生在完成"职业初中班"后，可以继续学习中职相关专业。

四是组织学生到社会培训机构接受培训。四川省西昌市按照属地管理的原则，针对全市990名辍学超龄学生(年龄超过15岁且没完成义务教育的青少年)，在月华、民胜、四合等乡镇分别设立了33个培训点，开展为期20天的培训，培训活动由各乡镇、街道办总负责，属地学校积极配合，利用会议室、农民夜校作为培训场地，选派业务能力精、工作责任心强的教师授课。培训结束后，通过考试发放结业证，完成义务教育。

五是针对性家访。县域职校以贫困失学学生为对象，分别安排专人开展家访，对辍学的经济因素、家庭观念等进行有针对性的了解，以帮助辍学学生复学。

六是党员牵手。牵手行动的牵手人以县、学校党员干部为主体,牵手任务重的可将牵手人拓展到村(社区)党员,主要是组织党员干部牵手定点帮扶村的失学学生。1名牵手人帮扶联系1名牵手对象,1户家庭有多名失学学生的原则上由同一人帮扶联系,牵手对象以低收入家庭(低保对象、特困人员、低保边缘家庭及防止返贫监测对象、支出型困难家庭等)失学学生为重点,全面讲解失学对适龄受教育者的危害以及接受职业教育对未来发展的必要性。

七是班主任负责制。每个新学期开学初,班主任对尚未入学的学生,要及时了解情况,做好学生入学的动员工作,并及时填报学生变动情况表交教务处。对一周内还未到校上课的学生应采取相关措施,如:家访动员,与当地街道、村委会取得联系等。此外,建立责任制,落实奖惩。民族地区县域职校控辍保学形式,见表7-5。实行控辍保学工作班主任、科任老师包班制,把防止学生流失工作纳入班主任、科任老师工作专核,实行控辍专核"一票否决"制度,并与评优、评先、职称晋级等挂钩。

表7-5 民族地区县域职校控辍保学形式一览

| | |
|---|---|
| 县域职校<br>控辍保学形式 | ①普通中小学开设职业教育课程 |
| | ②组织初中生到中等职业学校选修职业教育专业课程 |
| | ③在职业学校举办"职业初中班" |
| | ④组织学生到社会培训机构接受培训 |
| | ⑤针对性家访 |
| | ⑥党员牵手 |
| | ⑦班主任负责制 |

然而,经过调研发现,部分县域职校辍学率还比较高,对部分辍学学生以及家长访谈了解得知,"隐性辍学"在民族贫困县域蔓延,在学生个人、家庭等层面的作用上愈发突出,纵然职教控辍保学形式越来越丰富,但实际作用发挥不够明显。表7-6是访谈中部分学生以及家长的回答实录:

表7-6 辍学访谈实录

| 辍学学生 | 性别 | 年龄 | 基本情况 | 对辍学提问的回答 |
|---|---|---|---|---|
| S1 | 男 | 16 | 留守儿童,经常性逃课,抽烟喝酒、沉迷手机游戏,现在家整日打游戏 | 学校不好,学校不如家里面好;学校老师不让带手机,看到带手机就没收或者就摔了;家里面有网,想怎么玩就怎么玩 |
| S2 | 男 | 17 | 开学第3周开始不上学,遭受过校园暴力,被勒索、被殴打,现在家放牛 | 我在学校朋友很少,就是寨子里面的这几个,下课也很少跟其他人玩,我就趴在桌子上,所以不愿意待在学校了 |
| S3 | 女 | 16 | 网恋,不愿上学,母亲经常殴打、辱骂她,现在家喂猪 | 我妈老是莫名其妙骂我,骂我笨,说我蠢,打击我,我都不想去上学了 |
| S4 | 男 | 18 | 单亲家庭,有肠胃炎,经常以生病为借口请假,曾遭受过校园暴力 | 我喜欢游泳,所以有心事就会和水说,我讲着它们听着,不会说我不对,也不会批评我、骂我,就很喜欢跟它们讲 |
| S5 | 女 | 16 | 早恋、打架、逃课,曾遭受校园暴力,经常被母亲辱骂 | 我在网上谈了个男朋友,在昆明,他很关心我,我们平时都通过QQ聊天,我现在就觉得上学没意思,等时机成熟了,我就去找他 |
| S6 | 男 | 16 | 经常请假,沉迷游戏,会受父亲打骂 | 父亲:他不愿意去上学。我们讲了也不听,送去又跑回来。没办法了,就让他在家待着帮干点农活,等混个初中毕业证就送他去当兵 |

## 三、文化扶贫和振兴

民族地区文化的传承与创新离不开农民这一重要主体,可以说,农民的精神风貌及其对自身主体地位的正确认识都直接影响到乡风文明建设的成效。县域职校作为职业教育彰显育人功能的载体,首先承担着职业教育"化民成俗"[①]的重要功效。从这个意义上说,县域职校与乡村文化振兴具有共同的价值追求,即塑造"三农"的文化品格。民族地区县域职校也开展了促进民族文化振兴的探索。有关文化扶贫与振兴的调研情况如下:

---

① 朱德全,马鸿霞.乡风文明:职业教育"化民成俗"新时代行动逻辑[J].国家教育行政学院学报,2020(8):3-9.

## (一)县域职校与民族文化主要有内与外两种关系

在理想样态的层面,县域职校传承创新民族文化是一个相互渗透交叉而达到协同发展的互嵌共生的动态过程,既对县域职校发展大有裨益,又能实现县域民族文化的保存、积淀、延续和创新。在"实然"层面上,经过调研发现,县域职校与民族文化的关系有两种[①]:

第一,外在关系,主要指"博物馆式"的占有与展示。在物质空间的意义上嵌入民族文化,通过建设校园民族文化"博物馆/陈列馆/展览室",并搜集、占有、展示民族文化,使民族文化成为县域职校的特色空间景象,这是当下大多县域职校嵌入民族文化的实践之道。这种实践逻辑有其必然的合理性,学校可以通过最快时间、最小成本以及"看得见""摸得着"的直观性,从而对外实现传承民族文化的政策响应、对内达成建设民族特色职校的办学意图。然而,无论是对县域职校的发展还是民族文化的创生而言,"博物馆式"的嵌入形态所生发的谐振价值势必收效甚微。在根本上,"博物馆式"的嵌入表达的是县域职校与民族文化两者之间的"貌合神离"的外在关系。在这样的关系之中,因学校趋于使用物化策略单向展示和传播民族文化,民族文化与学校的核心功能——教书育人未能发生深度联系,学校缺乏对民族文化"物"的教育阐释,止于对民族文化"物"背后凝结的观念、技术、情感与智慧的深刻挖掘。与此同时,民族文化"物"因被静态安放或布置于学校物质空间,成为一种被"凝视"的对象,功能形似"花瓶",局限于被观赏和点缀学校空间的功能,难以达到文化进化,即无法进行跨时间、跨空间与跨文化的发展与重构。由此观之,当前许多民族地区县域职校对民族文化"博物馆式"的占有与展示,是一种浅层的、外在的、初级的嵌入关系。

第二,内在关系,主要指"工作坊式"的传承与创新。与"博物馆式"的嵌入表达的"貌合神离"的外在关系不同,"工作坊式"的嵌入呈现的是县域职校与民族文化的"知行合一"的内在关系。"工作坊式"的嵌入,主要有三个关键点:一是嵌入动态化。不仅要展现民族文化"物",更重要的是展现其制作过程。

---

① 林克松,沈家乐.从"悬浮"走向"融合":县域职校传承创新民族文化的底层逻辑重塑[J].西南大学学报(社会科学版),2021(5):134-140,225.

例如,在苗绣这一民族工艺嵌入学校时,并非简单将苗族服装直接作为展示品,而是将苗族服装制作的各环节连接成为一个动态过程,直观地呈现给师生。二是嵌入教学化。民族文化嵌入学校的逻辑起点在于学生的学习、教师的教授。教师和学生在此种嵌入关系中由旁观者转变为参与者,学校充分利用自身的教育功能向学生显现、传授民族文化。在学生和教师对民族文化进行重构、整理和内化的过程中,使得民族文化发生性质、功能等方面的变化,衍生出新的文化要素,从而激发民族文化内生力。三是嵌入应时化。纵向来看,民族文化物以及背后所凝结的观念、技术、情感与智慧得到系统深刻的挖掘与传播,能够跨越时间而置于现实和未来的语境中,进行现代化的阐释。横向来看,民族文化与县域职校的互嵌结果可渗透和作用于日常生活和经济生产当中,最终达到本真化的显现。总而言之,民族地区县域职校对民族文化"工作坊式"的传承与创新呈现的是一种具有内生力的、和谐的、可持续发展的、能诱发民族文化活态化和生态化的嵌入关系。

**案例 "非遗、戏曲进校园"活动在禄劝县职业高级中学举行**

2022年6月29日,由昆明市文化馆主办、禄劝县文化和旅游局承办、禄劝县职业高级中学协办的"扣好人生第一粒扣子 传承中华优秀传统文化——2022年非物质文化遗产、戏曲进校园"活动在禄劝县职业高级中学举行。在非物质文化遗产进校园活动中,通过摆放非物质文化遗产宣传展板,播放非物质文化遗产小视频,让全校师生进一步了解县域非物质文化遗产;12名省、市、县级非物质文化遗产传承人对彝族刺绣绘画绣制、民族乐器演奏、民族服饰图案剪纸、苗族点蜡、彝族傈僳族叠脚舞、苗族芦笙舞等项目进行了活态技艺展示,吸引上百名师生加入其中,通过亲身体验非物质文化遗产技艺,进一步感受非物质文化遗产魅力。在戏曲进校园活动中,市、县文化馆为师生们带来了一场精彩绝伦的戏曲文化大餐。长绸舞《梨花颂》、京剧《智取威虎山》片段、滇剧《游西湖》片段、戏曲舞蹈《袖儿长长》、花灯歌舞《绣荷包》、川剧变脸等节目精彩纷呈,深受全校师生的喜爱。此次活动,将中国传统文化融入学校教育实践中,让广大师生近距离接触并感受非物质文化遗产和戏曲文化的独特的艺术魅力,进一步营造浓厚的校园文化氛围,让优秀传统文化浸润人心,为保护、传承和发展优秀传统文化起到了积极作用。

## (二)县域职校文化扶贫与振兴潜力巨大

历史沉淀下来的优秀传统乡土文化是培育文明乡风的根脉基因,县域职校不仅在育人过程中为农民留存住乡土文化记忆,更通过将社会主义先进文化、红色革命文化等嵌入融合到乡土文化中,营造出和谐、友善、互助、文明的乡村社会氛围。县域职校以工匠精神为切入点,搞活农村文化,将工匠精神根植于农村大地,带动农民在岗位上做到敬业奉献、精益求精,摒弃乡村陋习,提升自身文化修养。民族地区县域职校也开展了促进民族文化振兴的探索。云南峨山彝族自治县职业高级中学在校园开展彝族文化教育,参加彝族文化传承培训班的毕业生在就业中很受用人单位的欢迎。按照峨山县"文旅活县"的战略发展目标,峨山县乡镇(社区)、旅游景区、企业需要大量具备美术、音乐、舞蹈才能,特别是具备彝族文化艺术才能的基层文化工作者。开办"社会文化艺术专业"既是传承民族文化的需要,也是社会用工和毕业生就业的需要,更是学校发展创新的需要。学校的彝族文化传承取得了较好的成绩,曾两次代表云南省参加全国中小学生艺术展演,均获一等奖。不同于其他地区的乡村文化振兴,民族地区乡村文化所面临的是时代环境下历史积累与人类发展在民族乡村区域所衍生的复杂困境,其问题洞察与方法应对应当有独特的视角与系统的思考。

**案例 彭水县职业教育中心:聚焦非遗传承,培养传承人才**

一是通过大量调研,与县民委、县文化委等单位共同制定民族民间文化进校园规划,成立民族文化建设指导委员会、民族文化研究中心等机构,将民族民间文化活动融入学科体系、教学体系、教材体系、管理体系中;二是聘请向秀平、麻兴姐、王光花等非物质文化传承人、工艺大师进入校园成立大师工作室并担任相关课程教师,承担学校"师徒"制教学中师傅的角色,培养专业教师成为本行技艺传承人;三是派遣了6名舞蹈教师、4名剪纸教师、3名蜡染教师、8名民族音乐教师、12名体育教师分别到北京、河北、贵州、湖南、湖北等地进行民间技艺调研学习,提升教师个人业务水平。

### (三)县域职校文化扶贫实践仍有困境

第一,乡村盲目建设破坏县域文化结构。在民族地区,乡村作为保存与传承民族文化的村落空间,各种社会要素的承载量十分有限,一味追求经济发展,乡村必将因突如其来的改变而呈现出不适症状,甚至埋下难以根除的隐患。在促进乡村文化产业发展的同时,势必要接受市场需求的考验,在短时间内若一味追求市场反响,追求市场的大量关注与消费,将难以避免牺牲一部分相对"小众"的民族特色文化,最终打乱民族县域的文化生态环境。第二,县域职校对民族文化的创新能力不够。部分职业院校在扶贫经验和能力上还有所欠缺,师生在开展文化扶贫过程中,面临着村民、基层政府、村委会等不同合作群体的沟通和多重压力,一些好的扶贫项目缺乏转化与推广平台。同时,由于对地方特色民族文化的深入挖掘不够,在此类专业开设上的意识不强,很多时候在开展美丽乡村建设等设计服务时照搬城市设计经验,常常会遭遇水土不服,最终导致扶贫效果并不理想。第三,县域职校规避文旅融合的风险意识不足。随着乡村旅游作为一种新兴产业的兴起,各地纷纷将乡村旅游作为地方经济支柱产业或后续支柱产业大力发展。少数民族地区借助传统村寨文化历史和自然地理资源优势,通过打造颇具本民族特色的节日活动、生态观光、"农家乐"、民俗体验和休闲度假等,吸引外来游客,带动地方经济发展,形成良性循环。但由于旅游业属于消耗型的第三产业范畴,如果仅靠旅游业突变性地改变原有村寨产业结构,往往会带来资源过度开发、生态环境恶化等一系列问题。通过调查贵州黔东南等地区传统村寨旅游市场发现,大多数村民对乡村旅游的理解仍然停留在旅游餐饮接待等传统的小规模分散经营模式。村民通过加层、简易搭建等方法,用尽可能少的投入来扩大接待空间,这类群体性自发行为,难以进行系统性、有组织、有规模、标准一致的管理规划,造成不断高涨的建筑容积率,使村寨整体空间格局变得拥挤,原有传统民居建筑形态风格遭到破坏。

## 四、生态扶贫和振兴

民族地区乡村社会作为一个兼具人文性与自然性的生态系统,主要包括以乡土文化为底蕴的民族地区乡村社会生态、文化生态和自然环境生态。[1]概而论之,职业教育要有效助力民族地区乡村生态宜居建设,则必须精准破除基于当前民族地区乡村生态宜居建设进程中面临的障碍。在应然层面,民族地区乡村生态宜居建设主要表现为民族地区乡村环境美丽与宜居。乡村的自然生态价值是乡村振兴的绝对"生命线",良好的乡村生态环境不仅为乡村居民提供赖以生存的自然空间,而且也是乡村居民发展所需资源的供给泉源。换言之,民族地区自然生态环境是民族地区乡村振兴必不可少的自然基础和基本前提,保护和发展民族地区乡村的自然生态环境就是保护和发展民族地区乡村的生产力。然而,在"实然"层面存在着一些现实问题,阻碍着生态扶贫与振兴的跟进。

### (一)认知理念欠缺

在工业化、城镇化、现代化等多元浪潮的冲击下,一些城市盲目扩张以及一些乡村盲目建设,导致我国乡村结构发生转型。在"效率至上"的裹挟之下,乡村社会的"乡土本色"被逐渐淡化,传统乡村社会面临解构,具体表征为极具地域特征的民族地区乡村民居逐渐消逝,民族地区乡村的自然环境被日益破坏,其传统的乡土文化也在逐渐衰落;尤其是在过去的时代背景下,经济物质等指标性建设火热,民族地区的某些地方政府人员和村民为医治传统乡村的沉疴旧疾,在一定程度上忽视了民族地区乡村独特的价值特点与自然生态,盲目开发和发展不合时宜的工业生产,进而取缔循环于种植业、养殖业两者间的环节,切断循环于村民生产与生活的链条[2],通过损害公共生态资源服务来换取指标性的经济增长。加之民族地区乡村环保基础设施薄弱、产业发展引发环境污染、乡镇生态环境治理功能弱化、乡村居民环保意识薄弱等多重因素的影响,致使新的乡村生态污染源产生,进一步演变为"垃圾围村"的整治难题。

---

[1] 谢元海,闫广芬.乡村职业教育的应然价值取向:生计、生活与生态——以乡村振兴战略为视角[J].教育发展研究,2019(1):10-16,39.

[2] 谢元海,闫广芬.乡村职业教育的应然价值取向:生计、生活与生态——以乡村振兴战略为视角[J].教育发展研究,2019(1):10-16,39.

**访谈实录　生态扶贫理念欠缺的现状**

生活在贫困地区的贫困人口主要靠利用当地的自然和生态资源获取生计来源,他们的生产生活高度依赖对自然和生态资源的开发与利用。他们在立地条件很差的坡耕地上进行农业种植,这些土地大多十分贫瘠,土层薄、土质差且坡度很陡,水土流失很严重,再加之农业生产的基础条件差,完全是靠天种植,基本上不适宜农耕。以西藏为例,课题组在昌都、日喀则等地调研,根据与县域政府环保部门领导、县域职校校长、县域居民代表进行职业教育生态扶贫与振兴的观念看法访谈来看,藏区等生态脆弱地区的脱贫攻坚是困中之困、难中之难,既要解决生态问题,还要解决贫困人口富起来的问题,平衡两者之间的关系是生态脆弱区脱贫攻坚面临的最大挑战。生态扶贫访谈整理,见表7-7。职业教育生态扶贫的观念落后,发展空间极大。

表7-7　生态扶贫访谈整理

| 地区 | 被访者身份 | 对生态扶贫的态度 | 对职业教育生态扶贫和振兴的态度 |
|---|---|---|---|
| 西藏 | 县域政府环保部门领导 | 比较重视,但难以实施 | 听说过,但不懂具体职业教育生态扶贫是什么 |
| | 县域职校校长 | 听从上级指令,主动了解的情况较少 | 听说过,但不知道具体怎么操作,也不想了解。这些年来生态环保力度很大,好像也轮不到我们学校做什么 |
| | 县域居民代表 | 没什么概念,我们只想生计得到保障,不断开展的生态环保甚至阻碍了我们赚钱 | 根本不了解,也不太相信职业教育有这样的功能 |

### (二)服务行动不到位

生态扶贫和振兴需要绿色技术作为支撑,实现农业农村的现代化。民族地区职业教育虽然为乡村生态振兴提供了服务,但还存在一些问题。一方面,乡村数据治理人才的培养水平有待提高。生态振兴是数据生产过程、数据治理过程和数据使用过程的统一,培养懂数据、管理数据、分析数据、使用数据的新型农民是职业教育的重要任务。但是,目前职业教育培养并输送的人才主要是会应用简单生产技术的农业人才,数据治理人才十分匮乏。而且,乡村数据治理人才的类型繁多,包括数据采集者、加工者、管理者、分析者与决策者等,这对职业教育而言是一项不小的挑战。另一方面,乡村数据治理技术及标准有待完善。在大数据时代,人工智能、大数据技术、区块链技术使乡村生态振兴可行、可控、可实现。但囿于多重发包的数字生产体制等原因,乡村建设大数据形式大于内容。尽管职业教育在乡村大数据治理中,能够调和各利益相关方的数据诉求,实现数据价值增值和服务创造,如利用技术预测生态环境承载能力等,但是目前还没有确立明确的数据治理技术及标准,如农村厕所改造技术标准、生活垃圾分类技术标准、生活污水治理技术标准等。

**案例　职业教育为生态扶贫和振兴提供的人才储备服务不足**

在"生态保护+精准扶贫"的国家发展趋势下,民族地区完全可以将本地区丰富的生态资源充分利用起来,让"生态旅游+扶贫"成为其物质和精神发展的创新方向。"生态旅游+扶贫"最终还是由人来具体实施的。在调研中,贵州玉屏侗族自治县、台江县都存在着类似的问题:一些旅游企业参与到生态旅游扶贫项目的运营中来,固然能够为少数民族地区"生态旅游+扶贫"带来资金和技术。然而出于资本的逐利性,企业更倾向于使用外来成熟的技术人才代替本地劳动力。长此以往,"生态旅游+扶贫"根本无法发挥带动当地人就业的益贫性价值。当地县域职校也就难以看到"生态旅游+扶贫"的效益,忽视了此类人才的培养。因此,"生态旅游+扶贫"必须加强对当地贫困人口的技术和服务培训,这样才能将"生态旅游+扶贫"与就业扶贫联结在一起。

### (三)民族地区绿色宜居的生产生活方式未形成

民族地区职业教育服务乡村振兴虽然一直倡导树立和践行"绿水青山就是金山银山"的理念,但与真正形成绿色生产生活方式的目标还存在差距。一是民族地区生态资源的利用率不高。职业教育虽然探索了农林牧渔融合循环发展模式,但并未促进乡村形成完整的田园生态产业链,同时所培养的农民尚不具备深入挖掘和甄别乡村特色生态资源的能力。二是技术支撑下的民族地区绿色产业规模较小。我国农村经营体制改革、产业结构调整、户籍制度放松,增强了民族地区农村人口对城市就业、生活的向往,但也导致农村对农资产品投入过度,从而引发农作物农药和化肥用量高、残留量大,造成水体富营养化、土壤退化等生态问题。职业教育通过引入先进绿色技术可有效解决上述问题,但是在推进乡村绿色产业(如环保产业、清洁生产产业和清洁能源产业等)规模化发展方面,尚处于起步阶段,还有待进一步实践探索。三是农民绿色生活方式养成进程缓慢。我国民族地区乡村因地处偏远山区、牧区,是我国重要的生态安全屏障,具有生态保育功能。职业教育通过发挥教化育人的作用,能够引导农民自觉树立保护生态环境、建设美丽乡村的意识,但效果无法立竿见影。农民生活方式的改变是一场深刻的变革,要求职业教育不仅与生态振兴结合,更需与产业振兴、文化振兴、组织振兴等多方面进行协同,而这并非朝夕之功。所以,从这个意义上说,职业教育在推进农民绿色生活方式养成上尽管有效,但收效较为缓慢。

**访谈　绿色生活方式难:生计发展与环境保护矛盾突出**

在四川藏区,伴随着人口增长带来的生存压力,许多林地也被开垦出来进行农业种植,不断毁林开荒,其结果是造成更大的水土流失和灾害频发,使得本就十分脆弱的贫困地区的生态环境进一步恶化。课题组在调研中与四川藏区的居民交谈关于生态保护的问题,探析他们对生态扶贫的理解和期望,发现牧民对绿色宜居的生活方式不太关心,生计往往摆在了环境保护前面,自然整个地区比较轻视职业教育生态扶贫与振兴的发挥。

●谋生的主要方式:我们主要的收入过去是通过砍伐木材、打猎和采集野生药材、菌类等活动获得。砍伐木材、打猎被法律禁止以后,野生药材和菌类的采集就成为现阶段主要的收入来源。

●存在的困难:近些年,由于过度地采挖导致野生药材和菌类的数量急剧减少,有些品种甚至到了濒临灭绝的地步,我们采挖越来越困难,收入也受到严重影响。由于受语言、生活习惯的制约,当地牧民外出务工的情况较少,同时由于草原上缺少其他可以替代的资源,放牧仍然是当前牧民主要的经济活动和经济来源。牧区的牲畜并没有因为退牧还草而较大地减少,草场过牧的现象仍然存在,沼泽萎缩、草原退化的问题也十分突出。

●对生态扶贫与生态保护的看法:当地人不太了解生态扶贫对他们的实际意义和影响,他们世世代代利用自然和生态资源获取生计来源,管不了那么多,绿色生活方式远不如钱包鼓起来让他们生活得更有底气。

## 五、组织扶贫和振兴

驻村帮扶组织是比较常见的临时派往农村的队伍,作为运动式治理的一种方式,在快速而有效地实现国家意志之时,还被证明具有发动农民、重构乡村政治精英、改变原有社会秩序格局的潜力。[①]为解决贫困问题,提升人民的获得感、幸福感和安全感,实现人民对美好生活的向往,组织扶贫成为精准扶贫的执行者,为打赢脱贫攻坚战提供了政治保障、组织保障和人才支撑。从这一视角来说,组织扶贫至关重要,对组织投入进行审视和考量,于民族地区县域职校精准扶贫实施成效而言具有关键作用和重要意义。一方面,驻村干部通过促进村庄组织建设融合民族地区基层社会,从而实现扶贫的目的。例如,重庆市黔江区民族职业教育中心,先后安排3名党员干部担任村党支部第一书记、驻村工作队队长,55名中层以上管理人员结对帮扶小南海村45户贫困户。先后投入资金200余万元,用于小南海村路桥、滚水坝、人饮工程等基础设施建设,规范建设村委活动室、农家书屋,配置电脑、桌椅、音响、实用技术资料及体育活动设备设施。牵头组建农业专业合作社,推行"公司+农户"产业模式,完成土地流转500亩,发展吊瓜子、油茶、白芷等产业,从原来的家庭个体到整村集体发展,让党建服务产业发展,让产业发展体现党建成果。另一方面,经过调查发现,民族地区县域职校在组织扶贫和振兴中还存在着一些现实难题。

### (一)驻村干部的实际工作重点发生偏移

扶贫工作队有可能发生工作重点偏移主要是指,一些队员大部分时间在做文字和数据的处理工作,而非参与具体的扶贫事宜。一般而言,考核扶贫工作成果存在多个维度,即验收"硬件材料"(基础设施和集体产业)、"软件资料"(档案和台账)以及通过访谈贫困户印证材料的真实性。其中,硬件是根本,后两者是为了保证硬件目标的达成而设置的约束性条件。在调研甲县发现,有不少工作队成员因语言问题而难以参与到具体的扶贫工作中,转而成为软件资料的主要生产者。一方面,一些扶贫干部因为未建立责任意识而不愿意深

---

① 邓燕华,王颖异,刘伟.扶贫新机制:驻村帮扶工作队的组织、运作与功能[J].社会学研究,2020,35(6):44-66,242-243.

入群众,转而将自我定位为软件资料工作者,而把一些需要与民众打交道的事项留给团队里可以深入村庄的队员(如临时被拉入工作队的乡镇及村庄干部等),加之存在当地村干部不能顺利对接与接纳扶贫驻村干部的情况,更加重了实际工作的偏离程度。另一方面,扶贫工作队队员转向做软件资料,很大程度上是地方政府基于工作队队员与本地干部的能力与优势而选择的结果。基层政府一般认为,做软件材料是每个驻村队员力所能及的,而民族地区的村干部文化水平总体不太高,一般无法很好地制作软件资料,这就在客观上需要外来的驻村干部成为这项工作的主力,从而产生了我们所说的工作重点偏移的问题。课题组在实地调研中的访谈也说明了上述存在的问题及困难。

### (二)组织派遣干部的信息获取能力存在失衡

派遣到村、乡一级的扶贫干部,首要目标是摸清贫困村的基本数据,以确保有关贫困户的信息在识别、帮扶和退出三个过程中准确无误。要获取村庄信息,扶贫干部必须能与贫困户进行有效的交流,而大多数扶贫队队员与民族地区的贫困户之间存在语言沟通障碍。而在西南民族地区县域,少数民族数量之多和规模之大,为实际语言交流带来了困难,此外课题组在调研中还了解到,县域职校在组织派遣深入村、乡的过程中存在组织垄断,即县乡政府和村"两委"包揽扶贫活动,边缘化其他组织参与的现象。比如,由于县乡政府在农村社会管理中居于主导地位,农村扶贫指标的测算、审核、申报、分配等实质性职能环节都由县乡政府承担,上级政府的审核、审批只是履行程序性监控职能。贫困人口指标的获得,意味着相应的资金、信息、技术和服务等资源的投入,所以县乡政府对农村扶贫指标测算、审核、申报和分配等职能环节的垄断,也就意味着对相应资源的垄断。特别是在农村贫困地区,企业、非政府组织、村"两委"力量弱小,既难以承接上级政府的扶贫项目,也无力制衡县乡政府,导致县乡政府对扶贫资源的垄断更加明显。驻村干部无法准确对接并掌握贫困人口对技能培训与教育的需求,信息捕捉的实际效力受限。

### (三)派遣干部与本土干部容易发生人际冲突

冲突源于工作与生活背景的不同,存在于本地干部与外地干部、"大单位"

的干部与"小单位"的干部以及年轻干部与中老年干部之间。为克服语言难关,民族县域配备了至少一名懂得当地语言的扶贫干部,然而村级扶贫工作队仍必须通过村组干部的参与,才能完成扶贫工作。一方面,在克服了语言障碍和责任担当意识不足等困难之后,为提高扶贫驻村的工作效率,村级扶贫工作队时常需要将村组干部临时纳入工作队中,以保障其能接触到村里的贫困户并获得相关信息。能否将村组干部有效地纳入工作队,使其充当驻村干部和民众之间可靠的沟通桥梁,是决定信息采集工作能否完成的关键一环。另一方面,外来的扶贫干部一般来自正式的行政单位,工作纪律相对严明,工作节奏也更明快,因而不少人对本地扶贫工作干部抱有轻视的态度,认为他们"自由散漫",而有的本地扶贫干部则认为外来扶贫干部自以为是,不太友好。"干部们分灶吃饭"阻碍了组织扶贫和振兴的现实进程。

# 第八章
## 结果评价

　　结果评价是县域职校精准扶贫及乡村振兴实践成效的最直接体现,旨在说明通过职业教育,西南民族地区以及贫困个体的改善情况,解决的是县域职校服务功能效用性评价的问题。在此之下,结果评价以帮扶与振兴的行动结果作为主要评判重点,并深入调查县域发展度、个体获得感、学校生长力,采取定量与定性结合的方法做出分析,为得出西南民族地区县域职校参与扶贫和振兴的实践成效结论提供依据。

### 一、县域发展度

　　经济增长一直被视作消除绝对贫困的万能灵药。为了审视西南民族地区县域职校精准扶贫及振兴的结果,贫困县域的脱贫情况必将成为扶贫行动结果评价的重要维度。深入调研的目的主要在于了解选取的贫困县域脱贫的实际结果和情况,走访贫困县域政府部门、企业等,评估"职业教育扶贫"的实际作用。

#### (一)县域政府部门:职业教育与培训是有效脱贫模式

　　贫困县域经济发展情况是政府部门关注的重点问题,据调查来看,西南民族县域政府将职业教育与培训视为有效的脱贫模式之一。

从经济发展状况来看,脱贫攻坚成果丰厚,经济增长态势良好。以西藏地区为例,日喀则是西藏脱贫攻坚三大主战场之一,据当地政府部门的统计显示,脱贫攻坚战打响以来,建档立卡贫困人口全部脱贫(累计实现17.29万贫困人口脱贫)、1669个贫困村全部退出、18个贫困县区全部摘帽,贫困地区基础设施条件和公共服务水平明显改善,贫困群众生产生活条件大幅提高,2019年农村居民人均可支配收入预计达12140元,分别比2015年、2018年增长72.4%、18.8%。[1]在昌都市,19.46万建档立卡贫困人口全部脱贫,11县(区)全部脱贫摘帽,消除了长期困扰各族人民的绝对贫困问题。[2]云南禄劝县于2019年退出贫困县序列,全县25954户91296人建档立卡贫困人口全部脱贫退出,115个贫困村全部脱贫出列,贫困发生率从2016年的16.35%降为0,多个全国性脱贫现场会相继在禄劝召开。禄劝县连续三年获评全省脱贫成效考核"综合评价好"县区。

县域职校培训服务扶贫的作用力凸显,增强了政府部门的脱贫获得感。为了进一步扩大农民的收入来源和渠道,一些人多地少、耕地稀缺、产业规模小、带动力弱的民族地区往往采取鼓励劳动力外出务工来获取更高的非农收入,实现经济水平的大幅度提升,而职业教育与培训为此提供了可能。根据当地农民工大多外出做家政服务的倾向,结合当地技工培训学校开展家政服务培训,在各村设立培训点,为有需求的农民手把手指导烹饪、保姆、育儿等技术,帮助外出务工者达到随时能上岗的水平,大大提升了当地劳务输出的质量和可持续性。在平台搭建方面,西南民族地区县域政府部门牵头,充分借助东西协作、对口帮扶等政策,依托帮扶地区和单位的资源带动,搭建可持续的劳务输出渠道。积极探索"就业协会+人力资源公司"的劳务输出模式,通过组织招聘会等方式,为当地农民建立跨区域、多层次的就业平台。为了应对突发情况对外出务工造成的影响,县域政府部门开展线上招聘会等专项活动,并组织返岗包车活动,让劳务输出工作变得更有温度,极大增强了政府部门的脱贫获得感。

**案例　云南禄劝县职业教育贡献脱贫力量**

在云南禄劝县脱贫中,职业教育贡献了重要力量,创新"七个攻坚体系"

---

[1]　数据来自日喀则人民政府网 http://www.rikaze.gov.cn/channel/10931/index.html。

[2]　数据来自昌都市人民政府网 http://www.changdu.gov.cn/cdrmzf/index.shtml。

"三个百日会战""五个到户到人"的精准脱贫"禄劝模式";"三五四五法"农村危房改造模式和成效受到全国现场观摩和认可;率先推出农村高中阶段和职业中学学生"三免一补""两免一补"教育扶贫政策并登上央视新闻,职业教育扶贫成为昆明市唯一的全国教育扶贫典型案例。

### (二)县域企业:参与职业教育积极性低迷

在县域职校助力扶贫及乡村振兴的过程中,县域企业的参与情况和实际作用作为重要指标,影响着县域扶贫成效。

一方面,脱贫地区县域还面临产业优势不突出、利益联结存在断层、县域技术科技支撑力不强、市场竞争力不足等短板。走访调查部分县域企业发现,民族贫困县域还面临先天性地域、生态和市场环境等要素匹配不到位的多重制约。在产业培育方面,很多贫困地区往往面临土地整合效率低、合作化水平低等问题,如云南、四川等地,土地碎块化加上外出务工影响,当地往往陷入"人地双缺"的现象。在利益联结方面,虽然近年来在扶贫政策的支持下,脱贫地区引进一些企业,打造"农户+经营主体+企业"合作方式,但是往往在衔接上存在不畅或断层,主要还是由于农户生产方式和观念的相对滞后、农村集体经济组织等主体的组织和带动实力不强以及市场驱动力不足等多方面影响,需要有更长时间的磨合和转变。除此之外,脱贫地区县域财政紧缺,也进一步加剧了招商引资难、人才吸引难、科技引进难等问题,容易产生发展瓶颈。诸如此类的担忧与困境,导致企业组织的脱贫获得感低于上级政府部门。

另一方面,县域企业组织参与职业教育积极性低迷。课题组选取部分民族县域企业进行调查,发现其参与职业教育的积极性不高。企业获得感低下的表现主要在以下方面:第一,政策环境带来的阻力。企业参与职业教育的相关政策增量落实缓慢,激励效应较弱。改革开放以来,我国出台了一系列扶持校企合作的政策。在统一把控阶段,国家强制推动职业教育办学模式转变,提升职业教育为经济社会发展服务的能力。自上而下的政策执行,到县域层面有很大的时间差,而且县域企业大多为中小型企业,规模较小,迫于生存和市场化发展,根本无暇参与职业教育,访谈内容也印证了这一点。第二,职业院校人才供给与企业需求失衡。职业院校对岗前培训重视不够,培训效果不佳。

在校企合作过程中,问题集中在对学生实习实训管理的缺失上,学校认为学生到企业顶岗实习的责任应由企业承担。这种认知下,学校对企业文化、管理制度、工作章程、工作环境等情况的前期宣传不到位,未与家长进行及时沟通,导致后期出现管理混乱,学生实习效果大打折扣的情况,不利于校企双方维护合作关系。企业组织获得感访谈实录整理,见表8-1。

表8-1 企业组织获得感访谈实录整理

| 对象 | 问题 | 回答 |
| --- | --- | --- |
| 企业管理者 | 对精准扶贫中校企合作的政策制度是否满意 | 企业管理者$M_1$:地方政策出台后时效性短,企业获得红利期短,不足以补偿企业合作成本支出,让很多企业在后期参与动力下降 |
| | | 企业管理者$M_2$:效益好的企业根本不在乎这一点税收优惠,效益不好的企业又没有能力培养实习生,而很多有潜力的公司就错过了优惠政策 |
| | | 企业管理者$M_3$:仅靠减免税收或奖励优质企业和优秀个人,企业没有得到实惠,会造成中小企业合作动力下降 |
| | 对精准扶贫中校企合作过程中职业学校的看法 | 企业管理者$M_4$:学生来到企业,很多都不具备岗位核心能力,无法融入企业文化,心理韧性较低。之前在学校接受的教育内容和形式与职场不够精准匹配,没有进行岗前真实环境模拟培训 |
| | | 企业管理者$M_5$:学生的学习层次有差距,岗位培训对基础好的学生是内容重复,对基础差的学生又是拔苗助长,这个度很难掌握 |

## 二、个体获得感

从长远来看,"输血"脱贫只是解决一时之需,最根本的"造血"脱贫才是长久之计,增强贫困人口的自我生存能力和社会资本,才能保障其生活水平的稳步提升。职业教育精准扶贫兼备"输血"与"造血"功能,不仅能够通过直接促进其就业实现经济资本收益的"输血",而且能够通过让其获得相关工种的职业资格、个人综合素质的锤炼、较高的市场就业潜力和发展能力等达到"造血"功能。职业教育扶贫路径的这种从给予到自主的赋予,首先解决了贫困人口当前所急需解决的经济贫困问题,帮助其依靠一技之长,通过就业缓解经济压力;其次是解决了贫困人口的符号性资本收益问题,帮助其立足岗位、稳定岗位而获得相对长久的就业能力和发展能力;再次是促进了社会发展的增值,贫困人口通过获得机会补偿、素质补偿等,强化了社会适应能力,规避了其原有进入社会后由于缺乏足够的内在支撑而可能滑向不利于社会稳定的可能。

因此,"输血"扶贫旨在激发贫困地区人口的内生动力。作为教育扶贫的直接受益者,贫困地区人口对实施效果最具有发言权,其获得感可以反映出根据自身参与体验和个体认知对职业教育扶贫实施过程、效果的整体评价。因此,深入了解贫困人口对职教扶贫的真实看法,以"获得感"对贫困个体进行内生性剖析,能拓展本研究田野调查的深度。

### (一)县域职校扶贫满意度处于中等水平,技能培训满意度最低

2018年11月,在贵州松桃布依族苗族自治县,课题组通过与当地老百姓和县域职校学生面对面交谈、填写问卷等方式,分别依照各人口结构比例、县域经济发展水平、村庄内农户经济发展水平抽取农户调查样本,调查时以户主或家庭主要决策者为受访对象,进行了有关西南民族地区县域职校精准扶贫满意度的田野调查。本田野调查共调查455人,因变量为贫困人口对职业教育扶贫的满意度评价,是一个多分类有序变量,从"非常不满意"到"非常满意"分别赋值"1~5",数值越大,表明满意度越高。经问卷回收与对访谈记录的分析,我们发现了表8-2所示关于"职业教育扶贫满意度"的评价观点:

表8-2 县域职校扶贫满意度调查表

|  | 均值 | 标准差 |
| --- | --- | --- |
| 对县域职校扶贫政策满意度 | 3.55 | 0.932 |
| 对县域职校扶贫措施满意度 | 3.50 | 1.016 |
| 对县域职校扶贫成效满意度 | 3.41 | 1.012 |
| 对县域职校扶贫培训满意度 | 3.38 | 1.028 |

从描述性统计结果可以看出,贫困户对精准扶贫满意度的平均值为3.46,介于"一般"和"满意"之间,属于"基本满意"水平。在六项满意度调查中,没有一项达到"非常满意"水平。其中,对精准扶贫政策的满意度最高,均值为3.55,接近"满意"水平;对扶贫培训的满意度最低,均值为3.38。贫困户对精准扶贫

的四项满意度的标准差的值基本在"1"上下波动,存在着一定的差异,但差异性不大。

此外,在"满意度"的调查中,经过口头交流和实地考察,我们还发现,民族县域内对职业教育本身的认可和扶贫力感知较低。一方面由于人们对职业教育的重要性和特殊性认识不足,所以存在不同程度忽视职业教育的现象,缺乏职教兴业的意识,这种情况在民族地区也不例外甚至更为严重,造成吸引力危机;另一方面是认识不足导致认可度降低,进而致使参与职业教育的自觉度不高,在恶性循环的旋涡和裹挟之中,贫困个体对职业教育精准扶贫的感知力下降。结合民族地区的贫困特征来看,大量的人力资源之所以难以被开发利用,根本原因在于落后的思想观念制约了人口质量的提升。相比于城市地区而言,民族较贫困地区的民众生活方式较为落后,能够接触的社会生活信息也相对单一。由于缺乏对先进技术理念以及科学思想的认识,许多农户祖祖辈辈只能从事简单的农业劳动。这不仅不利于人口素质的提升,同时也会让农业产业的升级难以找到符合条件的劳动力。只有以革新民族地区的精神水平为切入点,通过教育培训提升人口的总体素质,才能够将丰富的人力资源进行开发利用,从而促进职业教育质量的提升和效能发挥。

**案例　县域职校扶贫中个体满意度较低的原因分析**

调查显示,扶贫中建档立卡户普遍公平"获得感"较强,但没有被评为贫困户的"边界户"却往往感觉不公平。凉山彝族自治州贫困面大,农户之间经济差异极小且难以精确量化,找贫易而选富难。扶贫"指标限定"导致建档立卡户无法实现全覆盖,因而"边界户"不公平感强烈。在调研中,一名彝族青年一直在受访者旁边提醒受访者要真实回答,激动地说:"是不是这么回事,大家心里清楚啊。"旁边一位老者则形象地表达其主观感受:"我们是非常相信扶贫的政策都是好的,精准扶贫政策就像是注在注射器里的药水,我们相信它对我们的贫穷是有疗效的,但是在现实生活中经常出现打针的人却把这种注射器打在了不应该打的人的身上,或者是剂量上有所偏差。"而在相对发展较好的某村则出现"洗贫难"现象,村委会在反复调低农户收入数据的前提下才凑够从上拨下来的贫困名额,在自上而下的"指标配额"模式下,跨区域间及同一社区里出现了评选及待遇不公平现象,即符合条件的目标群体没有全部受益与不符合条件的人享受了扶贫福利两种现象并存,从而影响到民族地区精准扶贫实施的公平性。

## (二)参与职业教育脱贫并非贫困户的第一选择

考察贫困户对各类精准扶贫措施的需求情况,在450个有效样本中,有53个贫困户在脱贫中需要"教育扶贫"措施,有182个贫困户需要"发展生产扶持",有97户需要"医疗救助",有72户需要"政策兜底保障"。由此可见,在脱贫中需要"教育扶贫"措施的贫困户仅占11.78%。参与职业教育帮助个人及家庭脱贫并非贫困群体选择的第一顺位。精准扶贫举措中贫困户的需求情况样表,见表8-3。

表8-3　精准扶贫举措中贫困户的需求情况样表

| 需要措施 | 样本数(个) | 百分比(%) |
| --- | --- | --- |
| 发展生产扶持 | 182 | 40.44 |
| 劳务输出扶贫 | 30 | 6.67 |
| 教育扶贫 | 53 | 11.78 |
| 医疗救助 | 97 | 21.56 |
| 易地搬迁脱贫 | 8 | 1.78 |
| 政策兜底保障 | 72 | 16.00 |
| 其他 | 8 | 1.78 |

编辑注:表格中百分比数据由于四舍五入,总和存在大于100%的情况,特此说明。

## (三)贫困户更倾向于资金、生活和技术扶持而非教育扶贫

在调查"贫困户希望提供的扶贫支持"中的452个有效农户样本中,希望政府提供"资金扶持"的贫困户有233个,希望政府"解决生活困难"有79个,希望政府提供"技术帮扶"的贫困户有55个,希望政府提供"学生教育扶持"的贫困户有47个。由此可见,仅有一成左右的贫困户希望政府提供教育扶贫方面的支持,而希望政府提供资金扶持的占了半数。贫困户希望提供的扶贫支持样表,见表8-4。

表8-4 贫困户希望提供的扶贫支持

| 希望得到的扶贫支持 | 样本数(个) | 百分比(%) |
| --- | --- | --- |
| 资金扶持 | 233 | 51.55 |
| 技术帮扶 | 55 | 12.17 |
| 学生教育扶持 | 47 | 10.40 |
| 就业机会 | 28 | 6.19 |
| 解决生活困难 | 79 | 17.48 |
| 其他 | 10 | 2.21 |
| 合计 | 452 | 100 |

自从2015年我国将"发展教育脱贫一批"列入"五个一批"后,教育扶贫一时成为热门的研究领域,是关注度最高的扶贫方式。2018年,随着《深度贫困地区教育脱贫攻坚实施方案(2018—2020年)》的发布,教育扶贫被提上了日程,并要求用三年时间在深度贫困地区完成"发展教育脱贫一批"的任务。可以看出,新时代,我国教育扶贫的政策已经由"扶教育的贫"转向"依靠教育扶贫",实现了从"输血"扶贫到"造血"扶贫的转变。因此,贫困户较多渴望资金扶持还属于"输血"扶贫阶段,亟待转变。习近平总书记强调,"扶贫先扶智,治贫先治愚。把贫困地区孩子培养出来,这才是根本的扶贫之策"。如果只扶贫不扶智、只治贫不治愚必然会留下脱贫群众返贫的隐患,无法巩固脱贫成果,难以形成可持续性脱贫。如果脱贫后再返贫,不仅会对国家现代化建设造成影响,也会打击脱贫群众的自信心和自尊心。因此,要实行"造血式"的教育扶贫,并使其成为持续脱贫的内生动力。

## 三、学校生长力

县域职校服务脱贫是否为学校自身带来了实际收获?是否促进了学校的发展?学校"生长力"一定程度上决定着服务脱贫、乡村振兴的积极性和成效,体现着职业教育扶贫与扶职业教育之贫的同频程度。据此,课题组以"学校生长力"为结果评价的维度之一,调研民族地区县域职校,得出了以下观点:

## (一)观念认可度不高,外部驱动占据主导

县域职校对服务脱贫与乡村振兴的认知和价值认可,在调研中具体化为:县域职校参与精准扶贫、乡村振兴是被动之举还是主动参与?县域职校自身对参与精准脱贫的认可度如何?课题组通过实地访谈与线上问卷调查,发现县域职校精准扶贫主要来源于外部驱动,内生性动力不足,具体表现在:

其一,县域职校精准扶贫多为"被动式"行政指令。当前县域职校服务民族地区贫困县域脱贫多为自上而下的政策指令,响应着持续巩固脱贫成果、促进乡村振兴战略要求,这在一定程度上忽视了职业教育,特别是民族贫困县域职校是否具备精准扶贫实际能力的问题。在调研中,与部分学校校长、教师进行交流访谈,得到普遍反映,学校本身的存在危机就是最大的问题,无暇主动承担起带动县域脱贫与经济发展的责任使命。由此,上层指令政策和要求下发,学校只能"服从",长此以往的外部注入式扶贫实效难以保障,县域职校对职教扶贫的认可度受影响而下降。

其二,县域职校发展重心偏离于精准扶贫。县域职校重心和精力几乎都放在了招生、学历教育之上。为了稳定生源,学校采取了"捆绑式"的招生方式,县域职校通过县教育局向下下达命令,给县域初中分配学生指标,初中学校再按初中生的成绩将学生推荐到县域职校。在访谈中了解到,招生工作是县域职校每年所面临的最大任务之一,每个教师都会有招生指标,到学生所在村子里,发动村委会,到学生家中动员。并且为了迎合学生实现升学、上大学的愿望,近年来在原有就业专业的基础上,部分职业院校纷纷开设对口升学专业,将原有的就业专业转、撤,并做大做强对口升学专业,追求对口升学率,对口升学专业占学校所有专业的一半以上。对职业技术教育有着广大需求的农民、企业职工等却缺乏相应的招生和培养,一些县域职校有职教之名却行普教之实。由此,在生源危机之下,县域职校精准扶贫的工作浮于表面,针对贫困生的职业培养转而向"升学"发展,扶贫成效被掩盖,迫使县域职校在思想上对职教扶贫的重视程度更低。

### (二)实践收获不足,县域职校服务扶贫负担较重

付出与收获差距太大,是民族地区县域职校参与扶贫的主要感受。目前,在学术探讨和实践过程中,人们的关注点普遍在于"职业教育能对接产业经济,培养技术技能人才,因此要主动参与并服务于精准扶贫和乡村振兴",然而却很少关注职业教育通过扶贫能获得什么,不解决这个问题,职业教育服务精准扶贫和乡村振兴的实践就会缺乏持续性动力。课题组从实践获得感继续评估县域职校的生长力。实践获得感主要指县域职校在扶贫行为后,学校情况改善而产生的一种满足状态与实际发展情况。

一方面,开办精准扶贫项目资金不足且缺乏制度保障。自农村中职学生免收学费以来,学校的资金状况更为紧张,免费后国家下拨生均经费标准为2000元但其中包含一部分地方配套资金,而有些县域地方配套不到位,学校实际获得的生均经费只有1400元,难以满足学校正常运行。部分学校涉农专业的学生助学金也同样存在地方配套资金不能全部落实的问题。学校为响应号召对接贫困村、贫困学生开设项目,分拨资金存在困难,针对这一问题也未有明确的制度规定说明,各部门互相推诿,县域职校扶贫的实践体验感大大降低。

另一方面,服务精准扶贫加大了贫困县域职校的实际负担。民族贫困县域职校立足区域,开展精准扶贫,蕴含着促进县域经济、改善学校自身办学条件的双向功能。但实际上,扶贫工作周期长、具体工作程序复杂,且扶贫成效并不是评估学校的重要维度或要素,因此,成为县域职校的负担所在。县域职校实践获得感不足,具体表现在:一是办学认可度未得到改变。群众仍认为职业学校是二流教育,不愿意主动接受其培训。二是师资情况未得到改变。县域职校认为,与企业合作开办培训能吸纳企业一线技术人员来学校协助人才培养,但由于培训的形式化问题以及职业学校本身吸引力不足,未能合理解决师资队伍构成与建设的问题。三是实训基地、设备等其他保障学校教育教学的条件未得到改善。在调研中,县域职校普遍认为,学校的诉求未得到重视和保障,在听从上级政府安排对接扶贫项目开展培训后,未得到合理的资金报酬用以改善学校的硬件设施,或者得到的资金过少,且存在不能自由支配的问题,长此以往,参与扶贫变成"出力不讨好"的"麻烦事",也降低了县域职校的

实践获得感。在彭水县职业教育中心调研的访谈也印证了这一点。县域职校实践获得感访谈整理,见表8-5。

表8-5 县域职校实践获得感访谈整理

| 访谈对象 | 访谈问题 | 访谈回答 |
|---|---|---|
| 县域职校校长 | 您是否了解学校参与当地扶贫的政策?对于学校服务精准脱贫和乡村振兴的实际效果是什么看法? | 被访校长 $C_1$:去县里开会了解过这些政策,上级要求我们开设什么样的项目,我们就相应提供服务,至于能给我们学校带来什么,大家好像都没过多思考过这个问题 |
| | | 被访校长 $C_2$:我们本来很愿意承担扶贫的责任,对接县域内产业的发展,但就拿培训来说,办一次很费劲,农民也不太愿意参与,而且收入所得我们并不能自由支配,虽然表面上还是要响应政策,但从心底里慢慢不认可参与扶贫了 |
| 分管扶贫的主任 | 每次开展扶贫项目后学校各方面是否有改善?您对开展针对扶贫的培训有什么看法? | 被访主任 $D_1$:每次负责学校开展扶贫的项目总是很头疼,因为贫困人口多,需求不一样,认知程度参差不齐,开展什么样的项目、课程、周期长短等问题我们都要考虑到,最后也不一定能办好 |
| | | 被访主任 $D_2$:学校好像没什么变化,校领导也没办法,我们扶贫变成公益活动了,哪怕给我们学校添几台设备也好 |
| | | 被访主任 $D_3$:我觉得获得感很低,基本上没有,扶贫项目开展完以后,也缺乏后续的文本总结和物质支持,我们学校参与扶贫究竟是个什么效果也不清楚,雁过不留痕,出力不讨好,这样说最贴切了 |
| 教师代表 | 您经常参与学校开展的扶贫培训吗?您认为学校扶贫工作给教师带来了变化吗? | 被访教师 $T_1$:我参加过两三次,去上级分配给我们学校的贫困村,培训完就离开了,和其他的培训一样没感觉到什么变化 |
| | | 被访教师 $T_2$:我是涉农专业的老师,所以参加过针对农民的培训,不过给的报酬也低,老师们也不太愿意去,上面给学校的经费少,也没办法 |

## 四、传导关系

将"职业教育扶贫"与"扶职业教育之贫"置于同一研究框架是本研究的特点之一,也是创新之一,也即是说,需要同时关注西南民族县域发展情况以及县域职校的发展情况,县域职校办学情况改善也是结果评价中重点关注的问题。西南民族县域扶贫取得的成效是非凡的,党的十八大以来至2019年,民族地区累计减贫2500多万人,贫困发生率从21%下降到4%,截至2020年上半年,西藏等省份实现区域内绝对贫困"清零"。对于民族地区贫困县域而言,县域职校通过服务区域经济发展、服务社区、服务行业企业的辐射效应,实现职业教育扶贫的理想目标。然而,在实际调查中发现,"扶职业教育之贫"与"县域脱贫"并非存在传导关系,甚至远滞后于县域的发展。具体来说,有以下几个方面的表现:

**访谈整理　扶职业教育之贫未被重视,共振机制有待开发**

"我们确实摘掉了贫困的帽子,大家的生活有了极大的改善,但学校的拨款并没有增多,职业学校的吸引力和存在感还是很低!"访谈中某贫困县县域职校的校长这样感叹。由此可见,民族地区县域职校办学情况的改善还不容乐观,脱贫不是最终目标,在乡村振兴以及共同富裕的征途中,职业教育还会承担新的使命,然而现实中还存在着认识的不足以及各种实际情况的阻碍,需要对背后的影响因素加以剖析,以使"职业教育扶贫"与"扶职业教育之贫"同频共振。

首先,县域脱贫未能明显引领县域职校办学情况改善。一方面,县域脱贫后,对改变县域职校办学认可度的影响不大。相比于内生式发展,依靠外部注入式的方式和手段发展经济更为容易,观念认知的改变则需要一个长期过程。在贫困县域绝对性贫困问题解决后,人们对职业教育缺乏正确认识,观念仍未转换,重普教、重升学,把发展高中阶段的教育片面地理解为发展普通高中的教育。同时,受传统观念的影响,一些群众仍然把子女上大学视为唯一的出路,认为只有上高中考大学才能"跳出农门""光宗耀祖",职业学校毕业生只能当普通工人,干体力活,没出息,不愿让子女接受职业教育。另一方面,县域脱贫对改善县域职校办学条件的作用不明显。西南民族地区贫困县域职业学校办学条件相对较差,教学手段落后,教育质量偏低,社会上普遍认为上职业学校没有前途,加之近年来普通高校不断加大扩招力度,学生均乐意上普通高中,然后考大学。此外,招生也比较混乱,由于各地方政府统筹力度不够,造成在一个县城同时存在政府各部门主办的多个职业学校,同时民办职业学校数量也快速增加。各职业学校在有限的生源市场无序竞争,造成招生混乱。

其次,"扶职业教育之贫"明显滞后于县域脱贫。具体来说,一些贫困县域未把职业教育甚至教育的发展摆在突出位置,教育未作为关键指标被纳入县域发展规划之中。调研了解到,"扶职业教育之贫"明显滞后于县域脱贫,具体体现在县域职校办学经费上。一般来说,县域脱贫意味着经济发展状况转好,贫困程度降低,资金和经费投入以及分拨情况会适当缓解,职业教育经费理应加大,但实际情况并未如此。"分级管理,地方为主,政府统筹,社会参与"的职业教育管理体制决定了我国农村职业教育的投资经费体制只能是以县为主。县域内职业教育多头办学和缺乏统筹,使得县域职校经费来源渠道不畅。个别县市还向学校收取上缴财政的调剂资金,没有单列职教专款,职业学校的发展在一些方面只能靠自身努力、自想办法、自找门路,良性的发展机制还没有形成。另外,部分县域没有按照职业教育法的规定落实生均公用经费的财政预算,没有将城市教育费附加的30%应用于职业教育,没有建立起各种所有制企业承担职工职业技术培训经费的统筹机制。

最后,"职业教育扶贫"与"扶职业教育之贫"的共振机制未得到探索和建立。如何将"职业教育扶贫"与"扶职业教育之贫"置于同一研究框架、发展框架是迈向乡村振兴、共同富裕新阶段的必要命题,厘清二者之间的传导关系,建立双向互动、良性循环的职业教育扶贫新局面是民族地区贫困治理中的现实问题。为巩固脱贫攻坚重要成果,实现职业教育新使命,"职业教育扶贫"与"扶职业教育之贫"的共振机制应得到探索和开发。只有催生县域职校内驱力,创新参与扶贫的内部驱动模式,共振机制的建立才更具可能。

# 第九章
## 外部影响

　　无论是县域职校扶贫,还是扶县域职校之贫,都涉及职业教育子系统内部、社会系统以及职业教育子系统与社会系统之间的要素互动。在考察各影响因素时,需要以内外结合的系统视角,以县域社会环境为外、县域职校为内,厘清西南民族地区县域职校扶贫的影响因素,由此构建的影响因素分析模型如图9-1所示:

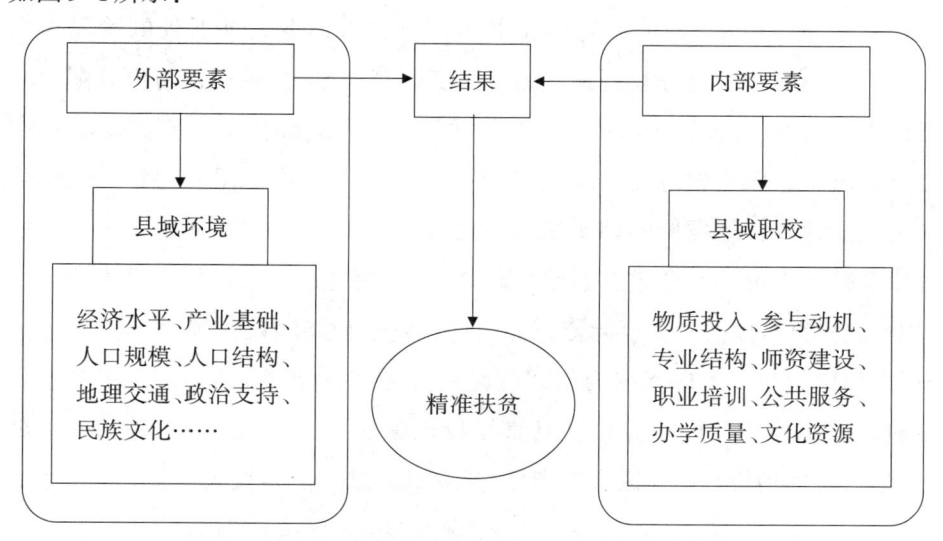

```
┌─────────────────────┐                    ┌─────────────────────┐
│     外部要素         │ →  结果  ←         │     内部要素         │
│         ↓           │                    │         ↓           │
│     县域环境         │                    │     县域职校         │
│                     │                    │                     │
│ 经济水平、产业基础、  │      精准扶贫       │ 物质投入、参与动机、  │
│ 人口规模、人口结构、  │                    │ 专业结构、师资建设、  │
│ 地理交通、政治支持、  │                    │ 职业培训、公共服务、  │
│ 民族文化……          │                    │ 办学质量、文化资源    │
└─────────────────────┘                    └─────────────────────┘
```

图9-1　西南民族地区县域职校精准扶贫影响因素分析模型

从外部因素来看,通过职业教育进行精准扶贫属于一种"自上而下"的工作路径,而各地在实际工作中因地制宜,进行了各种各样"自下而上"的摸索,总结出一种新的工作路径。民族贫困地区县域环境如何,极大影响着县域职校精准扶贫以及后续助力乡村振兴的实施成效。由此从外部视角来看,外部影响因素主要有以下方面。

## 一、县域经济水平

随着科学技术与社会物质水平的持续提升,职业教育和区域经济关系愈发密切,二者协同互动日益加深。在系统论下,职业教育和区域经济相互促进、相辅相成,只有二者实现协调共生,才能切实推动社会经济稳定发展。着重发展地方职业教育是推动区域经济增长的必由之路,而区域经济发展也需要职业教育提供更多的技术支持与专业人才支持。所以,考察县域经济水平,明晰县域环境下县域职校服务相对性贫困以及乡村振兴的影响因素,构建职业教育和区域经济协同发展与动力机制意义重大。

一方面,作为助推区域经济发展的关键支撑,职业教育为区域经济发展提供了智力支持与人力资源支撑。县域经济社会发展是职业教育横向联系、纵向贯通的重要依据,职业教育的发展离不开县域产业发展所处的阶段与水平。[1]在此意义上,地方政府拥有的经济资本越丰厚,县域职校与再分配中心的距离就越近,更容易获取资源、发展空间。经济社会发展的规模、结构、速度和效益决定着职业教育发展的规模、类型、层次、模式和水平。[2]另一方面,经济是职业教育长远发展的物质基础,为教育事业发展提供物质保障。羸弱的区域财政水平影响职业教育财政性教育经费的获取,县域职校在助力扶贫过程中,缺少直接性扶贫需要的资金等支持,导致动力值不足。此外,以"三区三州"中等职业教育发展水平为例,"三区三州"是中央统筹、重点支持的深度贫困地区。中央单位向定点扶贫县直接投入帮扶资金67亿元,引进帮扶资金63亿元,帮助销售贫困地区农特产品154亿元。扶贫资金投入监管力度持续加

---

[1] 姜汉荣.功能综合体:县域职业学校的功能再构与路径探寻[J].中国职业技术教育,2019(19):82-87.
[2] 高明,高红梅.省域职业教育与经济社会协同发展水平评价[J].现代教育管理,2017(1):85-91.

大,截至2019年底,该区域"两不愁三保障"突出问题已经得到基本解决。但该区域存在经济条件落后、基础条件薄弱等特征,存在学校容量资源告急的问题。这说明,仅仅依靠财政支持和帮扶的"输血式扶贫"并不是长远之计,民族地区县域经济水平的发展是县域职校参与扶贫、乡村振兴的根源影响因素。

经调研发现,昌都、日喀则以及阿里地区,贫困人口多、贫困程度深。2019年西藏全区剩余15万建档立卡人口,其中昌都、日喀则以及阿里地区就占到了94%,极大的贫困问题是低经济水平的直接表现,造成贫困地区包括职业教育在内各项建设事业的低迷,虽然可以依靠国家对极度贫困地区的财政资金支持,但地方本身支付能力低,加之地方财政收入增速放缓(2020年日喀则地方财政收入增速8.4%),靠外部经济支持只是权宜之计,对县域职校的投入与建设由此受到影响。

## 二、县域产业基础

职业教育适应性是新时代将职业教育作为一种教育类型定位的背景下,对职业教育与经济社会关系的一种更高要求[1],增强职业教育适应性的主要的出发点就是促进教育链、人才链与产业链、创新链的精准对接,大幅提升新时代职业教育现代化水平,全面提高技术技能人才培养质量。[2]乡村产业发展是经济发展的关键,只有产业发展好,才能增强县域职校的适应性。然而,经济欠发达地区产业类型单一、产业基础单薄、产业效益不佳等因素导致职业教育办学模式、专业设置、课程建设与区域经济社会发展不相适应、产业融合长期处于低水平状态[3],这不仅影响民族地区职业教育培养高素质的技术技能人才,而且制约其助力脱贫、乡村振兴等社会服务功能的发挥,根本上影响其文化资本、象征资本的积累和建构。

一方面,产业结构单一,且产业链条较短。专业与产业的对接,事关职业教育人才培养的全局,然而贫困民族县域本身产业基础薄弱,有些特别贫困区几乎无产业可言,这势必会影响县域职校专业设置。如广西富川瑶族自治县,

---

[1] 李玉静.新发展格局下增强职业教育适应性:内涵与定位[J].职业技术教育,2021(13):1.
[2] 陈群.提质培优背景下增强职业教育适应性的出发点、难点与突破点[J].教育与职业,2021(11):5-12.
[3] 钱民辉.少数民族职业教育的问题构成及对策分析[J].民族教育研究,2010,21(6):14-17.

制造业连续两年呈负增长态势,拉低规模以上工业增加值增速。2021年,制造业增加值为9.57亿元,同比下降7.1%,拉低全县规模以上工业增加值增速2.9个百分点。此外,县城新建投产企业入库少,在库企业规模偏小。2021年全县仅2家规模以上工业企业新入库且规模较小,合计占规模以上工业企业总产值的比重仅为1%,仅拉动规模以上工业总产值1.2个百分点,对整个工业经济发展的贡献不明显。规模以上服务业企业2021年新增2家,目前在库的3家规模以上服务业企业中无年营业收入过亿元的企业,年营业收入过千万元的企业有2家,营业收入低于千万元的企业1家。企业规模小、收入低,缺乏竞争力,影响企业未来的持续稳定增长。在此情况下,县域职校的专业设定基本没有章法,与区域产业对接被抛之脑后,热衷于开设热门专业,但实际上学校并没有相应师资、设施等配套支持。

另一方面,产业技术改造、承接与扩散不力。以云南峨山县为例,偏远民族地区产业基础薄弱,削弱县域职校的适应性。在经营主体内部原始积累不足、外部融资渠道不畅的情况下,峨山县产业发展长期面临着融资瓶颈约束。国家和地方政府对民族地区的资金支持以财政投入为主,然而财政主导下的资金投入模式不能满足地方产业发展领域多样化融资需求,难以精准传导至微观产业经营主体,不利于调动产业主体内生发展动力;此外,因地理位置偏远,存在外部资源进不来、内部资源盘不活、人口流失、乡村凋敝等问题,县域资源承载能力较弱,乡村产业凋敝现象严重;再加之自然经济和传统农牧业生产方式仍占主导地位,发展方式相对粗放,精深加工发展不足,导致产业整体上呈现出分布零散化、产品同质化、技术低端化、结构单一化、市场本地化、抗风险能力弱等特征。[1]该区域县域职校缺乏挖掘地方产业优势的敏感性,使得其教育链、人才链与产业链、创新链的精准对接不能实现,最终造成该区域县域职校适应性较低。此外,课题组发现,县域职校专业设置存在偏离"职业本位"的现象,存在专业设置雷同、专业结构失衡、专业设置与人才市场需求结合度低等问题。汽车维修、美容美发、酒店管理等专业可见于同一个地州的几所

---

[1] 郭言歌."三区三州"农业特色产业发展困境与对策[J].北方民族大学学报,2020(5):13-19.

职业院校中。①云南怒江州产业以农业为主,例如该州兰坪县以高山杂粮、特色经济作物、山地畜牧、生态林业等为主,但是,兰坪县职业学校在专业设置上没有实现与当地的产业发展精准对接,仅有汽车运用与维修、中餐烹饪与营养膳食、高星级饭店运营与管理、电子电工4个专业②。且课程设置并未将视线更多地停留在本地区特色产业人才的靶向性培养上,从而导致有限的市场容量无法为毕业生提供充足的就业机会,当地产业发展各环节所需的人力资源无法保障,吸纳的年轻从业者并未具备从事当地产业的专业技能。③

## 三、人口规模结构

人才兴则乡村兴,人才强则乡村强,人才是乡村振兴战略的核心和关键环节,决定着乡村振兴战略的成败。实施乡村振兴战略,必须破解人才瓶颈制约。要把人力资本开发放在首要位置。作为一个系统性、整体性、协同性的战略工程,推动乡村人才振兴是贫困地区脱贫的人才动力,职业教育因其面向"三农"的角色特征和人才培养(包括培训)的功能定位,在服务乡村人才振兴中大有可为。然而结合调研所得,我们发现西南民族地区县域常住人口规模与结构未能为县域职校的发展振兴以及服务帮扶提供合适的基础,主要体现在以下两个方面。

其一,县域常住人口规模带来的影响。从第七次全国人口普查数据以及调研情况来看,民族地区贫困县域受产业结构、经济发展和城镇化推进等影响,常住人口数量规模较小,如表9-1所示。从表中可以看出,云南孟连县、峨山县以及四川茂县、泸定县等常住人口数量规模小,人才振兴的人力资源基础大打折扣。一方面,这些情况导致县域职校招生困难,多数处于生存阶段。常住人口基数小、适龄学生数量规模小,是县域职校招生难的根源。学校招不到学生,总的办学经费就会降低,难以支撑学校发展扩容,更难以辐射区域服务脱贫与地区振兴,由此形成恶性循环,致使大多数县域职校只关注学校生存问

---

① 李芳.职业教育扶贫:应用型人才贯通培养体制探析——以"三区三州"为例[J].现代教育管理,2021(3):121-128.
② 刘苏荣."三区三州"深度贫困地区职业教育的困境与出路——以云南省怒江州为例[J].职业技术教育,2019(15):56-61.
③ 郭言歌."三区三州"农业特色产业发展困境与对策[J].北方民族大学学报,2020(5):13-19.

题,内涵发展无力关注。另一方面,这些情况也导致县域内社会培训需求量低,县域职校辐射作用降低。常住人口较少的县域存在着人口流失严重的问题,人们普遍选择到外地谋生,留下老、弱、病、残等群体,导致社会培训的需求降低,县域职校"训育并举"的功能无法得到充分展现,从而限制了其服务脱贫、促进乡村振兴的功能发挥。

表9-1 部分民族地区常住人口数量

| 省份 | 民族地区 | 常住人口(万人) |
| --- | --- | --- |
| 重庆 | 酉阳(土家族、苗族) | 60.73 |
| | 彭水(土家族、苗族) | 53.06 |
| | 秀山(土家族、苗族) | 50.16 |
| | 石柱(土家族) | 38.80 |
| 云南 | 禄劝(彝族、苗族) | 37.89 |
| | 孟连(傣族、拉祜族、佤族) | 14.47 |
| | 峨山(彝族) | 14.25 |
| | 宁洱(哈尼族、彝族) | 16.27 |
| | 勐腊(傣族、哈尼族) | 30.49 |
| | 牟定(彝族) | 14.94 |
| 贵州 | 玉屏(侗族) | 15.05 |
| | 兴仁(布依族、苗族) | 42.58 |
| | 紫云(布依族、苗族) | 29.37 |
| | 松桃(苗族) | 48.78 |
| | 台江(苗族、侗族) | 12.29 |
| 四川 | 茂县(藏族、羌族) | 9.5 |
| | 泸定(藏族) | 8.42 |
| | 德昌(彝族) | 21.65 |
| | 北川(羌族) | 17.41 |
| | 峨边(彝族) | 12.16 |
| | 都安(瑶族) | 51.66 |
| | 富川(瑶族) | 26.65 |
| 西藏 | 日喀则(藏族) | 79.82 |
| | 昌都(藏族) | 76.09 |
| | 阿里(藏族) | 12.33 |

其二,县域人口结构带来的影响。主要体现为县域内人口集中程度、人口受教育程度、就业人员变动情况等,影响着县域职校经济资本、社会资本乃至象征资本的建构。首先,人口集中程度影响县域职校的布局及政府资源投入。

人口分散不利于职业教育经费的集中投入和建设布局,在民族地区难以将有限的资源统筹起来。其次,就业人员变动情况影响县域职校专业结构设置。最后,人口受教育程度影响县域职校认可度及扶贫参与度。以调研中选取的广西都安县为例,该县农村人口居多,占总人口的76.6%;乡村从业人员301150人,占总人口数的41.6%;农业从业人员178677人,占总人口数的24.7%。这就导致第一产业生产总值为384823万元,仅占该县生产总值的12.4%。为此,该县域职业学校以"专业强校、技能兴校"为目标,积极承担全县中等职业学历教育、劳动力转移培训和下岗职工再就业培训等社会职能。然而,由于该县农村人口受教育程度较低,使得该县民众参与职业教育意识不强,加之对职业教育的低层次印象,他们更不愿意子女选择职业教育。这直接影响县域职校的认可度,进而导致县域职校社会资本建构受限,每年招生困难重重。招生人数跟不上,培养规模效应就难以达成,较多辍学者离开家乡,造成大量劳动力和人才的流失。

**案例　云南省孟连县就业人员变动对县域职校专业设置的影响**

从就业人员变动情况来看,通过比较该县2015年统计年鉴和2019年统计年鉴,我们发现尽管该县农、林、牧、渔从业人员的平均工资从2015年的41845元增加到58840元,但从业人员从2015年的198人下降到179人;第二产业从业人员的平均工资从2015年的35257元增加到47258元,使得该县第二产业从业人员从2015年的5737人上升到11875人;第三产业从业人员的平均工资从2015年的49925元增加到74935元,使得该县第三产业从业人员从2015年的13739人上升到14938人。尽管该县域职校根据县域内从业人员变化设置学前教育、旅游服务与管理、机电一体化、计算机应用等专业,但却未意识到自身是农业科学实验和技术推广中心,因此没有设置农村经济综合管理、农业机械使用与维护、现代农艺技术等涉农专业,也没有基于当前第一产业向第二、三产业延伸趋势,增设休闲生态农业、绿色食品生产和检验、农村电子商务等新专业,导致社会资本建构受限。

## 四、地理交通环境

地理交通环境是产业发展的重要载体,是决定产业发展水平和发展速度的重要条件。[1]已有研究表明:交通状况的改善可以促进产业结构的优化和合理分工,并间接影响企业的选址和总部、分部之间的联系[2],相对滞后的交通运输网络体系将会阻碍产业的快速发展[3]。也即是说,地理交通环境对县域经济发展、产业发展的影响巨大,是不可忽视的外部因素。结合课题组调研情况来看,西南民族地区县域地理交通环境处于劣势,影响着县域职校建设所需的社会资本积累,进而导致学校对脱贫与乡村振兴的服务力不足。

一方面,西南民族地区县域职校地理位置偏远,交通系统不完善,导致其跨场域互动受限。当县域职校所在区域的交通系统完善程度较低,如交通技术等级低、网络化水平低、连通性及抗灾能力较弱时,企业生产要素投入品的运输成本就会增高,从而降低企业经营绩效,进而导致入驻企业较少,也更难与"跨场域"社会组织建立起频繁、深度的互动关系和互动网络。除此之外,交通条件不便是影响人才资源流动的关键因素,直接影响产业人力资源储备,间接导致当地产业发展难以获取人才支持,进而导致当地企业低水平产业过剩问题突出,大量的"僵尸"企业涌现。交通条件不便既阻碍了县域产业的发展,也造成县域职校难以对接企业开展培训,帮助当地农户跟随市场需求变化学习新技能的能力减弱,长此以往,县域职校的扶贫能力无法得到实质性提升。

另一方面,封闭的地理交通环境,导致民族地区在提供诸如就业及社会保障服务、科技服务、公共文化服务等公共服务方面能力较弱、手段落后,政府较弱的"搭台"能力直接影响职业教育"唱戏"的机会,使职业教育难以更广泛参与到区域社会网络当中。[4]长此以往,县域职校发展建设所必需的社会资本积累困难重重,学校自身发展与生存成为首要问题,立足区域开展帮扶、促进振兴的辐射力减弱。

---

[1] 周京奎,王文波,张彦彦."产业—交通—环境"耦合协调发展的时空演变——以京津冀城市群为例[J].华东师范大学学报(哲学社会科学版),2019(5):118-134,240.

[2] 张毅,张恒奇,欧阳斌,等.绿色低碳交通与产业结构的关联分析及能源强度的趋势预测[J].中国人口资源与环境,2014(S3):5-9.

[3] 冯旭杰,孙全欣,钱堃,等.区域综合交通运输需求与产业结构的协整关系分析[J].交通运输系统工程与信息,2012(6):10-16.

[4] 林克松.民族地区职业教育发展的资本逻辑与行动理路[J].贵州社会科学,2021(10):120-126.

**案例　四川德昌县交通地理环境较差导致县域职校社会资本建构受限**

以四川省德昌县为例,2018年,实测境内公路总里程为3670千米,高速公路总长为168千米,但铁路、水运等交通运输尚未完善,使得该县货运量仅为831万吨,载客汽车仅有614辆,载货汽车只有1668辆。由于交通体系不够便捷,该县入驻企业较少,大多数当地企业因缺少人才支持而面临倒闭风险。因此,全县产业集中度偏低,支柱产业和重点产业分布相对分散,区域内产业合作步伐缓慢,缺乏产业集中度高、核心竞争力强的大型企业。事实上,县域职校离不开当地发达的交通运输环境所带来的高水平的产业和合理的产业结构。然而,由于该县地理区位偏远、交通条件落后,封闭的地理交通环境不仅影响县域职校人力资本的积累,因为交易成本的提升,也更难与诸如省级政府部门、行业组织、企业、高等院校、教研机构、民间公益组织等"跨场域"的社会组织建立起频繁、深度的互动关系和互动网络。

## 五、政治地理资本

政治地理资本主要反映一个地区获取更多政策及其相应资源的可能性。在这个意义上,民族地区县域职校发展具有政治地理资本优势。

第一,将国家政策作为政治建构。基于政治地理学视角,县域职校发展实际上并不是一个单纯的教育集聚过程,更受到外在政治与社会因素的影响,是政治与政策建构的产物。在很多情况下,县域职校与精准扶贫的结合与发展是"跟着政策走"的,这主要源于有关发展中等职业教育的国家政策的驱动。自1992年起,我国就将职业教育作为扶贫的重要手段写入政策文件,一直到如今仍在持续完善职业教育扶贫、促进乡村振兴政策,不断提升职业教育精准扶贫、促进乡村振兴力度(见表9-2)。

表9-2 国家职业教育扶贫部分相关政策梳理

| 序号 | 时间 | 文件名称 | 目标与重要内容 |
| --- | --- | --- | --- |
| 1 | 1999年 | 关于加强少数民族与民族地区职业技术教育工作的意见 | 职业技术教育的发展必须面向农(牧)业生产、面向农村经济建设和社会发展、面向农(牧)民脱贫致富的需要 |
| 2 | 1994年 | 国家"八七"扶贫攻坚计划 | 教育部门要积极推进贫困地区农村的教育改革,继续组织好贫困县的"燎原计划",普及初等教育,做好农村青壮年的扫盲工作,加强成人教育和职业教育 |
| 3 | 2000年 | 关于加快少数民族和民族地区职业教育改革和发展的意见 | 在农村要进一步把职教和扶贫结合起来,使职业教育发展的目标与农村经济发展目标有机地衔接配合起来,要坚持多层次、多规格、灵活多样的办学形式,建立、健全职业教育的培训网络 |
| 4 | 2001年 | 中国农村扶贫开发纲要(2001—2010年) | 实行农科教结合,增强农民掌握先进实用技术的能力。加强贫困地区劳动力的职业技能培训 |
| 5 | 2009年 | 关于中等职业学校农村家庭经济困难学生和涉农专业学生免学费工作的意见 | 当年秋季开始实施对公办中等职业学校全日制正式学籍一、二、三年级在校生中农村家庭经济困难学生和涉农专业学生逐步免除学费(艺术类相关表演专业学生除外)政策 |
| 6 | 2011年 | 中国农村扶贫开发纲要(2011—2020年) | 完善雨露计划,以促进扶贫对象稳定就业为核心,对农村贫困家庭未继续升学的应届初、高中毕业生参加劳动预备制培训,给予一定的生活费补贴;对农村贫困家庭新成长劳动力接受中等职业教育给予生活费、交通费等特殊补贴。贫困地区劳动力进城务工,输出地和输入地要积极开展就业培训 |
| 7 | 2013年 | 关于实施教育扶贫工程的意见 | 提高职业教育促进脱贫致富的能力。到2015年,初、高中毕业后新成长劳动力都能接受适应就业需求的职业教育和职业培训。到2020年,职业教育体系更加完善,教育培训衔接更加紧密,培养一大批新型农民和在二、三产业就业的技术技能人才 |

续表

| 序号 | 时间 | 文件名称 | 目标与重要内容 |
|---|---|---|---|
| 8 | 2015年 | 关于加强雨露计划支持农村贫困家庭新成长劳动力接受职业教育的意见 | 通过政策扶持农村贫困家庭子女初、高中毕业后接受中、高等职业教育的比例稳步提高确保每个孩子起码学会一项有用技能。贫困家庭新成长劳动力创业就业能力得到提升，家庭工资性收入占比显著提高。实现一人长期就业，全家稳定脱贫的目标 |
| 9 | 2016年 | 教育脱贫"十三五"计划 | 到2020年，贫困地区教育总体发展水平显著提升，实现建档立卡等贫困人口教育基本公共服务全覆盖。每个人都有机会通过职业教育、高等教育或职业培训实现家庭脱贫。教育服务区域经济社会发展的能力显著增强。对建档立卡学龄后人口，提供适应就业创业需求的职业技能培训 |
| 9 | 2017年 | 贯彻落实《职业教育东西协作行动计划（2016—2020年）》实施方案 | 按照中央确定的东西部扶贫协作关系和教育部推动相关省（区、市）建立的教育对口支援关系，全面落实东西职业院校协作全覆盖行动、东西协作中职招生兜底行动、职业院校参与东西劳务协作各项工作任务，确保不让一个地方掉队 |
| 11 | 2018年 | 关于开展扶贫扶志行动的意见 | 保障贫困家庭孩子接受九年义务教育、贫困人口基本医疗需求和基本居住条件。围绕贫困群众发展产业和就业需要，组织贫困家庭劳动力开展实用技术和劳动技能培训，确保每一个有培训意愿的贫困人口都能得到有针对性的培训，增强脱贫致富本领 |
| 12 | 2018 | 国家乡村振兴战略规划（2018—2022年） | 指出职业教育要赋能乡村振兴，要建立职业农民制度 |
| 13 | 2019 | 关于办好深度贫困地区职业教育助力脱贫攻坚的指导意见 | 要求办好一批县域职校，在职教中心（职业学校）开展农村劳动力转移培训 |
| 14 | 2020 | 职业教育提质培优行动计划（2020—2023年） | 进一步完善了职业教育促进乡村振兴的路径，要求建设90所乡村振兴人才培养优质校 |

续表

| 序号 | 时间 | 文件名称 | 目标与重要内容 |
|---|---|---|---|
| 15 | 2021 | 关于加快推进乡村人才振兴的意见 | 要求加快发展面向农村的职业教育,支持职业院校培养基层所需的专业技术人才 |
| 16 | 2022 | 中华人民共和国职业教育法 | 国家采取措施支持农村职业教育,通过返乡就业创业、职业技能培训等方式培养高素质乡村振兴人才,要求各级人民政府加大农村职业教育经费支持力度 |

可以看出,一方面职业教育扶贫的地位和功能持续凸显。职业教育在相关扶贫政策中,既是扶贫的手段,也是扶贫的对象。职业教育作为贫困地区的扶贫手段,持续发挥扶贫作用,包括保障所有贫困家庭孩子有学上,确保每个贫困家庭学生得到有效资助,多渠道保障升学就业,等等。同时,职业教育也是贫困地区扶贫的对象。针对贫困地区职业教育发展长期滞后、基础薄弱的现状,国家加大贫困地区职业教育投入,改善办学基础条件,提升办学质量,以扶职业教育之贫,解决贫困地区职业教育自身办学问题。另一方面,职业教育扶贫政策逐步全覆盖和精准化。职业教育扶贫的对象扩大化,不仅是农村已有贫困人口,而是所有初、高中毕业后新成长劳动力,包括农村和城镇。通过建档立卡识别,对该类家庭子女进行免学费、免住宿费、免教材费、补助生活费、就业帮扶,确保职业教育扶贫政策落地可查、可追踪,真正实现教育脱贫。

第二,将国家战略作为发展方向。从国家整体发展来看,跨区域职业教育资源统筹不仅仅是职业教育的内在需要,也是国家区域协调发展的重要组成部分。为统筹东西职业教育资源,在中央东西部扶贫协作框架下,颁布《职业教育东西协作行动计划(2016—2020年)》无疑具有重大现实意义。《职业教育东西协作行动计划(2016—2020年)》在内容上,主要是以职业教育和培训为重点,以就业脱贫为导向,瞄准"建档立卡"贫困人口。我们在实际调查中发现,《职业教育东西协作行动计划(2016—2020年)》主要围绕以下三大行动影响职业教育东西协作:一是实施东西职业院校协作的全覆盖行动,实现东部地区职教集团、高职院校、中职学校对西部地区的结对帮扶的全覆盖。二是实施东西中职招生协作兜底行动,东部地区兜底式招收西部地区"建档立卡"贫困家庭子女接受优质中职教育,毕业后根据学生意愿优先推荐在东部地区就业,实现就业脱贫。三是支持职业院校全面参与东西劳务协作,帮助每个有劳动能力且有参加职业培训意愿的"建档立卡"贫困人口,都能接受适应就业创业需求的公益性职业培训。

## 六、文化地理资本

文化地理资本主要反映区域文化资源的丰富程度以及可获取程度。在我国,大部分民族地区蕴藏着深厚而又独特的民族文化传统,对于扶贫、减贫来说,文化不是阻力,也不是摆设,而是一种资源。这种资源是世代延续、活态传承的,由此才有了旺盛的生命力。[1]在这个意义上,文化地理资本优势能够为县域职校本身参与扶贫,保障长效扶贫效力提供文化支撑。

其一,深厚的地方文化。从县域职校文化传承功能来看,县域职校充分发挥凝聚人心、教化群众、淳化民风的重要作用,结合农村文化产业发展和精神文明建设需要,挖掘农村传统道德教育资源,加强课程建设,开发乡土特色教材,传承优秀文化和传统技艺,巩固了农村思想文化阵地建设,有效地化解了社会矛盾,促进了农村社会稳定和长治久安。民族地区凭借长期演变和积累下来的特色民族文化,对学生进行基于地方文化的情感体验,能够对当地产生情感联结,最终产生"地方感""地方依恋"或"恋地情结"。这些都能凸显职业教育扶贫的文化底色。

**案例　举办刺绣培训,服务乡村振兴**

阿坝州中等职业技术学校承办的"九寨沟县东西扶贫项目刺绣短期培训班"在九寨沟县电商培训室开班,出席开班仪式的有双方领导、授课教师,以及来自九寨沟县各乡村的50名学员。教师们认真授课,手把手地教学员们刺绣的基本绣法和配色,学员们认真学习。经过5天的培训,学员们掌握了刺绣的基本功,并有了自己的作品,培训圆满完成。

此外,非遗传承与帮扶精彩纷呈。四川省羌族刺绣和剪纸工艺美术技能传承创新平台(简称"创新平台")成立于2019年9月,创新平台主持人是四川省

---

[1]　王建民.扶贫开发与少数民族文化——以少数民族主体性讨论为核心[J].民族研究,2012(3):46-54,108.

威州民族师范学校高级教师、汶川羌族刺绣非遗传承人余德书。创新平台将羌族刺绣和剪纸引入课堂,辐射推广到理县薛城小学、汶川一小、义乌工商学院、射洪职业技术院校、阿坝州中等职业技术学校,并对汶川一小、汶川二小、薛城小学、松潘小姓乡等地进行非遗教学帮扶,共有五十多名学生在相关比赛中取得名次。

其二,巨大的文化产业潜力。地方文化产业强调文化产业区位布局与选址上的"在地性",具有三个方面的特质:一是所创造的文化产品具有"地方""本土""民族"抑或"乡土性"的特质,能够让使用者产生感知意象和情感归属,带有浓浓的传统价值、文化积淀、地方智慧以及艺术价值等;二是具有文化的多元性、地点资源的独特性和稀缺性以及所开发产品的多样性特征;三是融入了地方人们特有的观点、态度、价值和创意情感,是地方人文精神所在。[1]当前,在全球化、区域一体化的发展背景下,我国许多地区成为旅游热点,民族工艺备受追捧、民族文化产业发展方兴未艾,如何汲取地方文化精华,传承并活化地方文化产业资源,成为县域职校振兴发展的重要思路。特色文化资源只有经过系统梳理、深入挖掘、创新载体形式,才能不断形成特色文化产品。[2]只有特色文化产品进一步扩大市场占有率、延长产业链条、丰富产业业态,特色文化产业才能不断壮大,不仅能够提升区域经济发展质量,还能为县域职校构建社会资本。

---

[1] 张中华,张沛.地方文化产业的"地方性"机制及培育对策研究[J].技术经济与管理研究,2017(10):120-124.

[2] 张芹玲,纪芬叶."活化"地方传统文化资源促进区域发展——以山东青州农民画产业发展实践为例[J].行政管理改革,2018(11):69-73.

# 第十章
## 内部影响

如果说,对外部影响因素的讨论是以一种"自上而下"的视角分析职业教育服务扶贫振兴的工作路径,那么,对内部影响因素的探讨则是以"自下而上"的视角对西南民族地区县域职校的发展基础进行梳理。具体来说,内部影响因素的主体主要是指县域职校,其自身发展以及服务能力的高低是影响民族地区县域职校发挥扶贫功效、促进振兴的关键指标。综合来看,主要有以下内部影响因素。

### 一、学校发展基础

多年来,民族地区县域职校培养了大量技能型人才,促进了农村普及高中阶段教育,助推了农民掌握农村实用技术,在农村人力资源开发方面发挥出重要作用。[1]由此可见,县域职校是农业、农村和农民工作的重要组成部分,要把县域职校办成经济的中心、人才的中心、文化的中心、科学实验和科技推广的中心,就需拥有、投入和激活学校发展的物质基础。

---

[1] 高明,高红梅,何飞,等.大有作为与大有可为——县域职校服务县域经济情况调研[J].职业技术教育,2018,39(12):55-60.

## (一)数量与规模是县域职校自身发展和服务脱贫与振兴的前提

县域职校数量与规模是否能满足地区内职业教育需求是探讨其发挥扶贫与振兴作用的第一步。一般来说,县域职校的数量与辐射范围成正比,也就是说数量与规模是县域职校参与扶贫帮扶、乡村振兴的基础性条件。然而,限于民族地区发展环境的恶劣,县域职校建设数量不足、规模不大,学校发展基础较差。

**案例 "三区三州"县域职校发展基础差**

"三区三州"的总面积约312.858万平方千米,总人口数2531.23万人,是国家层面的深度贫困地区。从表10-1可以发现,在212个县(市、区),未设置中等职学校的县(市、区)共129个,占总数的约61%。其中,西藏地区未设置中等职学校的县(市、区)共67个,约占西藏县(市、区)总数的91%;其次是四省藏区52个,占四省藏区县(市、区)总数的比68%。主要原因在于藏区地域辽阔、人烟稀少,人口不够集中,不足以支撑设置中等职业学校。除此原因之外,由于四川、云南、西藏等省份根据国家扶贫政策,均采取了"9+3"职业教育免费帮扶政策(即"九年义务教育+3年免费中职"),该政策除了对就读中等职业学校的学生进行多项政策补助,还采取多种异地就读的形式。如由四川省内职业教育发达地区对口接收贫困地区或未独立设置中等职业学校县(市、区)的义务教育毕业生。不仅如此,对口帮扶的东部地区也在加大对"三区三州"的扶贫力度,通过异地办班、异地实习等多种形式,持续接收异地就读的贫困地区的中职学生。这种异地就读的模式在一定程度上稀释了"三区三州"部分县(市、区)中等职业教育的潜在生源。

表10-1 "三区三州"部分地区未设置中等职业学校的县(市、区)分布现状
(2018年统计数据)

| 地区 | 县(市、区)数量 | 未设中等职业学校县(市、区)数量 | 未设中职学校的县(市、区)数占本地区县(市、区)总数的比重 | 本地区未设中职学校数占"三区三州"未设中职学校数的比重 |
| --- | --- | --- | --- | --- |
| 西藏 | 74 | 67 | 90.54% | 51.94% |
| 四省藏区 | 76 | 52 | 68.42% | 40.31% |
| 四川凉山州 | 17 | 6 | 35.29% | 4.65% |
| 云南怒江州 | 4 | 2 | 50.00% | 1.55% |

## (二)职普协调发展是县域职校得以认可和服务脱贫振兴的关键

课题组调研发现,在民族地区有限的资源投入下,职普协调程度将会影响县域职校的发展建设,以及影响促进县域脱贫与发展的功能作用发挥。具体来说,一是普通高中教育发展较好的地区,县域职校地位较低,认可度不高,服务区域脱贫与振兴的作用不被重视。这是因为,普通高中若在每年的升学"答卷"上表现突出,就会成为县域政府及领导的政绩,各类资源投入向普通高中的倾斜程度也就越高,县域职校受挤压地位低下,对经济社会的贡献作用也被忽视。二是职业教育发展优于普通高中时,其在助力县域脱贫与乡村振兴的作用会受到较高的重视。普通教育投入资源收益效果不突出的情况下,县域职校的资源投入与重视程度就会提高。在这种趋势下,依靠职业教育发展促进职普协调的理想状态会更容易达到预期,从而使学校发展基础增强。总之,民族地区资源投入的有限性使得普通教育与职业教育的发展不能同时得到兼顾,职普协调发展才能为县域职校获取更多的发展空间,进而服务民族地区脱贫与振兴。

## 二、学校参与动力

在民族地区,要使县域职校真正投入到农村生产活动中,充分发挥产业振兴功能、个体赋予功能、素质提升功能、文化繁荣功能、治理完善功能,需要从县域职校本身审视其对自身经济功能的认可程度,以及参与精准扶贫的积极性,并将之转化为精准扶贫的实际优势。结合调研发现,西南民族地区一些县域职校对自身精准扶贫的辐射作用认可度有待提高,主要表现在县域职校参与精准扶贫的动机和积极性上。

## (一)民族地区县域职校扶贫动机偏离

民族地区观念相对落后,很多人认为接受职业教育的一般是一些生活保障性较差的人,所从事的也都是劳动强度大、工作环境差、薪酬待遇低的职业,在社会中处于底层。此外,在调研访谈中了解到,多数贫困县域政府忽视了县域职业教育在县域经济发展中的价值功能,一些贫困县域政府的思想和行动仍然存在"普教化"倾向,不仅将工作重心和资源倾向于政绩更为凸显的基础教育领域,更是用普通高中教育的管理思想来评估县域职业教育的发展,使得县域职业教育的离农化不断增强。县域职校因"扶贫"未具有立竿见影的效果,转而追逐学校升学率,使自身不断丧失特色和经济功能。

**案例　重庆某县县域职校扶贫动机分析**

在调查选取的重庆市某县,该县政府部门将升学率作为县域教育的主要考核指标,这便导致县域职业教育在办学过程中不得不将对口升学作为核心任务进行推进,而县域职业教育服务县域经济发展的功能逐渐被弱化。客观而言,由于职业教育长期不受重视,在整个教育体系中地位边缘化较为严重,加上高等教育大众化的深入发展,民众对学历教育也情有独钟,这就导致了县域职业教育开始逐步沦为升学教育,应试倾向日渐突出,而职业属性开始丧失。区县、乡镇的部分中等职业学校开始将升学教育作为主要办学方向,并以升学率来吸引生源。从课题组对重庆区县的部分中职学校的调研情况看,相当一部分的县域中职学校会按照中考成绩,将学生分别编入升学班、就业班。在升学班就读的学生,主要是应付考试,重视理论教学忽视技能训练,甚至有些学校完全按照高考的要求来进行办学,完全背离了中职教育的人才培养要求。这种做法使得县域中职教育偏离了其固有的职业属性,走上了与普通中学同质化竞争的道路。与普通中学进行同质化竞争,由于生源质量问题,中职学校并无优势。如此一来,不仅造成了大量的教育资源浪费,更是误导了青年学生,使得很多学生毕业之后不愿意留在当地,不愿意从事一线生产工作。

## (二)民族地区县域职校开展帮扶的持续性不强

县域是自上而下行政管理和层级分类体系中的较小单元,县域职校接受的大多为指令性、命令性指挥。命令性工具是一种行政主导型的工具,其优点是直接、效率高和见效快,但长期过度使用,不但不利于调动基层教育执行者的积极性,反而可能导致被动地"应付式""象征性"执行上级意志,甚至产生一种敌对情绪,严重影响执行效果。长此以往,县域职校走出校门,开展社会服务的动力不足,且经调研了解到,以针对贫困农民开展培训为例,收益并不能由县域职校所得并自由支配,帮扶贫困人口的活动在县域职校看来变成了"费力不落好"的事情,只有在上级政策文件硬性要求的情况下,学校为了完成任务指标,得到上级认可才会开展。由此,为了这种"政治效应"开办的活动,实效无法保障,且只有在政策指令的一段时间内发挥县域职校扶贫的经济作用和功能,政策指令停止,则扶贫行动截止,持续性也不足。在调查中课题组与某县域职校校长交谈中了解到,"开展扶贫的培训或者其他活动,本身就是一件麻烦事,从前期筹划准备到开展实施,所有的人员调动、时间安排、设施资金投入等都需要专门的人员进行,而且收入并不能由我们支配,要被县里抽走一大部分,所以如果不是上面要求,那么我们也不愿意担这份责任"。绝大部分县域职校参与扶贫还处在"不敢、不愿、不会"的阶段,积极性自然受阻。

## 三、人才培养能力

民族地区县域职校的中心任务是培养对接服务区域、产业的技术技能人才,人才培养能力是影响这一中心任务完成的关键要素,具体来说包括专业结构、课程内容、师资建设、办学质量与育人品牌。

### (一)专业结构设置影响与县域产业的对接程度

县域职校作为弘扬发展个性和民族地区特色优势的载体,有责任和义务来突出其办学的地域性。民族地区县域职校要避免与城市职业院校走上同质化发展道路,就必须要将地域性融入其办学理念和办学定位中,突出乡村职业性和地域特色,打造对接扶贫与乡村振兴的专业结构。第一,专业设置的涉农倾向。贫困地区县域职校专业设置存在"离农、去农、轻农"偏向,在专业设置上一味"追热门""赶时髦",把有限的教学资源投入到计算机、电子商务、艺术设计等"离农"专业上,而作为农村地区支柱产业的农业相关专业"难觅身影",进而影响扶贫与振兴工作的顺利实施。经调查,贫困县域职校的涉农专业几乎都面临着不断萎缩甚至停办的困局,所设置的专业大多为办学成本较低、对实习实训条件要求不高的专业,最终导致学生陷入既无法满足振兴乡村所需要的各类农村实用人才,又无法在城市的激烈竞争中取胜的尴尬境地。第二,专业设置与区域产业需求的契合度不高。对接、服务甚至引领区域产业发展是职业教育专业设置所追求的目标，在对接产业匹配度不高的情况下，这一目标就难以达成。以重庆市某职业教育中心招生计划为例，2019年设置18个招生专业，以信息技术类和教育类为主，并无农林牧渔类专业的招生计划，与城市职业教育招生专业趋同，忽视其以农业生产为主的区域经济发展特点，未突出其服务"三农"的独特功能。

### (二)课程内容设计影响技能培训需求

调查发现，民族地区县域职校课程以专业知识为主，缺乏对文化基础知识的关照。在课程设置和教育教学过程中过分强调技术技能的传授，忽视文化基础课内容的添加，弱化贫困人口文化基础知识的学习。如贵州某贫困地区开展的贫困人口培训活动，开设的课程仅仅根据技术人员的专长，提供水果的种植技术，完全不涉及基础文化课的开设，造成当地贫困人口公民基本素养无法得以提升、专业技术技能的可持续发展受到阻碍、转岗和再就业能力缺乏，扶贫成果的维持极其脆弱。

### (三)师资队伍建设影响扶贫人才培养质量

就县域职校本身来说，其师资水平阻碍了贫困地区人才培养的效益和质量。分别从"生师比""兼任教师比例""双师型教师比例"以及"高级职称教师比例"这四个具体指标，汇总西南6省份部分民族地区县域中等职业学校的师资情况，明确县域职校师资能力在精准扶贫赋能中的影响情况。部分民族地区县域职校师资情况表，见表10-2。

首先，生师比不够合理影响着学校学生容量，扩大扶贫规模受限。在生师比上，多数学校生师比在14及以上，表明学校的学生数量和教师数量比例不够合理，教师规模整体上有待扩大。教师数量的增加是组建教师队伍、加强教师队伍建设的基础和首要任务，特别是在民族县域，由于经济发展水平受限，如何吸引优秀职业教育教师，对于打造具有民族特色的师资队伍意义重大。其次，兼任教师数量比例不乐观影响着职业教育学生培养质量和扶贫效能。"兼任教师"与"专任教师"相对，是指在其他部门从事专业技术工作的人员或学校中非教学人员兼任教学工作的教师,不定教学工作量,以兼任的工作量取酬。对于职业教育而言,兼任教师是师资队伍结构组成的科学性指标,体现着职业教育与企业、行业以及当地经济等方面的交流密切程度,特别是民族地区县域职校为实现精准扶贫,需要聘请兼任教师解决教师缺员问题和教学工作的特殊需要问题,兼任教师数量比例的不足说明学校内部与外部环境的交流合作不够充分,职业教育发展与县域发展契合度有待提高。再次,除个别学校外,双师型教师数量比例较高,但内涵建设有待加强。双师型教师是职业教育教师的特点所在,"双师型"教师既要具备相应的理论教学和实践教学能力,又要具有企业相关工作经历,或积极深入企业和生产服务一线进行过岗位实践,能够及时将新技术、新工艺、新规范融入教学。总之,充足的师资数量和较高的师资质量是县域职校自身发展,以及精准扶贫的基本要素和核心竞争力。县域职校教师不仅要具有较高的教育素质、技术水平和教育水平,而且还要具有民族情怀、民族文化、民族语言、民族技艺等特殊能力素养。只有这样,民族地区县域职校的教师们才能努力奋斗,担当人才培养使命,推动民族地区职业教育不断迈上新台阶,发挥贫困地区人才培养、乡村振兴的新使命。

表10-2 部分民族地区县域职校师资情况表

| 省份 | 学校 | 生师比 | 兼任教师比例 | 双师型教师比例 | 高级职称教师比例 |
|---|---|---|---|---|---|
| 重庆 | 黔江区民族职业教育中心 | 23 | 8.8% | 32.2% | 17.4% |
| | 酉阳县职业教育中心 | 14.29 | 1.4% | 69.9% | 19.4% |
| | 彭水县职业教育中心 | 18 | 24.8% | 22.1% | 14.4% |
| | 秀山县职业教育中心 | 16.5 | 4.5% | 37.5% | 17.7% |
| | 石柱县职业教育中心 | 16.3 | 14.9% | 36.2% | 32.3% |
| 云南 | 峨山彝族自治县职业高级中学 | 11.93 | 8.4% | 23.5% | 36.7% |
| | 宁洱职业高级中学 | 9.83 | 23.8% | 72.1% | 47.6% |
| | 孟连职业高级中学 | 15.22 | / | 20% | 42.6% |
| | 勐腊县职业高级中学 | 24.87 | / | 62.1% | 34.5% |
| | 牟定县职业高级中学 | 7.13 | 15.4% | / | 34.6% |

续表

| 省份 | 学校 | 师资指标 ||||
| --- | --- | --- | --- | --- | --- |
| | | 生师比 | 兼任教师比例 | 双师型教师比例 | 高级职称教师比例 |
| 贵州 | 玉屏县中等职业学校 | 17.09 | / | 23.5% | 30.6% |
| | 兴仁市民族职业技术学校 | 24.89 | 37.7% | 58.9% | 20.5% |
| | 紫云县民族中等职业学校 | 17.48 | / | 3.4% | 21.6% |
| | 松桃县中等职业学校 | 13.5 | 27.2% | 57.9% | 15.4% |
| 四川 | 甘孜州职业技术学校 | 22.48 | 12.6% | 34% | 25% |
| | 阿坝州中等职业技术学校 | 14.01 | 23% | 68% | 26.9% |
| | 北川羌族自治县七一职业中学 | 14.6 | 21.3% | 82.3% | 14.8% |
| 广西 | 都安县职业教育中心 | 30 | 23.6% | 57% | 14.5% |
| | 富川县职业技术学校 | 9.73 | 30% | 40% | 9.76% |
| | 广西民族中等专业学校 | 23 | 6.4% | 29.2% | 26% |
| | 广西玉林农业学校 | 28.18 | 2.1% | 55.72% | 14.8% |
| 西藏 | 日喀则市职业技术学校 | 15.5 | / | 31.67% | 17.3% |
| | 昌都市职业技术学校 | 16.02 | 11.4% | 8.84% | / |
| | 阿里地区中等职业技术学校 | 7.8 | 23.7% | 30.1% | 2.6% |

## (四)办学质量及育人品牌影响县域职校扶贫认可度

办学质量是最重要的象征资本。长期以来,由于办学基础薄弱、师资队伍建设滞后、信息化建设水平落后等原因,我国传统观念把职业教育看成二流教育和兜底教育,认为职业教育是家长和学生的被迫选择,从而导致县域职校生源数量不足、生源质量不高。因此,办学质量的改变是关键,是影响民族地区县域职校改善声誉的立身之本,必须坚持抓内涵、提质量、上水平、增强学校的吸引力。此外,在确保办学质量的基础上,走符合地方区域特点的职业教育品牌化发展道路,是县域职校精准扶贫效力可持续发挥的必然选择。一方面在于民族地区县域职校学校品牌专业建设。当前,县域职校在专业设置上没有基于自身的功能定位、组织属性和机构特征,也未科学考量地方产业经济发展特征和发展优势,设置符合地方经济发展的专业,而是仿照同层级职业院校设置专业,从而导致专业设置趋同化,与区域经济发展需求相脱节。这就需要县域职校制订专业品牌建设的战略目标,致力于"五大对接"。另一方面在于服务品牌建设。如在县域职校服务地方发展中,阿坝州鼓励中职学校深入对接,充分发挥职业学校师资培训和实训优势,形成了阿坝州卫生学校培养医疗卫生人才为主、威州民族师范学校培养教师教学教研人才为主、州中职校培养实用技术人才为主的特色格局,紧紧围绕"一州两区三家园"建设,助力"乡村振兴"发展战略,各学校根据自身资源优势,开展非全日制乡村农技员学历和乡村医生学历培训,同时积极配合州人力资源社会保障局等相关部门,承接旅游培训、新型职业生产经营培训、普通话等级测试培训、计算机辅助测试培训、学校教研员培训、藏医继承传承人培训等,服务乡村振兴。概言之,办学质量和育人品牌能发挥长效作用,在解决民族地区县域职校吸引力危机的基础上,实现人才培养成效增强。

## 四、农民培训能力

农民培训是乡村振兴人才支撑的重要构成,并在农业农村现代化进程中发挥愈发重要的作用。党和国家历来重视农民培训,尤其是自"十八大"以来,在精准扶贫、乡村振兴等国家利好政策的强大推动下,农民培训工作受到史无前例的重视。农民培训是民族地区县域职校的重要职责,县域职校农民培训能力如何,直接影响着其助力乡村振兴的强度。然而,通过对西南民族地区18个贫困县域的农民培训项目的调研发现,县域职校在不同逻辑的干预下,在县域农民培训场域中普遍处于"被动执行""有意规避"以及"主体缺场"的边缘化的秩序状态之中。

### (一)"行政发包"下的被动执行

县域行政科层组织与县域职校围绕农民培训构成"委托—代理"的结构关系。由于政府办学的属性,县域职校理应无条件服从政府和行政科层组织的主体意志以及政策指令,并确保预期政策目标和效果的有效达成。因此,主动承担主管部门委托的农民培训项目不仅是县域职校的职能所在,也是应有之义。但是,在实践场域,由于受到诸多阻力和困难,县域职校在执行农民培训项目过程中通常转向"被动参与",具体表现为主观上排斥接受主管部门下达的农民培训任务,或者有条件执行培训项目,更有甚者敷衍应付培训任务。显然,这种被动执行的行为无疑会使国家和省级政府设计的农民培训项目在效果上大打折扣。究其缘由,大致有两个层面:一是行政科层组织的"指令式治理"一定程度上压抑、消解了县域职校在执行农民培训项目上的主动性和创造性。行政科层组织一方面为了确保农民培训项目的可预期、可判断,另一方面为了追求管理效率,通常要求职业学校在"规划秩序"中高度参照行政指令执行农民培训项目,学校在执行过程中因为缺乏自主性从而形成被动行为。因此,行政科层组织通过赋予县域职校更多的自主权,是未来改善农民培训质量的可行之道。二是县域职校自身的"能力局限"影响了执行农民培训项目的意愿及质量。这种能力局限不仅表现为县域职校因为师资、设备、设施等条件薄弱以致无力承担农民培训项目,还体现为近些年农民培训项目接踵而至造成没有精力承担更多农民培训项目,从而只能选择有条件执行或应付执行。因此,提升县域职校服务能力亦是今后提升县域农民培训质量的必要路径。

### (二)"行政制约"下的有意规避

调研发现,在县域农民培训场域,一些县域职校除了承担上级主管部门分派的农民培训任务之外(县域职校负责人称之为"政治任务"),在主观及行动上排斥、拒绝接受额外的农民培训项目。通过访谈发现,"行政制约"是驱动县域职校有意规避农民培训的主要动因,而"行政制约"的影响机制又主要有两个侧面:一是农民培训项目的"成本控制"让县域职校"无利可图"。由于许多农民培训项目具有政策属性、民生属性,其严格的成本预算通常使得项目本身并无多少利润可图,而县域职校在推进培训过程中不仅产生人力、物力损耗,还要接受行政组织的现场检查和监督,平添管理成本和时间成本,因此一些学校抱着"多一事不如少一事"的心态选择规避接受农民培训项目。另外,在实践场域,或因县域财政困难,或因农民培训项目经费支出主体复杂,或者其他一些原因,还频频出现政府部门原先承诺给县域职校的农民培训资金在项目结束后却拖延兑现乃至难以兑现的现象。而由于县域职校与县域行政科层组织并非一个量级的利益博弈主体，县域职校通常只有无奈承受耗损，久而久之自然排斥接受农民培训项目。二是农民培训项目的"审计风险"让县域职校"望而生畏"。在当下全国严格的财务审计制度背景下，"怎么用好钱"的问题成为许多县域职校的心头病。由于农民培训项目经费来源、经费使用控制的复杂性，使得县域职校经常在培训经费使用上"畏手畏脚"。我们在调查过程中发现，一些学校甚至因为工作失误曾经触碰过农民培训经费使用的"雷区"，以致坚决不愿承担多余的农民培训项目。毫无疑问，县域职校有意规避农民培训项目势必产生"零和博弈"的结局，不利于县域农民培训场域生态的建构。因此，未来如何化"行政制约"为"行政引导"，进而刺激县域职校参与农民培训的动力是县域农民培训治理应当解决的重要问题。

### （三）"权资共谋"下的主体缺场

不管是县域职校面对农民培训项目的"被动执行"，还是"有意规避"，均是县域职校与县域行政科层组织两类主体之间的利益博弈。但是，在县域农民培训场域中，民办成人职业培训机构是不容小觑的另一重要博弈主体。尤需指出的是，调研发现，在一些民族县域，民办成人职业培训机构已然发展成为县域农民培训的重要力量，把控着县域大多农民培训项目的运行，进而客观上挤占县域职校在农民培训场域的功能发挥空间，形成"主体缺场"，造成县域农民培训秩序的"场域失衡"。诚然，民办成人职业培训机构通过竞争机制参与农民培训，乃至基于"优胜劣汰"法则在其中扮演优势角色，这本身并非问题所在。问题在于，在县域农民培训场域，许多民办成人职业培训机构，甚至包括一些资质不全、实力薄弱的民办成人职业培训机构，通过依傍权力的不正当的手段俘获农民培训项目资源，又通过压缩培训时间、更改培训内容、制造绩效假象等行为展现其"资本逻辑"的面相，在最大化追逐利益的同时无情蚕食培训效益，最终出现县域农民培训场域"劣币驱逐良币"的吊诡乱象。更进一步，民办成人职业培训机构之所以能够频频俘获农民培训项目资源，与县域行政科层组织在项目分配过程可能出现的"行政应付"乃至"权力寻租"不无关系。即县域行政科层组织为了自身的管理方便，不经过科学的项目评估就将项目资源让渡给体制更为灵活的民办成人职业培训机构，从而出现县域行政科层组织与民办成人职业培训机构在项目资源分配上达成某种利益买卖。不管"行政应付"抑或"权力寻租",规范农民培训项目管理机制,加强监管民办成人职业培训机构的培训资质以及培训效果,均是今后提升县域农民培训质量的必由之路。

县域人才振兴是一项系统工程,需要多元主体的协同参与,县域农民培训即是如此,它绝对不是施教方的单向度介入,而是利益相关方协调共生的多维度参与。①在理想状态下,县域政府及其行政科层组织应是农民培训的主导力量,县域职校是农民培训的基础性力量,而民办成人职业培训机构在农民培训中则发挥着共建的作用。然而在县域,受多重行为逻辑的共同驱动,县域职校在县域农民培训场域中处于"边缘性参与"的状态,这无利于高质量的县域农民培训体系的建构。在乡村振兴的图景下,重构县域农民培训场域的秩序结构势在必行。

## 五、文化传承能力

深入到西南民族地区县域职校办学实践场域,可以发现在不同嵌入关系的牵引下,县域职校在学校专业结构及运行层面与民族文化构成"点—线—面"三种具体的嵌入形态(如图10-1所示)。

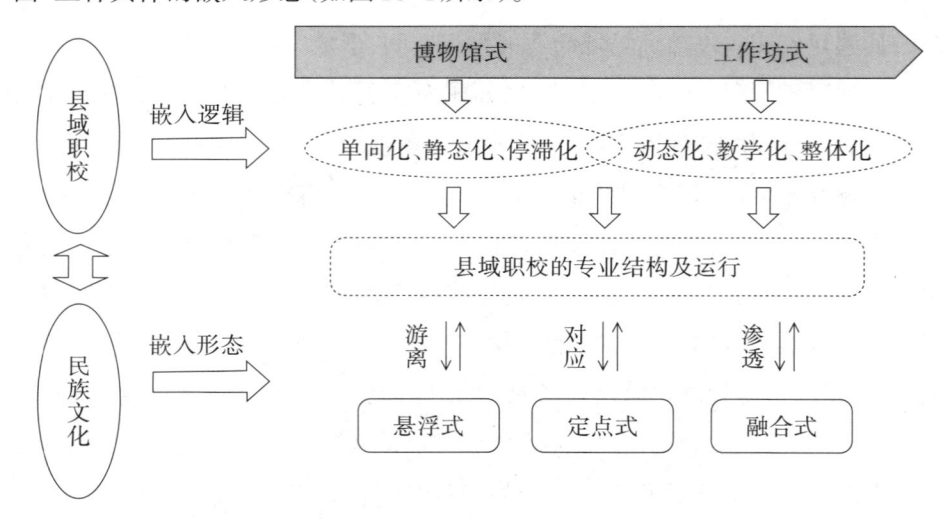

图10-1 民族地区县域职校与民族文化的嵌入形态

---

① 康红芹,王国光,庞学光.生命历程理论观照下新型职业农民培育时机研究[J].现代远程教育研究,2019,31(5):75-84.

## (一)"悬浮式":民族文化游离于县域职校的专业结构及运行

"悬浮式"的嵌入形态是民族地区县域职校与民族文化"博物馆式"嵌入逻辑的最直接的行动表达。在实践场域,许多民族地区县域职校倾向将民族文化支离破碎地分解开来,定位和分散布置于学校物质空间中的教学区、宿舍区、生活区以及活动区中各个点位,构建出具有民族性、文化性和教育性的景观,如民族文化长廊、民族民俗风情园等;抑或直接将民族文化的物化载体搬入学校中以"增添"学校的民族文化特色,如民族博物馆、民族文化体验馆、民族体育活动和民族舞蹈的机械引进。此种嵌入形态期望能够透过民族文化物化载体向学生暗示、引导和传递民族文化,进而达到对学生发挥潜移默化的约束、规范和塑造作用,最终实现对学生文化素养、审美理想、行为习惯的培育。

承前所述,一方面,学校仅仅将民族文化定位于学校物质空间,导致民族文化与学生之间存在着明显的境域阻隔,民族文化没有以有意义的形式进入学生的认知。[1]学生只能被动接触和感受到碎片化的民族文化表象,局限于对民族文化中的"微末"和"片段"的认识,难以做到对民族文化的系统保护、传承、发展和创新。另一方面,因为民族文化只是从形式上被机械地从校外迁移到校内,而与学校的办学载体——专业课程体系相脱离,导致民族文化无法转化为内在生产力,不仅无法为学校带来实质性的办学效益和经济收益,反而消耗学校有限的财力、物力和人力,长此以往将挫伤学校的积极性。因此,这就必须寻求一种文化再生产的方式,使得学生能够对民族文化背后所蕴含的丰富要素进行深度认知和体验,将民族文化真正内化于意识的深层结构,产生纵向的文化基因复制。而"定点式"和"融合式"则是对这一诉求的回应。

## (二)"定点式":民族文化对应于县域职校的特定专业及运行

"定点式"的嵌入形态是民族地区县域职校与民族文化"工作坊式"嵌入逻辑的初级行动表达。在实践场域,部分县域职校意识到民族文化的生产价值和经济效益,遵照"产业—专业—就业"的办学逻辑,将民族文化包装打造成为学校的一个具体的办学专业(通常称为"民族工艺品设计与制作专业""民族服

---

[1] 卢德生.从普遍境域到特殊境域:学校民族文化传承的路径探析——基于生活世界现象学的视角[J].民族教育研究,2016(6):123-128.

装与饰品""民族音乐与舞蹈"等),进而为区域经济社会输送符合用工标准的民族文化产业人才,推动民族文化产业可持续发展。如秀山县作为一个民族文化资源大县,具有土家族民间歌舞戏剧、苗族原生态文化、书法与楹联文化艺术资源等具备发展创意文化产业的潜力型文化资源,在国家和市级政策的推动下,该县的职教中心与秀山县的旅游产业建立了一批融合技艺传承、文化保护、产教融合的民族工艺传承创新基地。对民族文化进行专业课程开发、编制系列文化教材,并共同将民族文化成果进行市场转化,共同开发民族文化创新产品。在这个意义上,民族文化真正嵌入到学校的办学核心——专业课程体系,并与学校内部的资源、环境、关系网络等诸多的教育教学要素进行互动,职校师生亦通过教、学、研的方式实现对民族文化的"具身认知"。毋庸置疑,将民族文化作为学校的一个特定的专业进行传承与创新,对提升民族文化的生产力以及助推民族职校的特色发展均有裨益,是民族地区县域职校传承民族文化的实践创新。

  但是,"定点式"的嵌入形态亦有潜在的不足。一方面,民族文化产业种类繁多,对产业人才的需求亦为多元。但"定点式"的嵌入形态侧重培养某一具体单向的民族技艺项目人才,人才适用领域较窄,难以满足多元民族文化产业的发展需求。从文化产业分类结构框架来看,包含文化核心领域和文化相关领域。"核心领域"包含新闻信息服务、内容创作生产、创意设计服务、文化传播渠道、文化投资运营、文化娱乐休闲服务。"相关领域"包含文化辅助生产和中介服务、文化装备生产、文化消费终端。这些文化领域的发展都需要不同类型的民族文化技术技能人才作为支撑。此外,该嵌入形态亦有可能破坏民族文化传承的多元性。因为并非所有的民族文化都具备独立成体系地开发成为一门专业的要素和条件,而对于不能单独开设成为一门专业但是有教育意义和经济价值的民族文化,则可能因无法纳入学校专业教育体系而面临被湮没的危险,从而影响民族文化的整体性传承。另一方面,文化的内容和过程兼具宏大与细微、创造与守成、刚柔相济等多重复合特征,很难用简单固定的知识和范式来描述[1],而职业学校专业开发及实施则为严谨的科学活动,因此民族文

---

[1] 毕重增.文化的间距感和正念与文化自信[J].西南大学学报(社会科学版),2020,46(6):122-129,213.

化嵌入专业开发及实施必然会产生标准化与经验性的矛盾,如果过于强调现代化、科学化与标准化,民族文化容易失去固有本真,导致民族文化"求美"文化语境无法转向学校"求真"的科学语境。另外,由于民族文化只是对应于学校一个特定的专业,亦有可能造成民族文化专业与学校其他专业在课程开发、教学实施、组织管理等教育教学要素上的泾渭分明,从而窄化民族文化的传承与创新活动。

### (三)"融合式":民族文化渗透于县域职校的专业结构及运行

在"定点式"的基础之上,一些县域职校对民族文化的传承与创新展开了更为深入、全面的行动探索,进而型构了"融合式"嵌入形态,这也是"工作坊式"嵌入逻辑最理想的行动表达。所谓"融合式",是民族文化在县域职校内的结构性扩展和延伸,是县域职校系统要素与民族文化多层次、多角度、全方位的有机互嵌。

一方面,民族文化在民族地区县域职校专业结构及运行层面得以深层次发展。学校对民族文化嵌入校园进行科学布局与规范管理,不仅对民族文化进行纵向延伸,使其形成系统独立的民族文化专业体系,培养大批高素质的创新性专业化民族文化产业人才。同时对民族文化进行横向扩展,通过对民族文化要素加以选择、整理,开发成为特色课程,然后将其作为特色要素渗入其他专业课程体系,丰富学校的课程内容,以"柔性嵌入"的方式建构民族文化与学校专业结构的"互嵌面",如与学校旅游、服装、电商等专业相融合进行课程开发,既扩大学校传承与创新民族文化的范围,也增强民族文化的内在生产力。

另一方面,民族文化促成县域职校校园空间的重构。一是由"物化"空间转向"文化"空间。民族文化的有机嵌入极大赋予了校园物化空间以文化意义,学校的建筑空间、主体空间、教学空间、制度空间,都"流动"和"彰显"民族文化的生产秩序与外显形态。二是由"封闭空间"转向"开放空间"。因为民族文化与学校专业运行之间的嵌入发展需要学校内部各要素之间、内部要素与外部系统各要素之间的流动与互动,从而打破学校内部各系统,以及内部与外部系统之间的壁垒。具体体现为县域职校与政府、行业企业、普通院校、民族文化传承人群等主体的合作交流。三是由功能"单一空间"转向"多元空间"。学校由原先的教学机构拓展成为集民族文化教学、研究、传承于一体的"集成空间",县域职校不仅是各类民族文化活动的举办场所,更是民族文化保护、宣传、传承和创新中心。并且,在乡村振兴的背景下,一些地区利用依托民族文化对当地村民进行文化培训,帮助其在当地的文化产业就业,在培养非遗文化传承人的同时授予村民以求生技能,从这个意义上而言,县域职校还成为社会服务的重要阵地。概而言之,"融合式"的嵌入形态有效打破了学校教育与民族文化传承之间的内在逻辑差异所造成的互嵌屏障,有效调和了二者普适性与民族性,科学性与生活性,以及课程性与整体性之间的矛盾[①]。

## 六、内部治理能力

在乡村振兴战略背景下,职业教育反贫困属性由消除绝对贫困转为治理相对贫困,面对数字化智能化农业发展的新态势,职业教育参与相对贫困治理,面临诸多适应性挑战,构成影响扶贫与振兴的内部治理因素。

### (一)治理观念滞后

治理有效是巩固脱贫成果、助力乡村振兴的保障。西南民族地区由于其自身属性和特点,成为治理体系和治理能力现代化发展的基础性工程之一。职业教育的多重价值属性有效契合了民族地区基层的治理需要。作为教育的一种类型,职业教育拥有所有教育共享的使命,即"使人成为人",其塑造着受教育者的个人素养、公民意识、公共责任,具有营造文化生态的功能,有助于推动乡村劳动力社会化,这将有利于实现乡村德治,激发德治的融合、引导、教化等功能。职业教育职业能力的塑造将有助于激发乡村人口自我管理、自我教育、自我监督、自我服务等潜能与活力,有利于实现乡村自治。

然而,科层制管理体制盛行、传统管理思想根深蒂固等不利因素的制约,导致当前大多数县域职校仍停留在传统的管理模式阶段,阻碍了民族地区县

---

① 王国超.学校传承民族文化:瓶颈与突破[J].学术论坛,2015(6):134-139.

域治理方式的转变,不利于脱贫巩固和实现乡村振兴。首先,在政府层面,一些地方政府治理职业教育的思想和行动仍然存在"普教化"倾向,用普通学校教育的管理思想、评估办法、反馈机制诱导职业教育发展,继而使得县域职校离农化、农村职业教育城镇化态势增强。比如,在考核评估职业教育时,有的地方教育主管部门将普通教育惯用的升学率作为考核指标,导致县域职校将对口升学作为核心任务来推进。其次,在学校层面,县域职校缺乏教育家型的领导人才。学校领导者自身缺乏对民族地区职业教育核心价值体系的全面认知和对农村职业教育对象的重新审视,加之外在环境变化和压力,选择被动型迎合,进而加剧了民族地区县域职校办学理念的异化。最后,在办学功能层面,办学理念陈旧致使县域职校办学功能结构性缺陷日益外显。随着国家"两基"教育目标实现以及教育系统外部环境迭变,较多农村职业教育学校非但没有及时实现其服务功能多样化和差异化,反而不断改变原有功能定位而聚焦学历教育,如裁撤或减编乡镇和村成人学校,包括社会服务等在内的多种功能退化,县域职校功能结构性缺陷使其服务于新时代乡村振兴的效能呈现递减趋势,从而更加难以得到农民和农村青年等群体的认可。

### (二)治理结构弊端频现

参与相对贫困治理是一项长期性、社会化的系统工程,涉及政府扶贫部门、相关企业、职业院校以及贫困群体等多元主体,需要国家、市场与社会力量的协同共治。目前学校主导的职业教育扶贫格局没有得到根本改观,企业、行业、社会组织,尤其是贫困群体个体未能真正成为扶贫主体,如此就导致了职业教育扶贫社会协同不力,"边际效益"递减的问题。长期以来,国家在职业教育扶贫过程中,基本上是以职业院校为单一的办学扶贫主体,这难以解决教育精准扶贫过程中出现的诸多问题。职业教育与相关行业企业之间缺乏深度合作的长效保障机制,未能形成职业教育参与贫困治理的协同共治格局。因此,只有各级政府、社区、企业、职业院校、社会组织等多元主体参与的共同治理,才能破解制约教育精准扶贫的现实困境,实现教育扶贫效益最大化。

**案例　职业学校参与相对贫困治理协调性差、治理格局未完善**

目前,虽然政府作为职业教育治理的决策者,是治理效能的主导力量,但仍不同程度地存在治理主体权力失调、治理理念需从"管理"转向"治理"、治理机制不健全、治理手段过于单一,甚至治理行为失范等问题,严重制约着政府治理能力的最大化发挥。职业院校则过多依赖政府的行政命令,院校内部治理系统合力作用发挥不足,学科专业设置与区域经济发展需要和行业企业需求不匹配,产教融合、校企合作更是缺乏高端支撑平台。优化治理结构还需聚焦社会之力,但社会目前还处于职业教育治理体系边缘,社会主体参与职业教育治理意识有待进一步提高,具体参与方式和参与制度尚未厘清,社会、行业等评价中介组织也未完全成熟,社会主体监督体系乏力。如何构建"政府+院校+社会"的治理格局,形成立体化、多层次、全覆盖的职业教育治理结构,下大气力解决政府、社会、院校等治理主体职责不清、边界模糊等问题,彻底改变以往治理失当、低效等现实状况,这些都是实现职业教育治理过程顺畅、协同、有序待解决的"症结"。

### (三)治理制度保守

治理制度是多元治理主体在学校内部与外部运行与公共事务决策时所依据的规则和程序,因职业教育资源有限,教育制度建设还不能适应与满足教育改革发展需要,教育有效供给与教育实际需求往往出现不协调,教育制度优势转化为治理效能相对较低。现阶段,我国职业教育制度是由政府自上而下制定的,强调治理制度的有效供给,实质上体现的是政府权威性和强制性的行为规则。从目前民族地区县域职校内部治理的实践场域来看,还存在着制度性的障碍,也即县域职校与县域政府的关系普遍是金字塔型权力结构,没有形成现代化的法人治理结构与相应制度,也就不能实现真正意义上的自觉治理和主动服务参与。此外,民族地区职业教育政策价值的碎片化也导致治理的困境。政策的价值选择是其内在的灵魂,发挥着关键的导向作用。受国家发展阶段影响,农村地区、民族地区职业教育政策价值在很长一段时间内表现为"经济建设"价值,即重视专业技术、实际能力的提升,凸显"工具理性"。乡村振兴时代的民族地区职业教育应有更为丰富的意蕴,不仅重视生产技能的塑造,还应关注促进乡风文明、民主意识、法律意识和管理能力的培育,应该更加关注"以农为本""以生为本""以人为本"的政策价值定向,把培养新型职业农民作为衡量民族地区职业教育政策好坏的主要标尺,从而实现治理制度优化的连锁反应。

总之,有效破除职业教育现有体制机制上的障碍,营造良好的职业教育治理法律环境,是推进职业教育治理现代化,实现职业教育高质量发展的保障。更科学、更有效地加快职业教育制度创新,化解制度领域供需矛盾,已成为构建现代职业教育体系和高质量发展职业教育的前提。

### (四)治理手段单一

治理手段是实现治理现代化的关键。当前,县域职校仍然主要采用"红头文件"的行政命令手段来实现对职业教育治理客体的有效控制,这样单一的治理手段势必会带来诸多实践问题。

一是治理信息不对称问题。政府教育职能部门与县域职校信息数据沟通渠道尚未建立,政府通过"文本"来指导职业院校,但县域职校较少有机会共享自身发展状况,这种单线条的信息传送方式使得治理信息难以有效流通。二是治理效能不高问题。目前,在县域职校治理中存在绩效主义、本位主义倾向,合作、对话、协调意识不强,存在部分治理人员素质不高、治理体系松散平庸、治理方法单薄匮乏、治理对策简单机械等治理失衡现象,甚至出现上级代替下级,政府代替学校等"缺位"或"越位"问题,政府真正从"全能型"转向"服务型"还需要长时间探索与实践。三是人才培养体制机制单一化。民族地区职业教育横、纵贯通机制缺失,人才培养的衔接性差和培养过程的开放性低,加速了民族地区职业教育功能弱化的态势,加之民族地区社会传统观念的影响,使得农村家庭子女主动选报农村职业教育的概率降低。另外,地方推进混合所有制办学改革的力度不够,农村职业学校与企业、产业联合设立的产业学院、企业工作室、实践实训基地的质量有待提升。

# 第十一章
## 发展资本

"资本"原本是马克思解读现代社会的"钥匙",布尔迪厄(法国社会学家,也有翻译为布迪厄)对其进行继承性改造,并发展出具有范式革命意义的"资本理论"。在布尔迪厄社会实践理论语境下,"资本"超越了经济学意义,是体现在物质或身体上的生产或再生产工具的权力,是行动者的实践工具,个体或群体通过"资本"获取经济收益、文化收益和社会收益。[①]资本具有支配场域的权力,"行动者在场域中的位置,是由他们所掌握的资本总量和结构决定的,资本的分配决定了社会空间的结构"。由是,发展的本质是"资本"的建构。经济资本、文化资本、社会资本以及象征资本等多样资本共同形塑、建构民族地区职业教育的振兴发展。

### 一、经济资本

经济资本是县域职校在一个给定的置信水平下,用于覆盖一定持有期的资产组合所面临的非预期损失而需要储备的资本量,本质上反映县域职校内部计量的资本需求。在布尔迪厄的资本理论中,经济资本相当于经济学意义上的资本概念,是基础性的资本类型,其他类型的资本首先都被看成是经济资

---

[①] Bourdieu P. The Forms of Capital [A].In Richardson J G (ed.). Handbook of Theory and Research for the Sociology of Education[C]. New York: Greenwood Press, 1986: 241-258.

本,后来从经济资本中分离出来。因此,经济资本是发展的前提条件。事实上,从经济资本范畴来看,经济资本不仅涉及经济资本拥有、经济资本投入,还包括经济资本激活,正如拉鲁所认为的,对资本的研究,需要审视资本所处的环境,个体为激活资本而付出的努力和资本使用的技巧,以及公共机构对被激活资本的反应。[①]在此意义上,县域职校的经济资本包含经济资本拥有、经济资本投入和经济资本激活。另外,从经济资本结构来看,经济资本包括物质资本和人力资本。经济学传统理论主要强调物质资本和人力资本在经济增长中的重要作用。物质资本特指诸如土地、工厂、建筑、机器、设备、货币等有形的生成要素,人力资本是人所具有的技术和经验及其转化而成的生产资源。在此意义上,县域职校发展的经济资本,实则指县域职校在物质资本和人力资本的拥有、投入和激活。

## (一)物质资本:县域职校发展的基础

县域职校是培养人才、推广技术、生产示范、服务社会的多功能教育综合体,其中心任务是面向"三农",安心"三农",将整个学校的教学重心转到为农服务上来。[②]多年来,县域职校培养了大量技能型人才,促进了农村普及高中阶段教育,助推了农民掌握农村实用技术,在农村人力资源开发方面发挥出重要作用。[③]由此可见,县域职校是农业、农村和农民工作的重要组成部分,要把县域职校办成经济的中心、人才的中心、文化的中心、科学实验和科技推广的中心,就需拥有、投入和激活物质资本。其中,物质资本主要包括县域职校的数量以及县域职校办学经费、建筑面积、教学和实训用房面积、教学和实训设备仪器、图书等办学要素的数量。

一方面,数量与规模是县域职校发展的前提,也正是在此意义上,2013年教育部印发的《关于开展"国家级农村职业教育和成人教育示范县"创建工作的通知》决定利用五年时间创建300个国家级农村职业教育和成人教育示范

---

① Social Class Differences in Family-School Relationships: The Importance of Cultural Capital[J]. Sociology of Education,1987(60):73-85.
② 李青山.重新定位应是县级职教中心突围的出路[J].职业技术教育,2014,35(12):73-75.
③ 高明,高红梅,何飞,等.大有作为与大有可为——县域职校服务县域经济情况调研[J].职业技术教育,2018,39(12):55-60.

县,2014年《国务院关于加快发展现代职业教育的决定》提出"推动一批县(市、区)在农村职业教育和成人教育改革发展方面发挥示范作用",示范县创建工作得到了国家层面认可。全国农村职业教育和成人教育示范县的评选的开展,为推动县域职校更好地服务"三农"工作发挥了重要作用。2019年,《国家职业教育改革发展实施方案》再次强调"重点支持集中连片特困地区每个地(市、州、盟)原则上至少建设一所符合当地经济社会发展和技术技能人才培养需要的中等职业学校"。由此增强县域政府发展农村职业教育和成人教育的责任落实程度,对推进农村城镇化、农业现代化和农民市民化,建设教育强国和人力资源强国,产生了重大而深远的意义。

另一方面,政府投资是县域职校资本拥有、投入和激活的条件。县域职校发展对解决我国农村问题至关重要,资金是县域职校发展的物质条件。事实上,在县域职校投资体系中,政府起着关键性作用。通常,政府投资主要包括中央、省(自治区、直辖市)、市级拨款和县域政府拨款,县域政府拨款是县域职校资金的主要来源。然而,已有研究者通过分析县域职校投资中的政府行为,发现政府对县域职校财政投资存在校均投入总量不足、财政拨款的政府等级较低、中央及省级政府集中性投资居多等问题,且投资主要涉及学生奖助学金、学校基础建设、学校实训基地建设等方面[1],从而导致县域职校面临财政吃紧、学校发展受限的问题。因此,政府作为县域职校投资的主要承担者,需要加大对县域职校的资金投入,逐步提高财政性教育经费用于职业教育的比例,继续将县域职校纳入基本公共服务体系和公共财政保障范围,确保县域职校资金的足额拨付。此外,县域职校要积极争取国家和当地政府相关专项计划或专项项目的配套资金,为学校基础设施的完善、实训基地的建设进一步积累资金。

### (二)人力资本:县域职校发展的硬核

县域职校作为农村职业教育的重要办学主体,本身具有多功能的特点。因此,《国家中长期教育改革和发展规划纲要(2010—2020年)》提出,加快发展面向农村的职业教育。以县域职校为龙头的职业农民培训,其目标即是服务农业生产经营和美丽乡村建设。在新时代乡村振兴战略背景下,根据学校功能理论,县域职校具有产业振兴功能、个体赋予功能、素质提升功能、繁荣文化

---

[1] 张梦蝶,张志增.县级职教中心投资中的政府行为分析[J].中国职业技术教育,2012(15):29-33.

功能、完善治理功能[1]。因此,《教育部、山东省人民政府关于整省推进提质培优建设职业教育创新发展高地的意见》提出要落实职业院校实施学历教育与培训并举的法定职责,指导职业院校承担更多职业技能提升任务,年培训量达400万人次以上。县域职校要充分履行农村职业教育职责,全方位、全身心地投入到农村生产活动中,深入农村生产活动实际,全程参与,使得县域职校更"接地气"。

当然,要使县域职校真正投入到农村生产活动中,充分发挥产业振兴功能、个体赋予功能、素质提升功能、繁荣文化功能、完善治理功能,就需要加强师资队伍建设,采用多种方式充实专业教师和青年教师的数量,加强教师培训,保证人才培养质量。充足的师资数量和较高的师资质量亦是县域职校发展的基本要素和核心竞争力。在教师数量上,县域职校既要"引得来",也要"留得下",培养一批数量充足、结构合理的师资队伍。除了"引得来""留得下",县域职校振兴发展还需要师资队伍"靠得住""用得上",这对教师的能力素养提出更高的要求,通过教师队伍建设实现能力水平提高,从而培养更多服务三农的人才,以此增强人力资本。只有这样,县域职校的教师们才能同心同德,真抓实干,扎实工作,推动农村职业教育不断迈上新台阶,为学习型社会建设、乡村振兴和全面建设中国特色社会主义现代化强国做出新贡献。

## 二、文化资本

文化资本是以文化形式呈现出来的资本,具有文化的形式,本质却是资本,发挥资本的作用,体现资本在数量上增殖、在价值上增值的特有属性。它作用于社会资本,越来越成为社会结构赖以形成和产生变化的依托性资本,具有商品属性,兼具文化和经济价值。[2]布尔迪厄在马克思资本理论的基础上提出了"文化资本"概念,认为文化资本是对一定类型、一定数量的文化资源的排他性占有,并表征为"具身化""客观化"和"体制化"三种存在样态。[3]并强调,

---

[1] 柯婧秋,石伟平.乡村振兴背景下县级职教中心功能定位的困境与出路[J].教育与职业,2020(2):12-19.

[2] 徐望.美育与文化资本理论的交互链接与双向新诠[J].当代教育论坛,2021(6):67-76.

[3] Bourdieu P. The Forms of Capital [A].In Richardson J G(ed.). Handbook of Theory and Research for the Sociology of Education[C]. New York: Greenwood Press,1986:241-258.

文化资本是人类在劳动实践过程中任何与文化及文化活动有关的有形及无形的文化形态。文化资本可将"外在的财富转化成为一个人的内在部分,转化成为'惯习'"。县域职校具有特殊的文化使命和优化农村文化资源的特殊功能,文化资本建构对于县域职校振兴发展具有独特的价值意义。一方面,县域职校的发展依托于多元文化资本的存量,多元文化资本的存量是县域职校开展教育培训活动的前提条件,是要素也是保障,更是个性化地实施职业农民培育的依据性指标。另一方面,县域职校的目标在于促进文化资本产生增量,从而促进农民的农村文化自信程度和农村文化凝聚力的提升,进而彰显农村文化的价值,并更好地将文化价值转化为经济价值。

### (一)具身化的文化资本:县域职校"文化能力"构建的价值引导

在布尔迪厄的资本理论中,具身化的文化资本是一种身体化形式,是内化于人的身心、外化于人的习性的"具体的形态",具有具身性的本质属性。在此意义上,文化资本需要通过主体体验和系统学习而获取。事实上,对于县域职校发展而言,村落文化能否内化为乡民的文化资本并形成其惯习,县域职校能动性的发挥对此影响较大。因此,当下乡村文化传承与发展要实现身体化文化资本的累积,县域职校应以村落文化、艺术技艺、无形的艺术作品、文化故事等能够通过主体的身体体验到的文化资本作为构建"文化能力"的价值引导。

"文化能力"的构建,即县域职校培养立足乡土文化的本土技术技能型人才的能力,专业设置与课程建设是重要载体。其一,县域职校在专业设置上,要充分考虑如何将思政内容与专业有机融合,并在学生的思想上"留痕",同时使其思想与行动协同;要深度挖掘理工科本身蕴含的哲学思想、学科知识发展过程中蕴含的科学发展观,以及相关实验中所蕴含的严谨的科学精神;要将意识形态的人文科学素养、社会责任感、职业道德及规范,以及物质形态的地方工艺、生产技术、美学艺术等融入专业设置中,从而要求农民能够基于专业知识,合理分析、评价生产问题解决方案对社会、健康、安全、法律、文化、环境、可持续发展的影响。其二,县域职校在课程建设上,要坚持德技并修、育训结合,深刻挖掘特色鲜明的思政元素,推动职业教育课程思政建设,将德育融入课堂教学、技能培养、实习实训等各个环节,推进思政教育与技术技能培养融合统一,培养学生劳模精神、劳动精神、工匠精神,引导学生刻苦学习、精进技艺。[①]其三,县域职校专业设置与课程建设还应适应地方经济、对接产业结构、体现工作本位,凸显"职业性"。不仅要培养专业知识和技能,而且要观照民族精神、地方文化的塑造,如此,才可体现县域职校的文化底色。

### (二)客体化的文化资本:县域职校"文化产品"构建的价值引导

客体化形式的文化资本体现在外在物体上,在乡土社会中,文化较直接的表现就是地方的山水风貌、传统建筑、饮食、服饰、传统生产生活工具等。地方村落文化是乡土人民在千百年文明发展过程中,根据自身文化、地域特点逐渐积累产生的,展现了当地农民特有的审美观,承载着地方独特的价值理念。然而,已有研究者认为,这些无形文化遗产大部分并未列入乡县和省份的"传统村落"保护计划。[②]如何对县域内特色文化给予创造性保护,是当前地方乡村文化振兴的现实问题,也是县域职校在服务乡村振兴中必不可少的实质内容。此外,乡村文化的振兴能够促进县域职校教有所求、教有所依。为此,县域职校需构建"文化产品"以振兴乡村文化,且需要融入客体化的文化资本,以作为"文化产品"构建的价值引导。

具体而言,县域职校要有意识地引导村民以地方文化符号为元素打造地方特色文化产品,以此作为振兴地方文化的标志。文化产品以内容作为生产与消费的方向,以意义作为运营的核心,不仅承载着文化价值,还承载着经济价值。文化产品有三个层次,即符号、形象和意义。在乡村振兴语境下,这三个层次共同服务于大众文化产品产业性与文化性的双重目的,而价值观作为文化产品意义的主要构成部分,也同样服从于上述这两个目的。事实上,从文化传播要求来看,文化产品的价值观要以传播优秀文化为导向,符合国家文化政策和社会发展规律,完成其作为精神产物的使命的同时,实现文化传播与商业利润的双赢。[③]在此意义上,县域职校担负着继承和发展文化事业的重要使

---

① 许世建,董振华,黄辉.坚持德技并修优化类型定位 全面推进职业教育课程思政建设——职业教育课程思政示范项目建设综述[J].中国职业技术教育,2021(23):5-9.
② 宗喀·漾正冈布,王振杰.民族杂居地区乡村文化振兴与社会治理的耦合逻辑——基于文化资本视角的分析[J].西北农林科技大学学报(社会科学版),2021,21(5):20-29.
③ 孙丽君.文化产业背景下大众文化产品价值观建构流程及其引导策略[J].山东社会科学,2021(2):60-65.

命,通过地方文化物品集群、运用、生产等多种方式,因地制宜、因校制宜传承和创新地方传统手工艺、民族非物质文化遗产,传播优秀本土文化,振兴乡村文化,以此突出办学特色。

### (三)体制化的文化资本:县域职校"教育体制"构建的价值引导

体制化的文化资本是依据制度安排进行文化实践的结果,包括当地乡约制度、家训族规、村落文化仪式等,是县域职校增强吸引力的重要因素。这就要求县域职校以体制化的文化资本为"教育体制"构建价值引领,以完善职业教育体系。具体表现在两个方面:

其一,通过建立"1+X"证书制度提升职业教育证书的含金量。"1+X"证书制度所针对的书证融通实质是联通职业教育人才培养供给侧和需求侧的制度创新,是一项合乎职业教育内在规律和特征的制度安排[1],旨在通过加强校企合作、促进产教融合,打造高水平实训基地,坚持育训结合、工学结合,提高职业教育培养人才质量,夯实国家经济发展的基础[2]。实施"1+X"证书制度,是新时期我国职业教育领域具有里程碑意义的重大制度创新[3]。然而,当前"1+X"证书试点工作存在学历教育传统教学体系对"X"证书排异性、从"课证融合"到"书证融合"还有一定距离等问题,这就需要构建更加成熟的书证融通人才培养体系。[4]具体而言,县域职校需要深入挖掘当地乡约制度、家训族规、村落文化仪式等合乎国家文化政策和社会发展规律的价值观,并将这些价值观融入书证融通人才培养体系中,以提升职业教育证书的含金量,克服学历教育传统教学体系对"X"证书的排异性,拉近"课证融合"与"书证融合"之间的距离。

其二,通过构建终身学习体系促进学生的终身发展。资历框架、学习成果认证、学分银行三位一体的终身学习制度建设应作为未来职业教育制度体系改革的核心任务。[5]县域职校应该充分挖掘当地乡约制度、家训族规、村落文

---

[1] 张培,夏海鹰.1+X证书制度的价值取向、生成机制与实践进路[J].教育与职业,2021(13):28-35.
[2] 杨天红,张莉.1+X证书制度导向下企业对校企合作的满意度调查研究[J].中国职业技术教育,2021(24):79-84,90.
[3] 陈华,何少庆.国家资历框架下1+X证书制度实施的关键与路径选择[J].教育与职业,2021(16):36-42.
[4] 张晓刚.1+X证书制度试点工作存在的问题与对策[J].教育与职业,2021(15):52-56.
[5] 张伟远,谢浩,张岩.加快推进国家资历框架建设 完善全民终身学习体系[J].中国职业技术教育,2021(12):58-62.

化仪式等所富含的优质文化资源,并将这些优质文化资源与学校内的学习资源进行有机整合,从而完善继续教育、学习型村镇、学习型组织等终身学习服务平台,进一步推进人才培养和人才要求的精准对接,畅通地方农民的成长通道。

## 三、社会资本

自20世纪80年代兴起以来,社会资本已成为经济学、社会学、管理学、政治学等不同学科共同关注的热点话题。[1]最早对社会资本进行系统阐述的是布尔迪厄,后经科尔曼、普特南、林南等众多学者的运用和发展,社会资本具有了丰富的含义和强大的解释力。布尔迪厄从微观层面认为社会资本是每个人占有的社会关系网络和获得的团体成员的资格,是"实际的或潜在的资源集合体,那些资源是同对某种持久的网络的占有密不可分的"[2]。这种网络和资格是个人的一种社会资源,与物质资本一样能够获取回报,对个人实现自己的愿望和目标、提高社会地位、获得社会声望具有重要的帮助作用。随后,科尔曼从社会功能的角度认为社会结构资源作为个人拥有的资本财产是社会资本,具有社会信任、信息网络、规范和有效惩罚等形式。[3]普特南等学者将社会资本分为"联结型社会资本"(bonding social capital)和"桥接型社会资本"(bridging social capital)两种。[4]林南将社会资本定义为嵌入在社会关系网络中的资源。[5]尽管不同学者对社会资本的界定各有千秋,但就共性而言,社会资本是储存于社会关系之中的,能够通过合作推动协调和行动并给个体或集体带来收益的诸如信任、规范、网络等要素构成的社会资源。[6]社会资本的存量反映

---

[1] 张诚.培育社会资本:建设社会治理共同体的方向与路径[J].东北大学学报(社会科学版),2021,23(5):47-53.
[2] [法]布尔迪厄.文化资本与社会炼金术 布尔迪厄访谈录[M].包亚明,译.上海:上海人民出版社,1997:202.
[3] 詹姆斯·科尔曼.社会理论的基础 上[M].邓方,译.北京:社会科学文献出版社,1990:338-342.
[4] Adler P S, Kwon S W. Social capital: Prospects for a new concept[J].Academy of Management Review,2002,(1):45-67.
[5] 林南.社会资本关于社会结构与行动的理论[M].张磊,译.北京:社会科学文献出版社,2020.
[6] 常桂祥,陈东霞.融通与互动:社会资本与协商治理的内在逻辑[J].济南大学学报(社会科学版),2021,31(5):16-27,173.

了个体或组织在网络中或者更广泛的社会结构中攫取稀有资源的能力。[1]在此意义上,社会资本作为县域职校生存与发展资本的重要构成维度,是县域职校社会信任度、信息网络密集度的重要表征。县域社会资本的独特性,以及职业教育的"跨界"属性,决定了县域职校振兴发展需要联结型社会资本和桥接型社会资本的建构。

### (一)联结型社会资本:嵌入在县域职校内部网络结构中的发展资源

联结型社会资本是把彼此已经熟悉的人团结在一起的社会资本,抑或是由水平组织之间形成的社会关系而产生的社会资本。在县域职校办学过程中,县域职校的社会关系已逐步摆脱传统的"地缘"依赖,以业缘为纽带的社会关系网逐步构建,拓展了县域职校的社会资本。同时,信息技术、互联网技术、物联网技术已逐渐向县域职校渗透,逐渐成为孕育县域职校社会资本的新阵地,县域职校的"朋友圈"不断拓宽,也即县域职校与其他县域职校密切互动,具有强相关性。因此,联系型社会资本极大拓宽了县域职校的信息、资源获取渠道,进而影响着县域职校的办学质量和振兴发展。

当然,社会资本由网络、规范等组成。其中,网络是指组织之间形成的一组独特的联系,在维持共同价值观中担任重要角色,是建立信任、合作和集体规范的途径,可以用同质性、异质性等来描述;规范是人们参与社会生活的行为准则和人类的社会生活模式,主要包括道德性规范(如舆论、习俗、道德)、契约性规范(如组织规则)和行政性规范(如法律)等正式和非正式形式。[2]尽管联结型社会资本可以为县域职校提供社会支持,但是由于县域职校在办学水平上处于不利和边缘地位,使得县域职校很难与其他较高层次的职业院校进行沟通和联系,因而无法建立丰富的社会关系网络,从而导致县域职校的联结型社会资本具有资源异质、关系松散的"弱关系"特征。另外,从社会层面来看,县域职校联结型社会资本的不足来自社会排斥,因而较难获取不同的信息、资源和机会。2021年4月发布的《中国职业教育发展大型问卷调查报告》显示,当前职业教育发展面临的最大困难是社会认可度。有研究发现,群众对职

---

[1] 胡钦晓.大学社会资本论[M].南京:南京师范大学出版社,2008:34-35.
[2] 赵雪雁.社会资本与经济增长及环境影响的关系研究[J].中国人口·资源与环境,2010,20(2):68-73.

业教育尤其是中职教育不认可的原因在于办学基础薄弱、管理层级低。[1]正是社会对县域职校的不信任和不认可,导致县域职校无法与群众、其他更高层级的职业院校建立信任、合作和互惠的社会关系,难以形成有效的社会组织,也就难以形成丰富的社会资本。

事实上,联结型社会资本来源于县域职校内部网络,是嵌入在内部网络结构中的资源,强调组织之间、个体之间的凝聚力,具有"强关系"特征。县域职校的教师之间、师生之间、教师与管理层之间内部可以通过频繁互动,实现内部成员之间信任的建立和共同人才培育任务的理解,提高内部成员间互惠信息的处理效率,加快理解、消化内部异质性知识,促进内部成员间知识挖掘、知识共享和知识利用。也就是说,县域职校的联结型社会资本应是有意识的投资的产物。县域职校需要通过提供情感支持、增强内部互动、增进相互信任、促进知识共享,获得更多的社会支持,从而优化和提升县域职校的内部治理体系和治理水平。

### (二)桥接型社会资本:嵌入在县域职校外部网络结构中的发展资源

桥接型社会资本是存在于关系网络中具有生产性的特殊资源,县域职校可摄取这种资源用以振兴发展。桥接型社会资本源于县域职校与政府、企业、大学、科研机构、普通中小学校以及其他社会机构等合作交流之中,聚焦外部交流,基于互惠互利增进不同背景组织间的联系。县域职校能够从多样化的观念和经历中获益,并发展为更复杂的有关人才培养、专业设置、教学模式构建的信息和资源。县域职校从外部获取的信息和资源扩大了自身的社会资本存量,丰富了内部资源,使其对现有办学水平进行客观评估,并不断提高办学质量。此外,县域职校与外部合作者建立的信任关系,有助于吸取外部资源,从而促进组织内部的自主学习、积极消化,反思现有办学困境与办学出路,对接县域内社会经济发展需求和农民培训需求,提升其人才培养质量。可以说,桥接型社会资本从跨组织边界的关系网络中获取外部资源,改善县域职校网络位置以更好识别新的机会,获得信息与决策优势。因此,相对于联结型社会资本所表现出的"向内看"的特点,桥接型社会资本则体现为"向外看",是嵌入县域职校组织外部网络结构中,强调多样化的外部网络和关系媒介。例如,县

---

[1] 曾天山.加快构建服务高质量发展的现代职业教育体系[J].国家教育行政学院学报,2021(5):45-48.

域职校与政府、企业、大学、科研机构、普通中小学校以及其他社会机构等联结形成的社会资本,更多的是提供发展机会、助力能力提升、指导教育行为,需要县域职校自身具有较强的机会承接能力。桥接型社会资本具有脱域性、异质性、高能性的特征。由于桥接型社会资本是跨边界的弱连接网络,往往跨越群体边界,联系着异质性的个体,可以有效地传递非重复性信息,更适合连接外部资源。①

然而,据调查,在当前职业教育发展面临的困难中,排前三位的是社会认可度、人才培养质量和地方政府重视程度,分别达到68.62%、62.22%和52.59%。②县域职校由于办学基础薄弱、办学层次较低,导致社会对其不信任度较高,使得大部分县域职校难以与企业、大学、科研机构、普通中小学校以及其他社会机构等建立互惠互助关系,也就难以获得丰富的社会资本。即便有的县域职校能够与其他机构建立平等互惠的合作关系,获取到社会资本,但是随着桥接型社会资本水平的提升,过多的外部信息可能产生较多的信息冗余,使得县域职校因信息承接能力较弱,在甄别和适配信息的过程中消耗过多精力,疲于应对庞大的信息流,制约着县域职校信息资源获取的有效性。因此,就县域职校而言,一方面,从封闭走向开放,与政府、行业、企业、大学、科研机构、普通中小学校以及其他社会机构建立更为频繁、更具深度的合作交流,通过不断从外部获取观念、信息、技术,扩大知识存量、丰富内部资源。另一方面,县域职校应通过不断学习,提升自身的信息承接能力,获取对自身发展有效的信息资源。

## 四、象征资本

在布尔迪厄的理论中,象征资本是一种隐蔽的、无形的经济资本形式。③人类行为其实都是象征性实践,具有文化内涵。人的活动具有符号性,符号的"魔力"在于其象征性,这种象征性带来一种具有资本属性的无形物,即象征资

---

① 边燕杰,王学旺.社会资本与乡村法治:亲友联系的作用机制[J].河南社会科学,2021,29(3):92-100.
② 曾天山.加快构建服务高质量发展的现代职业教育体系[J].国家教育行政学院学报,2021(5):45-48.
③ 宫留记.布迪厄的社会实践理论[M].开封:河南大学出版社,2009:137.

本。象征资本是有形的"经济资本"被转换和被伪装的形式[1],深隐于个体的荣誉、头衔和社会地位之中,甚至呈现在个体与个体之间的风格、品位的区隔上。[2]显然,象征资本指的是特权、名声或荣誉的累积程度,是一种得到认可的资本。[3]在此意义上,对于县域职校而言,象征资本的生产与场内的一整套循环的认可和评价制度相关,是通过职业教育或职业培训价值的生产与再生产长期积累的。由此可见,县域职校的象征资本实际是一种集体资本,县域职校的教师和学生都需要象征资本的累积以在场内占据合法地位。更进一步,县域职校的师生们所累积的象征资本是相互影响的,当学校内的教师技术技能在行业内越能得到同行认可,其名声就越大,这些教师所教出来的学生的名声也就越大。当学校的毕业生技术技能越高,且就业满意度越高,就越能得到企业和家长的认可,县域职校的老师们的名声也就越高,家长和企业所认可的学校名声也就越高。可以说,象征资本是用以表示声誉或威信等象征性现象的重要概念。相对于经济资本、文化资本以及社会资本,象征资本具有无形、主观、符号化、象征性等特点[4],本质上是一种承认的逻辑,通过长期积累和集体认同而合法化。尽管符号资本看不见摸不着,亦难以量化,但作用重大,且具有最强的转换力,可以转换成文化资本、经济资本和社会资本。[5]因此,民族地区职业教育振兴发展离不开象征资本的建构。根据象征资本的意涵,县域职校象征资本体现在质量和品牌两个向度。

### (一)办学质量:县域职校内涵式发展的重要保证

办学质量是最重要的象征资本,重点体现在人才培养质量和社会服务质量两个层面,直接决定地方政府及社会公众对县域职校的认可度和选择度。其中,人才培养质量又具体表现在职业技术教育质量、升学教育质量和看护教

---

[1] 张意.关于"看"的象征资本[J].国外理论动态,2010(6):87-92.
[2] 蔡连玉.贫困本科生生活世界中的象征资本:规训、积累与补偿[J].高教探索,2018(3):116-122.
[3] 周韵.为象征资本而战——从市场的角度看先锋派的逐新冲动[J].湘潭大学学报(哲学社会科学版),2009,33(1):122-125,161.
[4] 王屯,闫广芬.符号资本在大学社会评价中的作用探析[J].清华大学教育研究,2010(3):22-28.
[5] 董美英."名校"身份获取的路径分析兼论薄弱学校的改造——符号资本的视角[J].教育学术月刊,2016(9):47-52.

育质量三个方面。①其中,职业技术教育质量重在培养学生就业能力和水平,进而在劳动力市场建立起良好声誉;升学教育质量和看护教育质量重在提升学生学历水平、塑造学生良好品行,进而在家长群体中建立起口碑。社会服务质量表现为职业教育服务民族地区经济、社会、文化发展,参与新型城镇化、乡村振兴等战略的水平和能力。当前,保障农民培训质量是县域职校的基础性价值。在当前很多县域大多没有高等院校以及农业科研机构的前提下,将县域职校作为农民培训的重要执行主体,势必是提升农民培训专业性的重要保证。当然,将县域职校作为农民培训的重要主体并不意味着培训质量的自然保障,而且提升县域职校农民培训能力亦是一项长期、缓慢的过程。县域职校的功能定位、组织属性以及机构特征均决定了将其作为县域农民培训的枢纽型平台势必是培训质量的重要保障。②

当然,象征资本具有"被承认"和"被否定"的双重性质。由于中等职业教育较低的社会认可度和参与水平,其毕业生难以在劳动力市场上获得较高的收入和就业前景,即便是像县域职校这样的中等职业学校的毕业生被授予毕业证书或相关职业资格,仍然会被社会贴上"专科生"的标签。加之,办学基础薄弱、师资队伍建设滞后、信息化建设水平落后等原因,职业教育依旧被认为是"低等教育""低层次教育",成为家长和学生的被迫选择,进一步导致县域职校生源数量不足、生源质量不高。因此,县域职校改善声誉的出路是要提高人才培养质量和社会服务质量,因为内涵建设是职业院校的立身之本,必须坚持抓内涵、提质量、上水平,增强学校的吸引力。③

### (二)育人品牌:县域职校特色化发展的关键指标

在确保办学质量的基础上,走符合地方区域特点的职业教育品牌化发展道路,是县域职校可持续发展的必然选择。品牌是质量和信誉的市场表现,通过品牌化,县域职校能够吸附更多以及更优质的资金、师资和生源,积累振兴

---

① 田志磊,黄春寒.中职教育学生资助政策评估报告[J].教育学术月刊,2017(11):3-19.
② 林克松,王官燕.从边缘到中心:贫困地区县域职校参与农民培训的失序及治理[J].西南大学学报(社会科学版),2020,46(4):86-92,194.
③ 戴建兵,谢俐,贾海明,等.全国县级职教中心新时代振兴发展笔谈[J].河北师范大学学报(教育科学版),2018,20(2):5-8.

发展的有形和无形资产。长期以来,我国中等职业教育由于把发展的目光过分聚焦在学校规模扩张和硬件设施投入上,忽视了高水平师资培养、专业培育等"软实力"的建设,导致中等职业学校的发展缺乏特色、缺乏品牌、缺乏活力。[1]因此,县域职校良好形象的树立和教育品牌的淬炼需要从专业和师资上切入。

其一,培育品牌专业,创设品牌学校。培育品牌专业有利于为县域职校的发展赢得广阔的市场,提高县域职校的办学效益、经营管理水平,促进县域职校的招生、就业与可持续发展。然而,当前,县域职校在专业设置上没有基于自身的功能定位、组织属性和机构特征,也未科学考量地方产业经济发展特征和发展优势设置符合地方经济发展的专业,而是仿照同层级职业院校设置专业,从而导致专业设置趋同化,与区域经济发展需求相脱节。这就需要县域职校制定专业品牌建设的战略目标,实现专业与职业岗位对接;开发适应性课程体系,做到专业课程内容与职业标准对接;转变品牌专业的教学培养模式,实现教学过程与生产过程对接;强化学生的专业技能提升,实现学历证书与职业资格证书对接;坚持终身教育理念,实现职业教育与终身学习对接。[2]

其二,培养品牌师资,成就品牌学校。品牌本身就是一种价值。县域职校的品牌师资的价值在于:技术创新应用和成果转化;能够培养具有品牌效应的技术技能人才,满足产教融合发展需求,其品牌价值相对于本学校教师和其他学校教师而言,具有不可替代性。然而,当前,部分县域职校教学模式与企业岗位职业技能要求脱节,教学项目与企业的合作需求脱节。这就要求县域职校要放大格局,拓宽"双师双能型"教师培养的内涵品质;完善体系,探索"双师双能型"教师培养的优质途径,并掌握多元评价的方法,确保"双师双能型"教师培养的成果价值。[3]

---

[1] 郑汉良.建设品牌专业:中等职业学校转型发展的生长点[J].教育发展研究,2013,33(19):43-47.
[2] 郑汉良.建设品牌专业:中等职业学校转型发展的生长点[J].教育发展研究,2013,33(19):43-47.
[3] 张倩.基于品牌价值理论的职业教育"双师双能型"教师培养策略研究[J].成人教育,2018,38(12):66-71.

# 第十二章
## 发展机遇

　　县域职校作为我国职业教育在县域层面改革发展的重大创举与我国职业教育的重要组成部分,是服务县域经济、社会发展的重要力量,也是服务乡村全面振兴的关键阵地。然而,县域职校受区域经济水平滞后的影响,师资力量薄弱、招生与就业不畅等内部潜在因素以及基础设施落后和办学资源不足等外部社会条件的制约,其发展受阻与不平衡的问题仍然较为明显。西部大开发新格局驱动、共建"一带一路"持续推进、乡村振兴常态化推进、乡村文旅融合发展以及区域协作纵深发展等,为县域职校发展营造了良好环境和提供了生态场域。县域职校发展定会在闯新路、开新局中不断出新绩。

### 一、西部大开发新格局驱动

　　依据空间格局划分,西部地区经济社会发展相对滞后。在新时代继续做好西部大开发、推动区域协调发展、开启全面建设社会主义现代化国家新征程的呼唤下,加快形成西部大开发新格局,成为促进西部地区经济社会加速发展的重大决策部署。2020年5月,《中共中央国务院关于新时代推进西部大开发形成新格局的指导意见》颁布,文件提出"到2035年,西部地区基本实现社会主义现代化,基本公共服务、基础设施通达程度、人民生活水平与东部地区大体相当"。基于此,西部地区县域经济社会面临着需要不断加速发展和转型升级的现实挑战。与此同时,这也将成为与县域经济发展联系最为紧密的县域职校发展新的动力源泉。概言之,西部大开发新格局驱动,不仅为县域职校发展带来了新的使命、新的要求、新的压力,而且为县域职校发展开拓了新的空间、增加了新的机会、提供了新的航向。

  一方面,在数字经济和实体经济的融合深化下,西部大开发新格局会促成西部地区新技术、新产业、新商业模式不断涌现,促成现代产业体系不断完善,而生产结构的优化意味着西部地区劳动力要逐渐实现向第三产业的转移,劳动需求结构随之升级,这对西部地区职业教育人才培养质量和人才服务区域经济发展能力提出更高的要求[1],而西部地区职业教育只有通过促成人的现代化,才能实现就业结构与产业结构的同频共振。基于此,县域职校作为连通城市与乡村的"地理中心"、融通企业与学校的"平台中心"、汇通资源与要素的"教学中心"、疏通人才与就业的"培训中心",应当真正充分发挥区位优势和"中心"作用,在西部大开发新格局驱动下发展成为推动城乡融合发展、区域协同发展的中坚枢纽和核心纽带。县域职校向上需要从城市职业教育中汲取能量,向下辐射给乡村职业教育,作用和服务于区域经济社会发展和人民生产生活。进一步地,县域职校如何在西部大开发新格局驱动下做大做强、做优做特,须在契合与承接西部大开发形成新格局目标与任务的同时,将政策红利转化为内在发展动力,努力办成县域人才培养培训中心、科学技术研发和推广中心、经济社会发展服务中心、传统文化传承与发展中心。具体而言,一是县域职校要大力培养服务西部地区社会产业经济发展需要的各行专业技能人才,做好三级农村职业教育与培训网络的中间极,为县域发展和乡村振兴提供人力资源支撑;二是县域职校要肩负起普及高中阶段教育的重担,招收未能进入普通高中的农村初中毕业生,"提高中西部贫困地区、民族地区、边远地区和革命老区高中阶段教育的毛入学率"[2],促进教育机会公平,提升受教育水平和公民素质;三是县域职校要积极开展社会教育和继续教育,满足西部地区大众技能拓展、就业创业、科技普及和文化活动的需求,搭建终身学习平台,助推学习

---

[1] 李皖.加快西部地区高等职业教育发展的若干思考[J].中国高教研究,2011(7):81-82.
[2] 石伟平,郝天聪.普及高中阶段教育 中等职业教育需要发力[J].中国职业技术教育,2017(34):39-44.

型社会和技能型社会建设;四是县域职校要深化西部地区产教融合和校企合作,面向乡村培养以新型职业农民为主的第一、二、三产业实用人才,推动县域产业、乡镇企业和乡村农业的发展,为服务乡村全面振兴贡献力量。

另一方面,西部大开发新格局为西部地区的教育科技发展提供了政策的倾斜与保障,这给西部地区县域职校的现代化发展带来新契机。西部地区县域职校如何利用制度性的保障因势利导,以驱动办学模式的现代化,缩小东西部县域职校发展的差距,将成为其在未来直面的现实议题。县域职校作为自改革开放后职业教育领域迅速发展起来的一环,是整个职业教育体系资源优化配置的结果,在西部大开发新格局驱动下,县域职校必将大有可为、大有作为。因此,对于县域职校发展而言,既要找准西部大开发新格局的驱动点,也要抓住西部大开发新格局的需求点,着力催生内生发展力,形成县域职校现代化发展的长效机制。在西部大开发新格局驱动下,县域职校何以擘画高质量发展蓝图,可以从如下几个方面发力。首先,县域职校要借助政府投入、社会支持、校校联合等平台赋能,强化能力建设和职业培训功能,确保各类资源的整合和合理利用。其次,县域职校要在专业及专业群建设上立足县域产业结构,不盲目跟风追热,立足县域和乡村经济发展开设专业和构建专业群。再次,县域职校在人才培养模式上要形成特色和不断创新。例如,重庆市云阳职业教育中心采用培养乡村振兴人才的"五链合一"有效人才培养模式,即"重塑校园文化链—重理学校专业链—重构学校课程链—重组学校平台链—重建学校管理链",将县域职校发展为真正"立足县域、服务县域"的类型教育,成为县域乡村振兴人才的培训基地。最后,县域职校在师资建设上还要下功夫,坚持把师资队伍建设作为强根固本的第一工程,因为提升师资队伍水平是决定县域职校办学质量的根本所在。因此,县域职校要强化内涵建设、坚持内涵发展,注重提升师资力量:通过安排教师进企业锻炼、增强实践能力,进行业协会交流、加强沟通能力,进高校进修、提升决策能力,进赛场竞技、促进技能成长,进工作室发展、拓展业务能力,为培养胜任教学科研和生产实践的"双师型"教师队伍创设良好的成长环境和文化氛围。

## 二、共建"一带一路"持续推进

2019年4月,习近平总书记在"一带一路"国际合作高峰论坛的开幕式演讲中指出,"共建'一带一路'不仅为世界各国发展提供了新的机遇,也为中国开放发展开辟了新的天地"。"十四五"时期,"一带一路"倡议必然会随全球形势的深刻变化而持续推进,而作为丝绸之路经济带核心位置的民族地区,其地缘优势将日益凸显,成为令人充满想象的发展空间。与此同时,民族地区县域职校亦将会在共建"一带一路"持续推进中得以充分发展。

其一,在"一带一路"建设中,民族地区逐渐从传统意义的内陆地区变为对外开放的前沿阵地[1],由内嵌式发展转向外生型发展,其在产业结构、人才需求层次、贸易流动方面将具有典型的外部动力特征[2],国际产业合作将日益深化,运营主体呈多元化趋势,这将有效拉动国家对国际化技能人才的需求,职业教育为满足"一带一路"建设和后期运行,必然需要培养出一大批适应境外工作需求、综合素质过硬的技术技能人才。基于此,县域职校发展被赋予新的时代使命与责任担当,要同高等职业教育一起走出去成为推进"一带一路"建设的又一职教力量,为共建"一带一路"持续推进培养满足国际需要的复合型技能人才。事实上,自"一带一路"倡议被提出以来,我国职业教育服务"一带一路"建设有着丰富的实践基础和成功经验。比如,陕西工业职业技术学院及哈尔滨职业技术学院与中国有色矿业集团有限公司签署合作框架协议,在中国有色矿业集团有限公司境外投资国开展职业教育交流合作;新疆农业职业技术学院与俄罗斯、吉尔吉斯斯坦等国家对接出国研修和境外实习等交流合作项目,农业技术的输出为吉尔吉斯斯坦现代农业发展提供了强有力的支撑;海南经贸职业技术学院利用海南国际旅游岛的地理优势,与俄罗斯、白俄罗斯、哈萨克斯坦、新加坡、阿联酋、巴基斯坦等国多所大学建立合作办学通道,与新加坡、阿联酋等国的多个公司建立就业合作通道;云南国土资源职业学院与柬埔寨工业和矿产能源部、老挝工业手工业部地质矿山局签订了联合培养矿产资

---

[1] 钟海燕,郑长德."十四五"时期民族地区经济社会发展思路研究[J].西南民族大学学报(人文社科版),2020(1):100-106.
[2] 王晓洋."一带一路"背景下职业院校国际化人才培养路径[J].中国职业技术教育,2020(10):67-70.

源人才协议,与老挝理工学院共建联合培训中心进行职业技能培训;南宁职业技术学院面向东盟及共建"一带一路"国家,接收学生来华留学,承办东盟国家技术培训项目,且学院还整合广西优质资源,在课程、师资、实训体系、教育理念等方面,通过项目合作方式,向东盟国家输出。[1]基于此,一方面,县域职校可以"借船出海",联合地方高职院校与共建"一带一路"国家建立合作关系并展开深度合作,联合当地职业学校基于服务"一带一路"建设的共同目标,建立人才培养合作链,并且秉持"和平合作、开放包容、互学互鉴、互利共赢为核心的丝路精神",既向其输送高质量人才资源,也可为其提供技术资源和技能培训服务。另一方面,县域职校还可以"借船上岸",与地方企业合作,通过定向技能人才培养培训项目,为参与"一带一路"建设的中资企业输送高素质技能人才,间接为"一带一路"建设供给技能人才支撑。

其二,随着"一带一路"建设的持续推进,国际经贸合作与产能合作将不断扩大,这将直接带动海外地区的教育需求,教育的先导性作用将被凸显,教育交流和人才培养将为沿线国家不断创造平台、提供支撑[2],县域职校境外办学、国际化程度将会迎来新的历史契机。因此,县域职校加强与相关国家交流合作、探索多样的合作办学模式、输出优质的教育资源必将成为其实现自身跨越式发展的前提。然而,就目前我国职业教育服务"一带一路"建设而言,仍面临着国际合作有效平台不足,深度交流沟通网络尚未形成;境外办学规划意识普遍不强,协同企业发展能力有待提高;国际高水平课程开发力度不够,职业教育标准输出能力欠缺;师资队伍国际视野有待拓宽,教师国际教学能力急需加强;来华留学生规模相对有限,来华留学生培养质量有待提升等一系列艰巨的内部挑战。[3]就此,县域职校作为职业教育的重要组成部分,须同整个职业教育一起在"一带一路"建设过程中,不断建立话语体系、标准体系、协同体系和制度体系,以提高我国职业教育的品牌影响力、国际认可度、合作交流与服务

---

[1] 刘红."一带一路"战略背景下我国职业教育发展机遇、挑战与路径——"一带一路"产教协同峰会会议综述[J].中国职业技术教育,2017(4):20-23.

[2] 刘赞宇,孙静."一带一路"背景下我国职业教育"校校企合作"共建国际学院研究[J].教育与职业,2020(1):50-54.

[3] 郝天聪.服务"一带一路"建设的中国职业教育:经验与挑战[J].教育发展研究,2017,37(17):62-68.

能力以及战略决策与执行能力。[①]可以说,共建"一带一路"持续推进赋予了县域职校发展的三重协同发展机遇,包括职业教育内部协同发展、职业教育东西协同发展、职业教育国际协同发展。具体而言,首先,内部协同发展既是职业教育发展的目标,也是县域职校发展的基石。县域职校可建构"县域职校+城市高职教育"协同发展模式,在师资、专业、课程、教学、设备等资源上实现协同共享,从而在内部协同发展中发展。其次,东西部地区协同发展既是职业教育发展的引擎,也是县域职校发展的支撑。西部地区县域职校可与东部县域职校建立密切联系,相互交流,分享发展经验,共同抓住"一带一路"所带来的机遇,突破西部地区发展滞后的"洼地"困境。最后,国际协同发展既是职业教育发展的使命,也是县域职校发展的责任。尽管我国已建成世界上规模最为庞大的现代职业教育体系,但是国际化水平不够。因此,县域职校作为现代职业教育体系的初始端,优化中等职业教育布局结构,可同高等职业教育一起主动参与到"一带一路"建设之中,吸纳国际办学经验、办学模式和课程开发经验,在实现本土化的过程中对接国际标准,从而提高自身办学水平和办学能力。

## 三、乡村振兴常态化推进

乡村振兴战略是我国推进社会主义现代化进程的必由之路,它的确立与巩固是一个动态、长期、系统的过程。在很长一段时期内,乡村振兴战略将趋于常态化发展,是民族地区发展的主要方向。乡村全面振兴,少不了县域职校。作为我国现代职业教育体系的一种重要办学形式,县域职校在乡村振兴常态化推进过程中,需担当新使命、实现新作为。

一是在乡村振兴背景下扶贫事业将发生转型。后扶贫时代,农村贫困人口对更加美好生活有更高的期待,而前期的经济发展成效为县域职校的服务能力扩张提供强大的动力。乡村对职业教育服务能力的期待日渐高涨,不再满足于单一维度的发展。因此,县域职校势必将承担起助推乡村振兴多维度协同发展的任务。如何服务乡村人才、产业、组织、生态及文化的多维度振兴?

---

① 王荣辉."一带一路"背景下我国职业教育国际化发展战略与路径[J].职业技术教育,2018,39(1):6-11.

对此问题的审思尤为必要。基于此,县域职校亟待发挥独特区位效应,有机结合区域特色发展需要,在"上挂、横联、下辐射"中因地制宜发挥教育人才培养功能与社会经济服务功能,为乡村振兴常态化推进提供人才、技术、文化和智力等多种资源的持续供给,从而促进乡村全面振兴。具体而言,首先,县域职校需在办学定位上对接好乡村人才振兴需要。在乡村振兴常态化推进中,人才需求处于首位。县域职校作为乡村实用人才培养和技能培训的主阵地,应主动肩负起服务乡村人才振兴的责任和使命,重新审视新发展阶段的办学功能定位,争取国家和地方政府有关专项计划与专项项目支持,完善基础办学条件,加强自身建设与内部治理,提高办学能力,从而推动县域职校迈向新的发展台阶。其次,县域职校需在专业设置上衔接好乡村产业结构。结合区域产业特点、特色,科学设置、构建贴合县域产业发展所需要的专业(群),为乡村第一、二、三产业融合发展,现代化产业体系高质量发展提供产业人才支撑,以促进县域主导产业、特色产业以及现代农业的发展。最后,县域职校需在社会服务上承接好农民培训任务。国际职业教育学者福斯特曾提出:"农村职业教育要以接受过一定教育的,有一定知识文化基础的农民为主要对象,发展非正规的短期职业培训,并且将培训内容与农民生产生活与实际利益紧密联结。"[1]县域职校作为乡村职业教育的主要办学机构,必须重视对乡村各类群体开展职业技能培训,将非正规的短期职业培训放置于与学历职业教育同等重要的位置,并在明晰返乡农民工、退伍军人、留守妇女、在职人员等不同群体培训需求的基础上,通过联合中高等职业院校、城乡成人(社区)中心、农业广播电视学校等多元办学主体,精准设计培训课程、方案,积极开展满足上述多元服务对象所需的各类职业技术技能培训,充分发挥"化民""安民""富民""育民"等功能。

二是城乡融合发展将成为乡村振兴战略的重点。2020年6月颁布的《中华人民共和国乡村振兴促进法(草案)》将城乡融合发展视为新时代乡村振兴的重点条目,这将为重构城乡发展关系带来新契机。一方面,城乡融合发展将扭转传统优先发展城市的观念,激发民族地区农民的自主性。另一方面,城乡融

---

[1] Foster P. The Vocational School Fallacy Revisited: Education, Aspiration and Work in Ghana 1959 - 2000[J]. International Journal of Educational Development, 2002, 22(1):27-28.

合发展将促使城乡要素的流动,在社会发展上形成差异与互补关系。这种转向会改变当前民族地区职业教育盲目追求"城市化"的趋势,在很大程度上提升县域职校资源优化配置的能力。县域职校如何抓住历史机遇,依托发达城市的资源要素,提高自身利用优质资源能力与社会服务能力,对于社会经济发展意义重大。需求催生供给,乡村振兴常态化推进的需要给独具中国特色的县域职校带来了稳定的发展机遇和动力。基于此,县域职校在城乡融合发展机遇中须牢牢坚守住县域联动城市反哺乡村这一根本要旨,有效利用本身具有的较强区域性特征,发挥县域职校特有的"中心"功能,以满足乡村振兴常态化推进需要。事实上,乡村全面振兴的实现与发展县域职校命脉相连。然而,现阶段县域职校发展尚且不平衡、不完整和不充分,突出表现为县域职校资源亟待整合与优化。为此,首先,县域职校要在合并整合与分类整合中畅通资源共享渠道。一方面,以撤、并、转为主实现资源整合。其一,基于县域各职校资源拥有情况,对部分办学条件薄弱、师资力量不足、招生存在困难的职业学校进行撤并,实现资源重组;其二,将不同职业学校的优势资源进行分类整合,增强合力效应,形成优势互补。另一方面,以专业设置与专业优化为抓手实现资源整合。县域职校不能局限于外部资源的整合,更要有针对性地结合乡村第一、二、三产业需要,进行专业设置与专业结构的调整与整合,实现专业资源的优化与整合。其次,县域职校要在政府统筹管理中获取发展资源并形成合治机制。县域职校的发展,离不开国家与地方政府的大力支持。换言之,行之有效的县域职校工作机制单靠县域职校是难以真正建立起来的,改变传统的部门管理与条块分割模式、打破隶属关系、以优带差,以实现市县统筹管理,成为县域职校的联动发展之道。最后,县域职校要在校企深度合作中充分整合社会优质资源,将产教融合、校企合作作为我国职业教育的基本办学模式,整合校企资源、联合校企办学,走"企中有学校、校中有企业"的县域职校改革振兴发展之路。

## 四、乡村文旅融合发展

未来,伴随着科技发展与产业升级的渗透变革,乡村文旅融合发展将走向价值共创,由外生协同走向内生融合[1],促使县域职校自觉承担起传承乡村优秀传统文化的使命。可以说,文旅融合发展作为实现乡村振兴的重要路径,具有物质财富与精神文化双重意义与价值。换言之,文旅融合发展为创新乡村经济发展、乡村全面振兴增添了新的发展动力源、提供了新的效益增长点。着眼于乡村文旅融合发展趋势,如何把握新的发展机遇成为县域职校发展的新课题。

首先,随着乡村文旅产业的融合发展,县域地区将会由生存性需求走向发展性需求,而县域地区必然需要一批具有较高文化素养和"懂旅游、善经营"的新型职业农民与"留得下、用得上"的本土化技术技能人才。[2]这将在一定程度上丰富县域职校人才培养的内涵,即强调突出人才培养的特色性与服务性,为县域职校带来新的人才培养思路,并带来一系列教学模式的革新。然而,当前乡村文旅尚未真正实现融合发展,仍存在如下问题:一是乡村文旅发展项目体验模式单一。很多地方存在着简单跟风照搬、低端同质化等现象,未能体现出当地特色。比如,文化项目依旧局限于瓜果采摘、游览田园、"农家乐"模式等,创新性体验项目稀缺。二是特色文化景观迷失。部分乡村文旅项目没有因地制宜把准当地"绿水青山"之特色,转而大搞商业开发,使得乡村丢了本色。例如,大量的商业型古镇建设未有较好体现出乡村文旅融合发展的特色所在。三是乡村文旅发展对传统文化挖掘不够。主要表现为,文旅产品与传统文化脱节,文化价值挖掘深度不足,未能有效彰显乡村优秀传统文化资源特色。有鉴于此,县域职校需在人才培养层面因势利导。比如,锚定文旅融合内生发展需要,着力培养一批高素质乡村文旅工作队伍,包括文化创意型、产业经营型、服务管理型等人才,为乡村文旅融合发展提供高质量人才与智力支撑的同时,发展县域职校人才培养能力。

---

[1] 邹统钎.走向市场驱动的文旅融合[J/OL].人民论坛·学术前沿:1-9[2020-08-06].https://doi.org/10.16619/j.cnki.rmltxsqy.2020.30.020.

[2] 付向阳.乡村振兴驱动下职业教育服务旅游扶贫的路径研究——以内蒙古自治区为例[J].中国职业技术教育,2020(13):48-51.

其次,乡村文旅融合的产业模式将不断发生拓展与转型,符合"绿水青山就是金山银山"发展理念的文旅产业会成为县域地区的支柱产业,而知识技术密集型的文旅产业发展需要源源不断的智力资源。这将倒逼县域地区职业教育人力资源素质结构的改进,强化县域地区职业教育传承乡村本土文化自然资源。然而,乡土文化资源在乡村旅游产业中显现不足。一方面,从外部环境来看,城镇化的不断推进在很大程度上抑制了乡村本土文化繁衍发展的空间。另一方面,从内部因素来看,县域地区在发展乡村文旅产业时缺乏文化自信,未能有效融乡土文化于乡村旅游产业之中,乡村文旅产业遭遇"旅游味"十足、"文化味"缺少的现实窘境。因此,在乡村文旅产业走向融合发展的进程中,县域职校如何利用乡村传统文化自然资源、如何助力打造乡村文旅产品、如何把握真正的价值追求与本质方向、如何构建县域文化课程体系将成为促进其自身向好发展的机遇与现实挑战。其一,县域职校在"活化"乡村传统文化自然资源、服务乡村文旅融合发展上,可以有效发展自身文化资源整合力。其二,县域职校在助力打造乡村文旅产品,服务乡村文旅融合发展上,能够不断挖掘自身文化产品开发力。县域职校可以联合当地文化与旅游部门、文旅集团与企业等,基于对当地文化自然资源禀赋优势、市场现实需求的全面考量,设计符合当地乡村文旅发展的产业规划,同时在产业结构上基于差异化的发展思维,打造创新化、多元化和特色化的乡村文旅产品,推动县域精品文旅产业、价值文旅产品的发展与开发。其三,县域职校在构建县域文化课程体系服务乡村文旅融合发展上,可以充分激活自身乡村文化教育力。通过实施文化育人工程,将文化教育全面融入乡村文旅融合人才培育的全过程。

最后,乡村文旅融合发展最终的目的是为实现资源的永续利用与扩大县域地区的就业需求,这便要求县域地区职业教育人才培养"供"与"求"的对等,这种对等关系最终建立于专业设置与产业结构的对等。因此,"十四五"时期县域职校如何结合实际,开设具有鲜明特征的专业与课程,将成为其助推乡村文旅融合发展的重中之重。基于此,县域职校需在专业教学层面顺势而为,抓住机遇大力培养满足乡村文旅融合发展所需要的人才,建设相应的旅游专业(群)、文旅产业教学课程(群)以及实践教学课程(群)等。一方面,县域职校的专业建设要契合乡村文旅融合发展需求。专业（群）建设是人才培养的基础，对接乡村文旅产业发展需求、完善相关专业设置、优化相关专业结构，是推动乡村文旅融合发展的关键所在。另一方面，县域职校的教学资源要满足乡村文旅融合发展需要。构建基于文旅融合的专业群共享课程体系，建立专业教师教研团队，围绕文旅融合开发教学资源库，搭建旅游专业群信息化教学平台，是助推乡村文旅融合发展的核心支撑。

### 五、区域协作纵深发展

区域发展的本质是全域发展，是在中心城市的引领、辐射和带动下的全域协同、高质量发展。可以说，区域协调发展是我国重要的发展战略和发展手段，在推进优势互补的区域经济布局以及优化空间发展生态布局上起着举足轻重的作用。随着后扶贫时代的到来，区域协调发展策略的重心将会从贫困人口物质保障、生存保障转向贫困人口的能力保障与社会竞争保障，而职业教育作为与社会经济联系最为紧密的一种教育类型，将会在区域协作建设中的产业布局和劳动力供给上发挥关键性作用。[1]

一是区域协作发展，意味着产业转移的全面铺展。东部发达地区在对口帮扶过程中必然会持续与西部薄弱地区建立全方位的产业合作，西部薄弱地区将不断承接东部发达地区的产业转移，而西部地区职业教育如何借助东部地区的产业优势，实现西部地区职业教育的发展与区域产业的发展协同推进，需要提前谋划。事实上，我国西部地区地域辽阔，所辖12省（区、市），其中县域经济总量在西部地区整个经济总量中占比过半，可以说县域经济是西部地区经济的主力军。经过长期的不断发展，我国县域经济虽呈现出跨越式进步，根据《中国西部地区县域发展监测报告2021》，自西部大开发战略实施以来，县域对西部地区经济增长综合贡献率达61.0%，但发展不平衡不充分的问题仍然存在，东强西弱的现实局面未有根本性改变。不过值得注意的是，县域是西部地区全面建设现代化的重点和难点，也是西部地区同步实现现代化的基础和支

---

[1] 王义，任君庆.东西部职业教育扶贫与产业转移协同推进策略分析[J].中国职业技术教育，2019(19):58-62.

撑。为此,县域职校在区域协同发展战略推动下,须紧抓中心城市产业向县域转移的机遇和契机,强化产教融合、深化校企合作,主动对接和参与县域产业结构调整和布局发展,从"输血式发展"转向"造血式发展"。

二是区域协作发展,意味着教育内部资源的流动。东西部产业转移的前提条件是劳动力供给的平衡,因此教育对口支援、校校结对等是区域协作帮扶的重要举措。随着西部地区的外在环境发展变化,西部地区职业教育不应只满足于被动接受东部的教育资源援助,因为长此以往会形成过度模仿甚至复制东部地区职业教育的做法。在区域教育援助过程中西部县域职校需要"主动出击",根据自身和援助校的实际情况提出新的要求。"十四五"时期,县域职校如何在区域协作帮扶过程中主动借力,承接中心城市优质职业教育资源发展涉农职业教育,关系着县域职校与县域产业结构的整体性推进以及区域经济的协调发展。基于此,未来县域职校发展,要紧跟区域协调发展这一国家战略,提升专业发展与人才培养能力。尤以不断强化内涵建设为底层逻辑,包括产教融合深化、校企"双元"育人、"双师型"教师队伍建设、招生制度体系改革、评价机制完善等,以县域产业链发展为中心,做好专业链与产业链对接,并着力办好特色专业,提高服务县域经济发展的技能人才的培养质量。此外,还要不断改善发展环境,努力提高办学质量与社会认可度。

# 第十三章
## 发展框架

继我国实现脱贫攻坚战的全面胜利,消除绝对贫困后,"扎实推进共同富裕"成为全面建成小康社会后的又一重大战略目标。职业教育在促进贫困地区精准脱贫、乡村地区人才振兴的过程中发挥着中坚力量的作用,并且秉承"人尽其才"的教育使命持续巩固脱贫成效。在乡村振兴、共同富裕实现进程中,职业教育被赋予了新的战略定位、新的使命目标、新的要素组合和新的运行机制,如何实现职业教育促进乡村振兴与共同富裕的接力赓续与使命转换,成为职业教育高质量发展中的重大研究和实践议题。基于这些现实问题,课题组挖掘县域职校发展的时代意义、剖析县域职校发展的价值遵循,从而建构县域职校发展的逻辑框架,意在实现县域职校发展的实践转向和进一步探寻县域职校发展的实践路径,为新时代西南民族地区县域职校的高质量发展提供新视角和新启发。

### 一、时代意义

从共同富裕的题中之义与职业教育的发展诉求来看,二者存在着耦合关系,从政治、经济、社会维度对共同富裕的命题解读契合职业教育发展诉求。职业教育的类型化地位发展必然深刻嵌套于共同富裕实现进程的全局视野之中,为乡村振兴、共同富裕新征程增添时代意蕴。

## (一)政治之维:职业教育蕴含发展与共享的建设站位

增长与分配、效率与公平一直是经济思想史关注的两大命题。贫富悬殊、两极分化与共同贫穷一样,都是事关国家长治久安的重大问题。[①]从古代先贤对"大同社会"的理想追求、庶民百姓对"不患寡而患不均"的期盼,再到党在百年奋斗历史中的不懈追求,"共同富裕"的内涵历久弥新,但精神内核经久不衰,从政治之维对共同富裕的命题解读彰显着党对人民的庄严承诺。[②]新时代是"逐步实现全体人民共同富裕的时代",人民共创共享日益丰富的物质财富和精神成果构成了共同富裕引领下的政治维度目标。

职业教育坚持把发展与共享作为重要建设站位,契合着共同富裕政治之维的精神意蕴。"共同"指向机会的共同、权利赋予的共同,要求实现携手共进、协同共进的发展格局,打造共生、共建、共享的发展生态,职业教育在此占有重要话语权。在国富民强的社会主义契约精神之下,职业教育通过人才培养的效能转换,努力为做大"蛋糕"增添动力,更注重"分好蛋糕",以实现"蛋糕"的优质共享。其一,职业教育外显物质成果共享的实践逻辑。我国作为世界第二大经济体,对世界经济增长的贡献率多年保持在30%以上,且自觉主动解决区域差距、城乡差距、收入差距等问题,迈入全体人民共同富裕的现代化发展轨道。职业教育面向人人,注重向民族及贫困地区的教育倾斜,开展对接区域产业经济的技能型人才培养、助力乡村振兴发展战略,努力缩小收入分配差距。其二,职业教育内隐精神成果共享的现实逻辑。共同富裕的价值归属以"人的全面发展"作为关键特征,在职业教育扶贫的光辉历程中,采用智志双扶的扶贫模式,注重通过课程内容、教学手段、教育理念等内部系统将扶贫目标精准聚焦贫困对象,进而提高个体的能力素质,着力打造知识与精神的双重富足。[③]让职业教育人才切实感受到个人精神世界满足,以促进心理资本提升为至高追求。[④]一言以蔽之,共同富裕之下职业教育迎来提质增效的关键期,面

---

① 唐任伍,孟娜,叶天希.共同富裕思想演进、现实价值与实现路径[J].改革,2022(1):16-27.
② 黄群慧.协调发展是实现共同富裕的必由之路[J].金融理论探索,2022(1):3-9.
③ 林克松,曹渡帆,吴永强.从脱贫攻坚到乡村振兴:职业教育扶贫的回顾与展望[J].职教论坛,2021,37(3):6-13.
④ 马建富,陈春霞.补齐乡村振兴短板:职业教育和培训精准扶贫的价值追求与推进策略[J].职业技术教育,2019,40(21):14-20.

临着职业技能与职业精神理性融合的发展选择,统筹作为"价值客体"的职业教育与作为"价值主体"的人,成为职业教育内涵式发展的内在动力,也即共同富裕的价值目标。

### (二)经济之维:职业教育追求服务质量提升的发展要求

马克思和恩格斯将发展生产力视为实现共同富裕的内在条件,高度发达的生产力是共同富裕的核心保障[①],然而生产力飞速提高带来财富的指数式增长,且使得收入分配和财富占有两极分化呈加剧趋势。我国绝对性贫困问题已经根除,相对性贫困问题成为下一发展阶段的最大阻碍。在如何缩小收入差距和共享发展成果的症结上,经济发展维度下的共同富裕命题,指向效率与公平的统筹兼顾,我国将在经济发展的效率导向和收入分配的公平导向之间寻求平衡点,以达到效率与公平的统一,实现共同富裕。

职业教育坚持把服务质量提升作为改革突出要点,隐含着共同富裕经济之维的本质要求。职业教育既坚持经济发展下的效率取向,又注重向公平倾斜。在我国经济发展已经迈入常态化轨道的情况下,职业教育培养的产业工人已经从阶级身份的标签转变为服务社会的职业[②],加之恰逢职业教育高质量发展时期,"提升职业教育服务能力"成为2035年教育现代化的重要指标之一[③]。一方面,职业教育促进经济技能型社会建设。共同富裕的前提是"发展",职业教育相关政策定位聚焦于"服务需求",在服务中促发展。从《加快发展现代职业教育的决定》到"职教20条",职业教育面向"促进经济社会发展和人的全面发展需要",拓展内容、拓宽对象,衍生出职业教育服务机制,为自身高质量发展提供了依托,也打造出职业教育服务共同富裕的重要前提。另一方面,职业教育促进小微企业发展。职业教育秉持"服务"取向,聚焦小微企业,促进大中小企业的共生共益,盘活市场经济的发展生态,小微企业的发展势头在共同富裕诉求之下迅速高涨。此外,通过与小微企业、科研机构的深入

---

① 马克思,恩格斯.马克思恩格斯文集(第2卷)[M].北京:人民出版社,2009:690-691.
② 王星.走向技能社会:国家技能形成体制与产业工人技能[M].北京:中国工人出版社,2021:79-84.
③ 佛明晖,马志超.新时代职业教育服务能力提升的"定"与"变"——《国家职业教育改革实施方案》学习体会[J].职业技术教育,2019,40(9):7-11.

合作,给予大众创富技能和创富精神,激发各类市场主体活力、解放和发展社会生产力,打造效率与公平双导向的共同富裕市场新业态。

### (三)社会之维:职业教育维护社会结构稳定的价值取向

萌生于西方发达国家的"发展经济学"以俯视的姿态倾向于为发展中国家谋求经济"起飞"的条件,探讨尚不发达的经济体是否具备跨越"低水平陷阱"的能力。然而,与此不同的是,中国进入经济新常态后面临的"中等收入陷阱"等发展问题,构成了阻碍我国实现共同富裕的根本性问题。[1]在我国共同富裕的特色构建中,跳出中等收入陷阱,扩大中等收入群体至总人口的60%~70%,将有助于打造"橄榄型"稳定社会结构。基于社会之维对共同富裕的命题解读,扩大中等收入群体,扶持重点人群及弱势群体,维持稳定、和谐的社会群体结构成为价值追求。

"中等收入群体显著扩大"成为"十四五"时期的核心目标之一,提升中等收入群体比重,帮扶落后即弱势群体,朝着"橄榄型"社会结构发展,不是劫富济贫,而是通过教育开发人力资本,补足重点群体发展能力缺陷。在此过程中,职业教育作为类型教育的优势得以凸显。其一在于,职业教育是中等收入群体提质扩容的重要推动力。收入水平与受教育程度基本呈正相关,在高收入者中有超过50%的群体接受过高等教育,在低收入者中有74.23%的群体文化程度为初中及以下。整体上,当前我国居民受教育水平整体偏低,使更多中等收入者接受职业教育、技能培训成为稳定社会结构的关键举措。[2]其二在于,职业教育具备容纳农村重点人群的教育救助功能。"三农"问题始终是影响我国经济发展和社会进步的根本问题,职业教育通过提升农村重点人群的人力资本、综合素质以实现救助保障,把农民培养成有文化、懂技术、会经营的新型农民[3],进而补足农村、农民、农业发展短板,达成发展结果共享的期望目标。其三在于,职业教育重视残疾人等弱势群体的教育帮扶建设。我国残疾人规

---

[1] 叶初升.中等收入阶段的发展问题与发展经济学理论创新——基于当代中国经济实践的一种理论建构性探索[J].经济研究,2019,54(8):167-182.

[2] 李逸飞.面向共同富裕的我国中等收入群体提质扩容探究[J].改革,2021(12):16-29.

[3] 徐君,马茹茹.教育服务农村弱势群体的价值、问题及对策研究[J].开放教育研究,2009,15(4):28-31.

模庞大,弱势地位突出,为实现共同富裕"一个也不能少"的战略要求,职业教育践行现代残疾人观的核心思想,将"残疾人"视为人类多样性的一种表现,描绘出"平等、参与、共享"的现代文明残疾人观[①],通过引入知识、技能等价值要素赋予残疾人一技之长,并加强社会对残疾人弱势群体的理解和尊重,消除歧视障碍,帮助其顺利融入社会,共享改革成果。

## 二、价值遵循

县域职校面临新目标、新使命和新任务,振兴发展势在必行、刻不容缓,西南民族地区的县域职校时代诉求更强、发展挑战更大。县域职校的发展在根本上与社会中经济、文化、生态等多样资本的交织与再生长、再建构息息相关。同时,在县域职校发展的过程中既包括发展理念、个体能力、行动效能,也包括整体结构以及方向。为此,既要强调学校的"自我作为",又要厘清意蕴价值的"方向指引",从激活职业教育发展的内生动力、树立职业教育发展的融合理念、重构职业教育发展的结构体系三个方面深刻揭示"西南民族地区"与"县域职校"的内在逻辑。

### (一)内生性发展:提升个体的内在动机和参与程度

近年来,随着我国西部大开发战略的深入推进,西南民族地区县域职校凭借政策引导、物质支持、东部带动等外部拉力取得了高速发展,但依赖外生性资源实现的发展,容易出现同质化、内卷化、被动发展等问题,且易在循环积累因果影响下陷入外嵌式发展的"路径依赖"困境。因此,县域职校要把握住民族地区特殊的发展策略,培育内生性发展新思路。根据内生发展理论,资源、参与、认同是内生性发展的重要变量[②],县域职校通过资源"具身性"、参与"集体性"、认同"象征性"重构内生性高质量发展秩序。

---

① 江苏省残疾人事业发展研究会,南京大学残疾人事业发展研究中心.中国特色残疾人事业概论[M].北京:华夏出版社,2017:11-12.
② 张文明,章志敏.资源·参与·认同:乡村振兴的内生发展逻辑与路径选择[J].社会科学,2018(11):75-85.

其一,技术技能人才是县域职校内生性发展的动力源泉。从这个角度而言,县域职校以教学为媒介,利用技术技能资本将外生性资源转化为以人为主体非物质的、隐性的内生性资源[①],这种特质就是资源"具身性"。事实上,资源"具身性"是县域职校发展的逻辑起点,能永久地赋予民众获取实际利益的技能手段,唤醒民族地区劳动力的内在主动性,进而增强个体职业建构以及参与民族地区经济发展的能力。其二,民族地区人民群众的参与程度是县域职校内生性发展的核心力量。[②]我国民族地区是少数民族聚居、多元文化共生之所,参与"集体性"能回答内生发展的参与主体问题,回应县域职校发展所需要的差异化支持,更多地强调职业教育与人民群众的互利性和各类人群在职业教育中的平等性,使得职业教育能够适应民族地区的特殊性和复杂性。其三,认同"象征性"是县域职校内生性发展的精神动力。布尔迪厄认为,"象征资本"在社会中具有特定的权力形式,是一种无形的资本。[③]随着职业教育在民族地区"象征资本"的不断叠加,如致富典型、专业大户、技能工匠等创造了可观的实际效益,职业教育在社会层面获得了普遍认同,也形成整合各类力量的精神纽带。

## (二)融合式发展:注重发展的协同突破和纵深推进

"融合"理念贯穿现代职业教育体系建设事业,是县域职校发展的增量空间。横向上,县域职校与各类资源相融合,能充当各领域的"黏合剂",在资源配置与利用中发挥引领、带动与创新的逻辑中介作用。纵向上,县域职校是各领域纵深发展的重要抓手,通过技术手段和教育资源的融入,助推各领域突破发展瓶颈,向现代化建设阔步前进。

宏观层面而言,只有理顺民族地区"五位一体"总体布局与以融合为精神内核的职业教育发展之间的内在逻辑,才能实现县域职校高质量发展的动力

---

① 叶浩生.身体与学习:具身认知及其对传统教育观的挑战[J].教育研究,2015(4):104-114.
② 李祥,王路路,冯力.面向2035的民族地区职业教育现代化:内生发展与愿景展望[J].终身教育研究,2020(6):28-34.
③ 林克松.民族地区职业教育发展的资本逻辑与行动理路[J].贵州社会科学,2021(10):120-126.

激活、效率提升、质量变革。职业教育是横向融通政治、经济、文化、社会、生态文明五项建设的关键举措,其跨领域的多重身份对五项建设起到延伸衔接的作用;同时也是助力五项建设纵向深度发展的助推力量,具有夯筑经济基石、担当政治使命、做实社会价值、守固生态底色、赓续文化血脉的重要作用。中观层面而言,突破各类资源生产与再生产的极限价值,是带动民族地区整体发展的重要引擎和经济增长的新空间。我国民族地区发展囿于当地历史、文化、地理等特殊因素,资源利用极其有限,具有典型的"寄生性"发展特征。[1]民族地区县域职校很好地连接了地区结构制约性与资源转化自主性,能不断地融入民族地区发展周期与结构。微观层面而言,《关于推动现代职业教育高质量发展的意见》明确要求强化职业教育类型特色。跨界、整合、重构是职业教育作为类型教育的现实需要。[2]概而论之,我国西南民族地区县域职校要实现高质量发展,应立于我国现代化建设的高度,基于民族地区的地域特性,坚持类型教育的特性,形成以"融合化"内涵意蕴为核心内容的发展定位。

### (三)结构化发展:强化体系的层次分明和逻辑递进

当前,我国已经建成了世界上规模最大的职业教育体系,为我国迈向现代化强国提供了重要人力支撑,但人才培养层次体系、学科专业体系、质量监控体系等结构性要素仍然存在问题。[3]因此,西南民族地区县域职校要注重发展的结构化,进一步增强职业教育适应性和社会价值。

首先,从人才输入的视角来看,纵向贯通的专业人才培养层次结构是县域职校高质量发展的重要根基。民族地区经济社会快速发展,对技术技能人才的数量和质量提出了更高的要求,急需构建"中职—高职—本科—专业硕士—专业博士"的专业人才培养层次结构,为民族地区提供单项型、复合型、创新

---

[1] 吕晓娟,陈虹琴.控辍保学问题的地方经验与改进策略——基于"三区三州"深度贫困地区控辍保学政策的文本分析[J].民族教育研究,2021(1):111-121.

[2] 姜大源.跨界、整合和重构:职业教育作为类型教育的三大特征——学习《国家职业教育改革实施方案》的体会[J].中国职业技术教育,2019(7):9-12.

[3] 李斌,郭广军.加快构建中国特色现代职业教育体系的理论框架与实践路径[J].教育与职业,2022(1):28-35.

型、发展型的不同专业人才类型,以面向民族地区不同的经济发展需求。其次,从培养过程的视角来看,职业能力结构化发展是县域职校高质量发展的关键布局。冰山层次模型、模块集合模型、树干支撑模型都将职业能力分为核心能力、行业通用能力和职业特定能力。[1]在人才培养的过程中,要注重学生的职业能力结构化,并在职业能力与课程体系之间建立联系,如核心能力对应公共课程、行业通用能力对应平台课程、职业特定能力对应方向课程等,形成结构化的人才培养方案。[2]最后,从人才输出的视角来看,专业体系结构化发展是县域职校发展的价值旨归。专业体系结构化发展,既能面向民族地区内需市场,打通民族地区内循环通道,利用专业体系支持县域职校自主发展;还能着眼于技术和知识的最新进展,超前布局专业建设新方向,缓解技术更迭对县域职校带来的专业革新压力;更能打破专业设置的限制,自主开发和创新专业体系结构,利用国家引领和区域探索并重的专业结构拓宽县域职校毕业生的就业路径。

## 三、逻辑框架

在内生性发展、融合式发展、结构化发展三大价值意蕴的引领下,面向新发展阶段,发展西南民族地区县域职校不仅要关切县域环境影响的"价值性重量",亦要重视县域职校的"逻辑性力量"。因此,课题组着力构建以教育、经济、政治、文化、生态——"五维互嵌"为核心内容的整体性逻辑框架(如图13-1),透视西南民族地区县域职校高质量发展的行动理路。

---

[1] 李怀康.职业核心能力开发报告[J].高等职业教育(天津职业大学学报),2007(1):4-8.
[2] 蒋庆斌.职业能力结构化与职业教育课程体系构建[J].职业技术教育,2012(22):24-27.

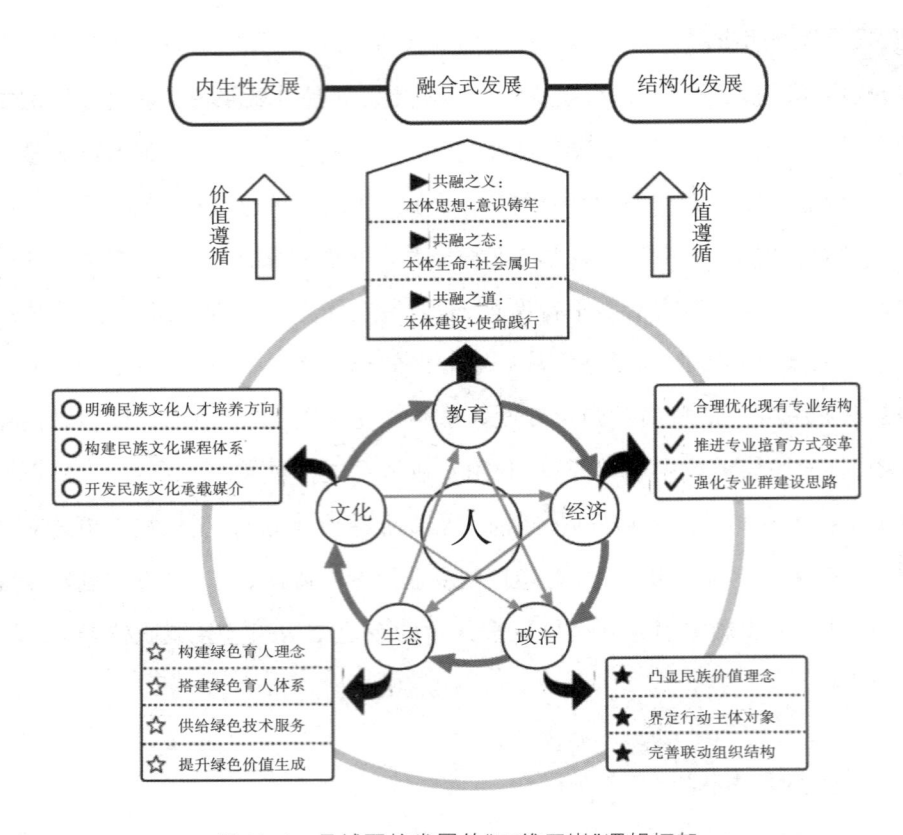

图 13-1　县域职校发展的"五维互嵌"逻辑框架

## （一）教育之维：本体功能与派生功能的共融并进

随着乡村振兴、固脱防返、西部大开发、区域协作等重大国家战略持续推进，西南民族地区对高素质技术技能人才的需求越发强烈。[①]因而，西南民族地区县域职校发展的重心应置于教育的本体功能和派生功能，注重教育中生物属性与社会属性的相互观照。

第一，本体思想与意识铸牢是共融之义。《关于推动现代职业教育高质量发展的意见》指出，职业教育要推动思想政治教育与技术技能培养融合统一。可见，民族地区职业教育与中华民族共同体意识具有内在理论联系和外在使命联合，县域职校应以思政教育作为连接学生本体思想和民族意识的支撑点，

---

① 林克松,曹渡帆."十四五"时期民族地区职业教育振兴发展的基本思路[J].民族教育研究,2021(1):82-88.

从国家话语、民族话语、个体话语三维空间构建学生的民族认知教育体系,将中华民族共同体意识嵌入学生的本体思想。[①]第二,本体生命与社会属归是共融之态。一方面,县域职校彰显对生命属性的关怀,维护个体受教育和发展的权利,为民族地区控辍保学事业提供坚实的"大后方"保障,为辍学对象打通技术技能教育的通道,铺好职业发展之路。另一方面,县域职校体现对社会属性的观照,维护来自不同民族、具有不同宗教信仰、运用不同语言等各类学生的民族归属感,滋养学生的特定民族社会属性,孕育学生的"民族性格"和乡土情怀。第三,本体建设与使命践行是共融之道。一是把人才培养与民族地区项目政策、产业实践、科技活动有机地结合,培养具有地域特点的高质量人才本体,提升县域职校高质量发展源动力;二是践行县域职校的社会服务使命,大力开展社会教育,增厚民族地区劳动力资本,提高劳动力的总体技术水平,同时增强职业教育社会认同感和吸引力。

### (二)经济之维:专业生态与供需结构的链状革新

民族地区发展需以产业发展为经济支撑,而产业发展需以专业人才为内源动力。[②]但当前西南民族地区县域职校专业设置仍然集中在计算机、数控、电子信息等专业,而直接为民族地区经济发展服务的专业却近乎没有学校开设[③],这导致毕业生在二元经济结构作用下源源不断地流向东部沿海发达地区,同时民间资本也未西流,使得县域职校陷入人力资源和经济资本双重乏力的窘境,内生发展力量孱弱。[④]

为此,实现县域职校的发展要着力推进专业"经济化"革命。首先,合理优化现有专业结构,根据民族地区的优势产业和产业发展趋势进行布局,设置具有资源优势的涉农专业、促进特色产业发展的专业、传承民族文化的专业、推动产业升级改造的专业,如中药材加工、民族餐饮制作、民歌民舞等专业。其次,推进专业培育方式变革,采取现代学徒制、订单培养、民族企业管理班、科

---

① 钱民辉,陈婷丽.民族教育理论范式与中华民族共同体意识的话语建构[J].贵州民族研究,2021(5):40-47.
② 姜大源.职业教育要义[M].北京:北京师范大学出版社,2017:114-117.
③ 许锋华.精准扶贫:民族地区职业教育发展的新定位[J].高等教育研究,2016(11):64-69.
④ 岳天明,等.中国西北民族地区经济与社会协调发展研究[M].北京:中国社会科学出版社,2009:46-100.

技研发班等方式定向培养人才,实现职业教育人才供给侧和民族地区产业需求侧结构要素有效衔接,充分供给民族地区产业急需的人才和适用性技术。最后,强化专业群建设思路,县域职校和地方政府应保持专业群建设与民族地区产业发展的动态衔接,以民族地区产业链和职业岗位群为组群逻辑,整合专业、专业群、专业群落、专业群系统四大层级的产业关联和技术资源[①],顺应新业态对人才"一专多能"的岗位能力要求,从而形成县域职校毕业生发展的多维空间,拓宽民族地区产业转型升级路径。

### (三)政治之维:治理体系与区域特性的动态耦合

国家民族事务委员会和教育部在《关于加快少数民族和民族地区职业教育改革和发展的意见》中指出,加快少数民族和民族地区职业教育的发展,不仅是一个重大的经济问题,也是一个重大的政治问题。因此,在政治向度下,如何有效推进职业教育治理体系"民族化"成为民族地区县域职校在发展态势中需要关注的重点。

其一,凸显治理体系的民族价值理念。一方面,县域职校治理结构需直面民族地区的发展差异和文化背景,应含有巩固民族团结、维护政治高地、保护生态屏障的价值意蕴。另一方面,我国民族地区与周边十多个国家接壤,县域职校担当着创新民族地区对外联系的政治使命,应搭建国际平台输出民族技术和民族人才,打造中国特色职业教育品牌。其二,界定治理体系的行动主体对象。吸收"主体间性"理论和现代公共治理理念,形成政府、社会、学校、市场是职业教育治理主体的主流理念。[②]同时,应将"社会"细化为乡村治理、社区治理、社会组织治理,以应对民族地区因城乡之间、社区之间、族群之间地理位置、资源禀赋、发展基础的差异和不同民族文化之间的差异而导致的问题。其三,完善治理体系的联动组织结构。民族地区县域职校的治理结构应是立体网状系统,不存在固定的中心,应构建各层次主体之间"考察—规划""职责—参与""监督—规范""反馈—改进"的共同治理格局,从而产生整体联动效应。

---

① 林克松,许丽丽."双高"时代高职专业群建设与治理体系改革的共同演进[J].高等工程教育研究,2020(5):134-139.
② 徐飞.职业教育治理体系现代化:构成框架与实现路径[J].职教论坛,2018(4):141-147.

此外,还要改进压力型政府治理,完善政府与县域职校"委托—代理"的关系结构,畅通县域职校与产业、乡村、居民委员会、自治组织等基层主体"协商—推动"的治理渠道。

### (四)文化之维:文化育人与文化传承的共演共生

职业教育和民族文化是一种相互交融、协同发展的互利共生关系。一方面,民族文化融入县域职校,成为县域职校"民族化"特色发展的基因,县域职校能利用"民族特色"加速实现跨越式发展。另一方面,县域职校嵌入民族文化,既能通过人才、技术等职业特性变量实现民族文化的传承、积淀以及创新,又能提升民族文化的内在活力,促进文化的价值生产与转换。[①]

秉承这样的逻辑,县域职校在民族文化场域中应充分探索与民族文化的共生之道。首先,明确民族文化人才培养方向。纵向分层次制定"文化识别—文化传承—文化应用—文化创新"四级培养方案,横向构建民族文化的技术传承、精神传承及语言传承三条培养路径,以此培养出各层次、各类别,能够保护、传承、创新和弘扬民族文化的人才。[②]其次,构建民族文化课程体系。民族文化涉及的产业种类繁多,因此相较于单项民族技艺人才而言,民族文化产业更倾向于多元复合型应用人才。因此,民族文化应以"群"的样态融入课程体系中,重构"1+X"的民族文化课程结构,以民族文化精神为必修,技术技艺为选修,并与其他专业课程合理组合与编排,体现民族文化的多重复合特征。最后,开发民族文化承载媒介。"G-S-E"(政府—学校—企业)的民族文化传承模式能激发各主体参与的内生动力。[③]具体细化为政府"统领式"参与、非遗大师"技艺式"参与、企业"市场式"参与、高校"智库式"参与、行业协会"公益式"参与,实现"人才培养—经济创收—文化传承"的共同演进。

---

[①] 林克松,沈家乐.从"悬浮"走向"融合":县级职校传承创新民族文化的底层逻辑重塑[J].西南大学学报(社会科学版),2021(5):134-140.

[②] 巩红冬,鲍嵘.空间正义视角下的职业教育民族文化传承功能及其发挥[J].重庆高教研究,2019(3):39-48.

[③] 袁凤琴,李欢,胡美玲.民族地区职业学校民族文化传承"G-S-E"内生型发展模式构建[J].民族教育研究,2019(5):119-125.

### (五)生态之维:认知理念与行动秩序的自觉自为

我国民族地区具有根深蒂固的良好资源禀赋,在"资源红利"的驱动下,经济发展水平取得了大幅而快速的增长。[①]然而,单纯依赖要素驱动的发展路径进入"负锁定"阶段后,创新发展的思路将会被路径依赖困境阻断。[②]进入现代化发展的新阶段,县域职校的发展亟须破解"非绿色化"发展带来的生态问题,筑牢职业教育现代化发展的绿色基础。

第一,构建绿色育人理念。在人才培养的过程中,县域职校应引导学生树立正确的生态观,把是否有利于人与自然和谐共生作为育人活动的行为标准。同时,深入挖掘传统中的优秀生态伦理文化,使居民的生态观念从无序走向有序,并转化为居民内在的精神需要。第二,搭建绿色育人体系。与企业合作建设资源节约型、环境友好型生产实训基地、绿色课堂、绿色研发中心等。同时注重教学内容的绿色化,更迭传统"非绿色化"工艺,传承顺应环境的民族传统手工技艺,还可以将传统技艺与现代科技融合,实现"生态+技术"的意蕴重构与功能变革。第三,供给绿色技术服务。利用区块链技术、大数据技术预测生态环境承载能力,开展环境治理、研判生态修复路径等项目。利用现代化农业技术,探索民族地区农林牧渔等自然资源的循环使用模式,增强农业可持续发展的内生力量。第四,提升绿色价值生成。打造"乡字号""纯字号""土字号"产品的产业链,发挥民族地区绿色产品的天然优势,通过加强技术联系提升产品的附加值,让当地民众充分共享生态环境的发展成果,进而调动民众保护生态的自发性、积极性、创造性。

---

[①] 杨柳青青,李小平.基于"五大发展理念"的中国少数民族地区高质量发展评价[J].中央民族大学学报(哲学社会科学版),2020(1):79-88.

[②] Martin, Sunley. Path dependence and regional economic evolution[J]. Journal of Economic Geography, 2006(4):395-437.

# 第十四章
## 发展路径

坚持精准扶贫,巩固脱贫成果,是党中央的重大国家战略,也是对贫困群众的一份庄严承诺。职业教育作为巩固脱贫攻坚成果的重要途径,应当全面审视当前扶贫过程中的问题与不足,明确职业教育精准扶贫的改革方向与措施,此乃当前职业教育的一项重大使命。在新形势、新要求下,我国职业教育扶贫仍存在一些深层次的矛盾,在绝对性贫困彻底根除之后,面对民族贫困县域乡村振兴、共同富裕的新要求,健全县域职校解决相对性贫困问题、服务乡村振兴的工作机制刻不容缓。

### 一、宏观路径

实现西南民族地区县域职校高质量发展,还需要对接教育强国建设和《关于推动现代职业教育高质量发展的意见》对职业教育发展的目标要求,聚焦类型定位、办学体制、办学机制、教学改革等,重视职业院校建设中的存量、增量和变量,通过顶层设计、分层对接、统筹运行,着力从提质存量、优化增量、把握变量三方面系统地推进县域职校协调发展。

## (一)提质存量,完善提升现有软实力和硬实力

我国县域职校历经夯基垒台、立柱架梁到厚积成势的发展历程,已经积累了一定质量、相当规模的存量资本。当前,正处于县域职校转向高质量发展的历史关键期,其存量需以提质培优、增值赋能为主线,着力固根基、补短板、激活力,对这些存量资本"提质"的策略主要包括以下两个方面。

一方面,提升办学条件硬实力。2022年2月底,教育部就推动现代职业教育高质量发展有关工作情况时提出:"实施中职学校办学条件达标工程,全面核查中职学校基本办学条件,实现2023年学校教学条件基本达标。"[①]由此观之,改善办学条件是夯实职业教育现代化发展的物质基础,也是全面实现民族地区县域职校发展的重要根基。根据《中国教育统计年鉴2020》《2020中国职业教育质量年度报告》的数据可知,我国主要的少数民族分布地区如内蒙古、西藏、新疆、宁夏、青海等,当地的中等职业学校占地面积远低于平均水平。除此之外,我国西部民族地区的图书藏量、计算机数量以及教学、实习仪器设备资产值也大多低于我国平均水平,甚至还存在个别指标无法达标的情况,如2020年广东中等职业学校的设备资产值为87.3亿元,而宁夏仅为7.1亿元,不到广东的十分之一。尽管近年来在国家政策的大力扶持下,西南民族地区县域职校的办学条件在总量和生均层面皆有很大改善,但同时也面临着区域投入不均衡、办学空间有限、发展态势差异化等挑战。坚持改善办学条件,仍然是县域职校发展的重要内容,亟须以国家标准为第一要义,确保如期实现全面改善基本办学条件的目标。

**案例　都安县职业教育中心加强实训基地建设,提高实训教学水平**

学校利用中央下拨经费,建成汽车运用与维修示范特色专业及实训基地。目前,各类专业实训室的实训工位共有2636个,比去年增加71个。其中,机电技术应用、电子电器应用与维修专业655个,汽车运用与维修专业478个,计算机应用、计算机网络技术专业938个,会计事务专业116个,高星级饭店运营与管理、旅游服务与管理专业232个,艺术设计与制作专业146个,电子商务专业

---

① 教育部.教育部新闻发布会介绍推动现代职业教育高质量发展有关工作情况[EB/OL].[2022-02-23]. http://www.gov.cn/xinwen/2022-02/23/content_5675242.htm.

71个。学校还与TCL空调器(中山)有限公司、东莞华贝电子科技有限公司、比亚迪汽车(深圳)股份有限公司、南宁富桂精密工业有限公司等企业合作,开拓校外实训基地,安排教师和学生走进企业,开展校外跟岗、顶岗实习。

另一方面,完善教师队伍软实力。《中国统计年鉴2021》数据显示,我国各省的中等职业学校专任教师平均为2万名,但西藏仅有2544名,青海仅有2301名,宁夏仅有3028名。因此,要加强教师的引入力度,优化招聘流程,灵活聘用机制,改进人事制度,将真正的民族地区行业企业专家、工程技术人员和能工巧匠引入学校。此外,县域职校的师资缺口不仅表现在总量上,还体现在教师队伍结构上。[①]以2020年云南省为例,中等职业学校专任教师中有副高级7323名、中级6521名、初级3680名,而正高级仅69名,高级职称教师的比例远低于全国平均水平和正常职称结构。同时,教师队伍还存在专业课师资紧张、双师型教师匮乏等结构性失衡问题。故要培育结构化县域职校教师体系,结合民族地区区域特性,构建"基础素养+特殊素养+职业素养"的三螺旋教师培养结构,以教育信念、教育知识、教育能力为基础素养,民族知识、跨文化能力、乡土情怀为特殊素养[②],并根据职业素养的薄弱程度,分批次、有针对性地选派教师进入当地高水平企业进行学习,培育具有民族地区产业特性的"双师型"教师,整体提升教师队伍的质与量。

**案例　贵州铜仁市政府带头,以技能大赛助推中职学校教师综合素质提升**

通过举办技能大赛,建立"校校有比赛、层层有选拔"的竞赛机制,让老师和学生及时掌握行业最新技术和要求,提升学校办学水平,提升学生综合素质和自信心。主要体现在:一是师资队伍得到加强。专任教师从上年度的2083人增加到2143人,双师型教师从上年度的490人增加到917人。高级职称的专任教师468人,占专任教师总数的21.33%,与上学年相比,增加了2.78个百分点。二是学生综合素质得到了加强,升入高一级学校就读的有5603人,占就业人数的62.88%。

---

[①] 张学敏.民族地区教育现代化的突出问题与战略破局[J].中国民族教育,2021(9):38-41.
[②] 薛寒,苏德.论民族地区"双高"建设的逻辑、动力与路径[J].民族教育研究,2021(1):95-102.

**案例　甘孜州积极响应号召,加强职业学校教师队伍建设**

州内职业学校2019—2020学年积极组织教师参加各级各类培训,推动教师专业发展常态化。中职教师参加各类培训达到300人次,其中参加国培30人次,省培90人次,州级培训200人次。甘孜州职业技术学校采用分层分类培养方式,施行了专业带头人培育计划,探索建立"技能大师工作室"制度,聘请国、省、州"技术能手""高技能人才""百千万康巴英才"等称号获得者,以及有其他技艺特长的企业技术人才担任"技能大师工作室"的首席技师,并制定双师型教师培育计划,鼓励专业教师积极参加行业企业的生产服务一线岗位挂职锻炼,不断提高教师整体素质。

## (二)借力增量,加快构筑职业教育发展新优势

随着我国新技术革命的深入发展,在需求和供应端双重刺激下,佐以政策引导,带来职业教育高质量发展的整个赛道变迁,形成一个叠加高端制造、教育、服务、就业、市场等概念的增量空间。"增量"不是结果,而是路径,它的实现不是一蹴而就。县域职校需凭借跨领域的特性,在增量空间中不断融合其他领域并内化为自身发展的力量,在此过程中丰富职业教育体系、体现职业教育社会价值、提升职业教育服务功能、完善职业教育办学体制,从而形成自身高质量发展的增量。

第一,巩固逻辑起点,强化类型定位。职业教育类型化发展,是民族地区县域职校发展的逻辑起点,也是教育外部需求和内部需求共同作用的必然结果。从纵向层面来看,要打通县域职校学生的发展通道,调整县域职校的定位,坚持就业与升学并重,让中职成为职业教育的起点,这既是学生的自主需求,也是产业发展对人才的现实需要。同时,加强民族地区"职教高考"的制度设计和标准建设,使"职教高考"成为高职招生的主渠道,形成"中—高—本长学段贯通"的一体化培养模式,缓解由中考分流引发的教育焦虑。从横向层面来看,要加强县域职校与各类教育的渗透融通。在普通中小学实施职业启蒙教育,培养学生对民族技艺的爱好,提升学生职业规划的意识和能力。另外,大力开展市场化社会培训,坚持"德技并修"教育理念,整体提升民族地区劳动力的道德素养和技术技能水平,从而化解民族地区软实力的发展窘境。

第二,树立系统观念,优化办学体制。一是健全多元办学格局,有利于民族地区县域职校与行业企业互补性发展和整合利用资源。县域职校利用自身的技术、人力、知识等为企业提供服务,而企业可以提供场地、设备等协助职业院校人才培养,合力打造实践共同体。[1]为此,需要深化产权分配、资产评估、产权结构、人事管理等制度的改革,严格界定和细致划分,充分保障各主体在合作办学中的监督管理权、参与决策权和收益共享权,为促进各类资源整合和效率提升提供制度保障。二是丰富职业院校办学形态。县域职校要积极与优质企业、民族特色企业、新兴战略企业、涉农企业开展双边协作,合作共建科技企业孵化器、众创空间、科技生产园、乡村振兴学院等,致力于挖掘科技创新、人才培养、服务经济等多重功能,最终延伸职业院校的办学空间。

第三,坚持目标导向,提升服务效能。县域职校要牢牢抓住区域资源这把"钥匙",对区域资源要素的内涵进行技术赋能,提升创造性的转化价值,更好地服务、支撑、引领民族地区经济发展。其一,县域职校应利用专业技术技能不断加工、利用、增强自然资源,推动自然资源在传统与现代的良性博弈中重塑结构,提高民族地区自然资源的价值转化率或者开发新经济增长点,跳出由资源产业快速发展扩张而诱发的"资源陷阱"[2],打破资源禀赋带来的"资源诅咒"效应[3]。其二,县域职校具有与民族企业、民族产业行业、民族社区、村镇等各领域的合作基础。因此,县域职校能按照市场规律合理配置各类资源,促进自然资源和生态要素在空间内合理流动,盘活民族地区闲置资源,提升已有资源的使用价值。

**案例 贵州黔西南州部分县域职校立足区域提供服务**

为更好服务地方经济发展需要,黔西南州出台《新时代教育立州战略教育精准扶贫实施方案》,支持职业院校立足区位优势、文化优势、产业优势,根据自身特点和人才培养需要开设专业,加大专业技术人才培养,服务地方经济发展。兴仁市民族职业技术学校围绕产业园区开设电子专业,为当地工业发展

---

[1] 段明.混合所有制改革背景下高职校企合作办学的产权困境与破解对策[J].教育与职业,2021(22):27-34.
[2] 栾宏.欠发达地区转变经济发展方式的路径选择——以陕西省为例[J].西北大学学报(哲学社会科学版),2014(6):162-165.
[3] 程瑜,李瑞娥.西部大开发:制度背反与哲思[J].财贸研究,2013(3):28-37.

提供技术人才支撑；兴义市中等职业学校围绕"大山地旅游战略"开设山地旅游相关专业，培养山地旅游人才；普安县中等职业学校，抢抓山地旅游发展机遇，结合普安茶产业的推广，校企合作建设茶文化基地，培养茶艺专业人才。

### （三）把握变量，持续释放职业教育发展内生活力

面对民族地区的复杂性和特殊性，必须重视县域职校建设中的两个基本变量："快变量"与"慢变量"。前者影响其阶段性变化，后者决定其基本趋势。[①]民族地区县域职校高质量发展既要当前计，也要长远谋，科学处理好"快变量"与"慢变量"之间的关系，以不断地将外源性变量的输入聚合转化为内源性动力输出，增强县域职校持续发展的内生动能。

政策红利和经费投入是西南民族地区县域职校高质量发展的快变量，可以在较短的时间内，直接发生作用和影响，为当下县域职校的发展赋能提速。党的十九大以来，党中央、国务院推出了一系列职业教育改革发展的重大举措，主要集中在《国家职业教育改革实施方案》《职业教育提质培优行动计划（2020—2023年）》《关于推动现代职业教育高质量发展的意见》三个文件中，显示出从深化改革到提质培优，最后到高质量发展的逻辑理路，彰显了我国职业教育发展政策相互衔接、层层递进的严密思维。现阶段，恰逢民族地区现代化发展与职业教育高质量发展的同频共振期，县域职校应顺势而为、应势而变，充分用好、用活、用足政策红利，厘清在民族地区的发展中应该巩固和完善什么，破除和消解什么，既要坚持过去行之有效的发展举措，更要从政策中获取发展的创新方向。另外，《现代职业教育体系建设规划（2014—2020年）》要求加大对职业教育的经费投入，从我国年鉴数据来看，民族地区中等职业教育经费具有稳定增长之势，并于2019年以后，呈现愈加多样化、精细化的发展态势，为我国民族地区县域职校高质量发展提供了坚实的物质基础。[②]

民族地区特色是民族地区县域职校高质量发展的慢变量，能成为县域职校"特色化""民族化"高质量发展的深层次养分，具有持久性强、影响深远、不

---

[①] 沈小峰,郭治安.协同学的方法论问题[J].北京师范大学学报(自然科学版),1984(1):89-95.

[②] 毛艳,常玲玲.改革开放以来我国民族中等职业教育政策回顾与展望——基于NVivo12的文本分析[J].成人教育,2022(1):71-79.

易受外在因素干扰等特征。从这个意义上讲,县域职校更需要在"慢变量"上大有作为,具体而言:一是将民族地区特色内化为自身发展理念和主导趋势。县域职校应充分挖掘当地的民族特色,通过精准匹配"优势专业+民族特色+市场需求",走出民族地区特色化、差异化发展的新路,实现跨越式发展。二是将民族地区特色融入人才培养体系。人才培养目标要与民族地区产业需求紧密对接,培养实际生产中真正需要的技术技能人才;教育内容要紧扣民族地区特色产业和新兴产业,同时注重内容的绿色化理念,突显民族地区良好自然资源禀赋。三是将民族地区特色转变为县域职校的服务方向。县域职校只有与民族地区特色存在互惠共生的关系,才能持续保持动态关联状态,如果只对其中一方有利,出现偏利共生状态,便无法维持长久的共生关系。[①]因此,县域职校在各类活动中应充分考虑民族特色,并不断传承、滋养、创新,实现民族地区县域职校特色化发展的最终目标。

## 二、中观路径

"中职学校的发展,有自身的问题,也有整个教育改革、调整、转型以及大众对职业教育的观念转变和整个社会环境改善的问题"。[②]新时代,县域职校面临新目标、新使命和新任务,振兴发展势在必行、刻不容缓,西南民族地区贫困县域职校诉求更强、面临的挑战更大。县域职校的发展,除学校自身要遵循"内生、融合、结构"的发展理念,厘清"教育、经济、政治、生态、文化"五位一体的行动逻辑,辨析"存量、增量、变量"的实践转向之外,还需跳出县域职校的视野边界,以跨界的视角建构"重叠共识、协同治理、嵌入融合"三条实践路径。

### (一)重叠共识,确立县域职校与民族地区共生发展的行动意识

对县域职校而言,受场域的结构性影响,以及职业教育自身长期以来不受重视的文化传统,其发展在教育全局中相对滞后、在民族地区发展中属于短板,特殊而重要的角色和功能难以彰显,最终导致在民族地区积累形成县域职

---

[①] 陈荟,孙振东.民族地区多种教育形态共生理论研究[J].民族教育研究,2015(4):5-10.
[②] 戴建兵,谢俐,贾海明,刘宝民,纪绍勤,刘占山,张昭文.全国县级职教中心新时代振兴发展笔谈[J].河北师范大学学报(教育科学版),2018,20(2):5-8.

校"难以作为""无所作为"的主观认识,并主要凝结在民族地区政府部门官员、职业院校师生及普通社会民众之中。未来,县域职校发展首先需要实现多元主体对县域职校从"难以作为""无所作为"的认识到"大有作为""大有可为"的认识的根本转换,从而形成"重叠共识"。[①]

一方面,民族地区政府(尤其是县域政府)及其行政组织部门应清晰认识新时代县域职校在民族地区经济社会发展当中所应该扮演的角色以及所能够发挥的功能,并清醒认识当前县域职校在区域发展中所处的地位以及导致滞后发展的根本原因——民族地区地理资本的限制与局限。在此认识基础上,一是主动将县域职校的发展纳入区域经济社会发展规划和相关产业发展规划当中,构建县域职校与民族地区发展命运共同体;二是精准把脉县域职校发展面临的资本困境,列出需求清单,对照需求清单做实任务清单与责任清单。另一方面,县域职校亦要清晰剖析自身发展的现实状况并将其作为改变的出发点,既要认识到外部地理资本对自身发展的结构性影响,又要意识到自身改变的行动性力量,提升振兴发展的内生动力,做好融入新时代民族地区经济社会发展的充分准备,积极回应西部大开发、乡村振兴、"一带一路"等国家发展需求。

**案例　昌都市从地区实际情况出发发展产业**

西藏昌都市,拥有各类药材1200多种,其中可利用药材750多种,被誉为"藏医药的故乡"。昌都市职业技术学校的藏医医疗与藏药、学前教育、供用电技术被确定为自治区中职学校骨干特色专业。学校不断优化专业结构,以做优做强藏医医疗与藏药、学前教育、供用电技术专业等为重点和品牌特色,充分依靠本区域内丰富多样的资源加大专业的建设投入力度。

**案例　云南因地制宜发展茶叶产业,县域职校构建茶叶专业链**

云南,气候、土壤条件优势明显,茶叶产业发展潜力巨大。为凸显特色,云南地区职业学校紧紧围绕这一发展定位,根据"对接产业链,建设专业链"的指导思想,主动把茶叶生产加工和古镇旅游及农业生态旅游产业对接,将现有茶叶生产与加工技术、旅游服务与管理、电子商务、计算机应用等专业进一步优化,打造服务于生态文明建设和县域经济发展的省级茶叶特色品牌专业链,实现专业集群创新发展。

---

① 童世骏.关于"重叠共识"的"重叠共识"[J].中国社会科学,2008(6):55-65.

## (二)协同治理,发展自上而下与自下而上双重牵引的行动主体

新时代县域职校的振兴发展,不仅需要学校单一行动主体的努力,还需要将多元利益相关行动者作为行为重塑的对象加以干预,唯有同时从自上而下与自下而上两个方面转变各主体的行为,共同牵引县域职校的发展,方能取得改革的预期效应。

一是自上而下权力主体的行为重塑。首先,国家层面在一如既往重视西南民族地区县域职校发展的同时,也在不断提高民族地区职业教育政策的针对性、精准性和实效性。比如,民族地区职业教育政策在以往重点关注中央政府的政策倾斜和东部发达地区的行动帮扶的基础上,未来应该更加关注提升县域职校发展的内在动力及能力。[①]其次,省级政府要加强对县域职校的统筹力度。例如,加大省级公共财政对民族地区县域职校的支持力度,通过设置专项的方式对县域职校扶需、扶优、扶特、扶新,推动省域内县域职校建立对口帮扶关系,等等。最后,地州和县域政府要强化履行县域职校办学职能。在借助国家大力实施西部大开发、乡村振兴、"一带一路"等发展契机优化自身地理资本的同时,还要有意识地为县域职校发展"搭台",引导县域职校广泛深入参与到巩固脱贫成果、乡村振兴、农牧业现代化等社会行动当中,拓展其行动空间。二是自下而上行动主体的行为重塑。首先,民族地区县域职校作为最基本的"行动舞台",要体现并发挥主体作用,既借政府"搭台"积极"唱戏",也要通过"唱好戏"吸引政府"搭台",扮演好支持者、配合者、创新者的角色。其次,民族地区内外的行业企业应在政策引导及社会责任驱使下,主动创造校企合作平台,在尊重技术技能人才培养基本规律和要求的前提下,参与到县域职校人才培养过程之中,促进民族地区职业教育产教融合、校企合作深度发展。最后,对口帮扶县域职校的广大中东部职业院校在侧重输入经济资本的同时,还要充分观照西南民族地区县域职校的特殊性,积极帮扶县域职校构建文化资本、社会资本以及象征资本,提升其可持续发展能力。

**案例 甘孜州政府推进甘孜州职业技术学校建设与发展**

甘孜州将职业教育摆在突出的位置来抓,紧紧围绕全州经济社会发展思路和目标,立足甘孜,实行多层次、多元化办学,逐步建立结构合理、灵活开放、

---

① 曹隽,刘丹.改革开放40年我国民族地区职业教育政策观察[J].中国职业技术教育,2018(34):23-29.

特色鲜明的现代职业教育体系,为全州加快发展提供较高素质的人才支撑。一是构建"两元一体"办学体系。采取本地办学与异地办学并重并举的方式,力求"9+3"中职与本土中职形成互补。二是继续实施好"9+3"免费教育计划。三是结合甘孜州职业教育与产业发展融合实际,推进产教联盟建设,促进产教深度融合发展工作,开展紧缺人才培养计划、订单定向培养紧缺专业人才。四是深化职业教育教学改革。针对甘孜州民族地区职业教育及生源的特殊性,突出民族地区双语特色,切合州内就业市场需求,强化专业建设。五是加强职教师资队伍建设。加快"双师型"师资队伍建设以适应中职教育要求,采取"请进来、走出去"的方式,通过参加国培、省培、合作学校挂职、跟班学习、校本培训等,着力提升教师专业素质。

## (三)嵌入融合,采取内塑质量与外拓资源有机互动的行动策略

策略是一种实践的逻辑,是行动者为了扩大资本量、占据场域中的最有利位置而做的判断及制定的方案。是否采取策略、采取什么样的策略对行动者而言关系重大,它决定着社会中的资本再分配以及行动者社会地位的变化方向。新时代西南民族地区县域职校要构建多样资本,提升自身在民族地区经济社会场域中的位置,并采取适合于环境的、合理有效的策略。

"嵌入融合"是西南民族地区县域职校振兴发展行动策略的内核。一方面,县域职校要基于嵌入融合内塑质量,构建支撑振兴发展的基础条件。首先,确立面向本土、扎根民族的实用人才培养定位,转变当下"城市面向""升学导向"的办学迷思,凸显民族地区县域职校人才培养的区域属性和区域特色。[①]其次,建设面向产业、对接企业的专业和课程体系,扭转"离农化""趋同化"的专业设置取向,基于"互联网+""智能经济""共享经济"等理念和技术,围绕民族地区现代农业、现代畜牧业、现代采集渔猎业以及现代文化产业的发展特点和趋势,在专业设置及课程建设上做文章、创特色。再次,构建民族文化深度融合的育人体系,将民族技艺、民族语言、民族歌舞、民族体育以及民族知识的传承与创新全面融入育人目标、课程体系、育人课堂、校园文化以及产教融合当中,改变当前表浅关联乃至漠视民族文化的状况。最后,塑造部门互

---

① 张诗亚.发展民族特色职业教育 促进民族共生教育体系建立[J].民族教育研究,2013(1):5-9.

动、师生互信的内部治理网络,清晰认识民族地区职业院校教师工作的艰巨性,充分尊重民族地区学生的差异性,提升职业院校组织内部的互动频率和互信程度。另一方面,除了内塑质量,县域职校还要基于嵌入融合外拓资源,构建支撑振兴发展的社会资本。这要求县域职校从封闭走向开放、从受助转向自强,不仅要积极争取国家和省级政府部门、公益组织、慈善机构、企业、帮扶学校等跨场域、跨性质的组织或机构的不同层面、不同程度以及不同形式的支持,而且要通过搭建或参与诸如职业教育集团、职业教育合作联盟、民族传统文化保护联盟、民族文化产业双创空间、乡村振兴学院等平台的形式,主动建构起更广范围、更高水平的外部合作网络。

### 三、微观路径

系统理论认为,"用全面的、联系的、系统的观点来观察、思考和处理问题,即把事物放在普遍联系的系统中来把握,通过系统的整体优化,更好地达到认识世界和改造世界的目的,它是辩证思维方式全面性、关联性、协同性思维的集中体现"。[1]在整体分析职业教育系统和扶贫系统的一般结构基础上,还需要审视各个能力结构下的微观要素。由此,遵循推进机制构建的"系统性"原则,能构建出包括服务能力、融合能力、集聚能力在内的能力提升路径框架。

#### (一)匹配对接,提升专业服务产业能力

一方面,加强特色专业建设以形成品牌。特色专业群是以特色专业为核心,以支撑专业和关联专业为辅助的若干专业的集合体。特色专业群定位必须与国家和区域支柱或重点产业发展战略保持一致,群内专业的教学模式具有包容性强、教学资源共享度高、师资团队互补性强、评价体系通用性好、学生就业相关度高的特点。特色专业群建设的使命是为了满足国家和区域支柱产业对复合型技术技能人才的诉求,以主动适应区域经济社会发展的需要,特色专业群建设的着力点就是厘清和实现"五对应",即培养目标与人才需求对应、人才培养模式与技能培训模式对应、专业组群与职业岗位群对应、专业动态调

---

[1] 周正刚.论习近平全面深化改革的系统思维[J].湖湘论坛,2017(1):5-11.

整与产业升级方向对应,以及课程体系与职业胜任能力对应。"五对应"是促进特色专业群建设与产业发展的有效耦合剂,也是校企合作、产教融合的内在要求,在民族地区县域职校发展规划中,要做好"五对应"的顶层设计,夯实专业(群)建设。

另一方面,增强优势产业集群以对接县域发展。蕴含内外动力因素的产教融合是特色专业群建设的逻辑起点。在全球化市场经济竞争加剧背景下,产业结构转型升级促使产业关联性紧密的企业在多维度空间集聚形成新型产业空间组织——产业集群。产业集群通常是指地缘相近、生产某类产品(包括中间产品)的相关企业组群。作为外原动力主体,产业集群一般具有集聚效应、规模效应、外部效应和区域竞争力。在特色专业群人才培养定位清晰的基础上,与重点或支柱产业链形成映射关系,为产业发展提供源源不断的需求型人才,专业群和产业集群两个组元在人才链与创新链、产业链的有机衔接下发生"化学反应"。最终实现专业服务产业,产业服务县域经济发展的目标,完成民族地区贫困县域脱贫任务。

**案例 甘孜州职业技术学校助力专业与产业对接**

甘孜州职业技术学校位于红城绿谷·康养泸定新城大坝教育园区,立足甘孜,面向藏区,以县域为中心扩大辐射效应,形成农牧类专业为品牌,文化教育类专业为骨干,旅游类专业为特色的三大专业群。在调研中,除背景评价的既有指标外,课题组还了解到,学校专业调整机制完善:一是围绕市场设置专业,学校立足新形势下甘孜州的产业布局情况,主动适应区域经济发展的要求,根据产业结构的调整升级,动态调整专业设置,经过长期的调研和反复论证,2021年秋季学期停止招收双语小学教育学生。二是根据州内社会发展和产业转型需要,努力构建以特色专业创优势、骨干专业为主体、短线专业为补充的发展架构体系;按照"做强主体专业,拓展工科专业,优化传统专业"的思路和"做特、做精、做强"的要求,全面加强专业建设,重点建设旅游服务与管理、民族美术(唐卡)等骨干专业,发挥畜禽生产技术的升级示范专业建设,引领其他专业的内涵建设。

此外,可以利用"三层治理"为产教融合机制赋能。"三层治理"中的"三层"是指专业群建设与管理体制实行校企合作理事会、专业群建设推动委员会、专业建设工作推动委员会三层领导和负责制。校企合作理事会由学校、企业领导共同担任理事职务，主要职责在于研究办学定位和服务面向、经费和人员管理、监督与评价、风险管理与防范、信息化建设等方面的体制机制，并制定相关的制度体系，为专业群建设提供制度上的保障。作为校企合作平台，校企合作理事会可以更好地为学校提供急需的产业集群专业人才分析，及时为学校反馈人才培养质量，为特色专业群建设进行有效部署和指导，及时扭正县域职校人才培养的轨道。

**案例　阿坝州中等职业技术学校以指导与治理促进专业动态建设**

阿坝州中等职业技术学校成立了专业建设指导委员会，召开了专业建设研讨会，积极推进专业建设工作，形成了专业建设指导委员会章程、专业建设方案和专业建设制度汇编，2020学年对全校专业进行了动态调整，新增了无人机操控与维护和运动训练专业。同时，学校根据《国家职业教育改革实施方案》《教育部关于职业院校专业人才培养方案制订与实施工作的指导意见》《中等职业学校专业教学标准》和《职业学校专业顶岗实习标准》等文件要求，结合学校实际，开展了2021年各专业人才培养方案的制订工作。

### (二)资源集聚，提升农民培训能力

其一，转换县域农民培训治理理念。首先，无论是县域政府、县域职校还是民办成人职业培训机构，均应重新审视农民培训的价值意义，在助推乡村振兴战略实施的宏观图景之下明确自身的职能定位。对县域政府及其行政部门而言，开展农民培训不仅仅是"自上而下"的政策执行过程，更是县域振兴的有效途径；对县域职校来说，参与农民培训亦不是"苦差事"，更不是"多一事不如少一事"，而是学校的职能、使命所在，必须主动调整自身定位，积极拓展功能，统筹规划，建立起促进农民培训长效发展的机制，设计科学的农民培训方案，创新培训模式，提升培训效能[①]；民办成人职业培训机构同样不能将参与农民培训单纯视为资本获取的手段，除了获取正当的经济利益，还应积极承担作为社会组织对公共事业不可推卸的责任。其次，县域政府要清晰认识新时期职

---

① 戴建兵，谢俐，贾海明，等.全国县级职教中心新时代振兴发展笔谈[J].河北师范大学学报(教育科学版)，2018,20(2):5-8.

业教育在县域经济社会发展当中的功能和地位,尤其是县域职校在农民培训上能够发挥的功能,高度重视县域职校发展,将县域职业教育发展纳入县域政府发展规划当中,积极谋求县域与县域职校相互交织而共生的发展关系;最后,县域职校亦要自觉嵌入县域经济社会发展当中,充分认识到参与农民培训对提升自身办学活力、办学能力以及学校吸引力的重要意义,在县域政府的领导下,通过提升办学能力和服务能力,积极将自身打造成为县域的经济中心、人才中心、文化中心、科学实验和科技推广中心。[1]

  其二,优化县域农民培训行动程序。一方面,县域政府及其行政部门要换农民培训的"指令治理"为"授权治理"。传统的"指令治理"不但容易制约县域职校参与农民培训治理的自主性和创造性,而且也必然使得县域政府及其行政部门背负"不可承受之重"。尤其近些年来,伴随着乡村振兴等国家战略的深度推进,县域政府及其行政部门必须寻找新的治理体制以应对自身有限的精力能力与层层加压的农民培训任务之间的矛盾,通过"赋权治理"的方式,在守住底线基础上,农民培训的执行更多交由县域职校自主决定和协商解决,吸引县域职校深度参与农民培训。另一方面,县域政府及其行政部门要换农民培训的"分散治理"为"统筹治理"。社会事业管理体制"条块分割"的"硬伤"必然导致县域农民培训的分散治理,形成农民培训资源不足与资源浪费并存的乱象。[2]县域政府应当树立"统筹整合"的关系性思维,通过整合区域资源,集中使用培训经费,从而提升县域职业教育的范围和区域辐射作用,进一步增强农民培训资源和资金的使用效率和效果。[3]首先,将分散在各部门的农民培训资源进行整合,并聚合到"枢纽型平台"——县域职校当中,既发挥农民培训资源的规模效应、累积效应,也避免国家资源的浪费及流失。另外,县域政府还应规范农民培训的资金管理和使用,农民培训面临着数量大、时间紧、任务重的局面,迫切需要大量的资金支持。县域政府要建立农民培育专项资金,将各层次各类农民培训经费纳入县域财政部门统一管理[4],并由县域职校根据培训

---

[1] 马建富.新型职业农民培育的职业教育责任及行动策略[J].教育发展研究,2015(21):73-79.
[2] 林克松,朱德全.职业教育均衡发展与区域经济协调发展互动的体制机制构建[J].教育研究,2012,33(11):102-107.
[3] 杨小敏.精准扶贫:职业教育改革新思考[J].教育研究,2019,40(3):126-135.
[4] 陈景红.乡村振兴战略下培育新型职业农民策略研究[J].广西社会科学,2018(10):97-99.

计划统一使用,按照相关规定履行资金使用审批程序,从而提高专项资金管理的规范化程度,也为县域职校解除经费使用的"后顾之忧"。

其三,创新县域农民培训的行动体制。一是建立以合作为纽带的协同机制。在县域政府层面,需要积极推动原有机构的职能转变,加强多部门间的沟通协作,形成新型职业农民培育的专门机构[①];在职业学校层面,可以成立诸如"农民培训项目部""农民培训中心"等相关机构,由学校主要领导担任负责人,统筹管理农民培训以及对外协调沟通工作。二是建立以规则为基础的管理机制。在县域层面,建立公开、透明的农民培训项目招投标制度,斩断可能滋生的"权力寻租"行为;在培训过程中,相关行政部门在坚守规则底线的基础上,要鼓励职业学校围绕提升农民培训质量进行大胆创新。三是建立以质量为核心的评价机制。县域政府组织应改变传统既作为"发包人"又作为"考核人"的做法,将农民培训质量评价的工作更多交给更为专业的职业学校来运作,县域职校既能在政府主导下参与农民培训项目评价标准、评价方法的制定,又能积极向政府反馈农民群体对培训的真实诉求和评价,同时还可扮演"第三方"的角色对民办成人职业培训机构进行包括培训资质、培训过程、培训质量在内的全过程评价。四是建立以资源为支撑的保障机制。县域政府组织应关切职业学校在参与农民培训上可能出现的财政困难、师资不足、设施羸弱等实际困难,并加大相应的资源投入,促成县域职校与县域农民培训互促共生的良性循环。

### (三)互嵌共生,提升传承创新民族文化能力

一是明确互嵌方向,分层制定民族文化人才培养目标。考察发现,依据县域职校各个专业人才培养价值取向以及民族文化的特性,民族地区县域职校应该而且能够培养三类具有民族文化基因的新型应用型人才:一是民族文化识别与鉴赏型人才。这类人才对本民族文化有一定的认知,熟悉本民族文化的基本知识、技能,具备识别和鉴赏民族文化的基本能力,能够将部分民族文化要素融入未来生活以及工作当中(如将民族体育、舞蹈、剪纸等元素融入幼

---

① 王楠,张伟远,苟江凤."互联网+"背景下新型职业农民群体终身学习现状及发展建议研究[J].中国电化教育,2019(6):63-72.

儿教育当中)。二是民族文化保护与传承型人才。文化传承是依靠具体人的传承,传承人的培养及其结构的优化是传承水平得以提升的重要体现。①这类人才不仅熟知本民族文化相关专业知识,还掌握民族文化相关专业技术技能,能用多种方法收集、保存和处理民族文化相关资料。三是民族文化应用与创新型人才。随着时代的发展,民族文化要在其中平衡"变与不变"。因为民族性与时代性是相互联系和相互依存的关系,任何一种民族文化形态既是一定时代的文化,又是一定民族的文化,二者在特定的文化之中,通过特定的形态而体现出来。②为此,要培育能够精准把握和深切体悟民族文化"变与不变"的民族文化创新人才,这类人才具备民族文化的核心知识和能力素养,能够熟练提取、综合和迁移应用民族文化知识和技能,同时能将民族文化进行跨时间、跨领域、跨空间的完善与创新。

　　二是开发互嵌媒介,构建职校民族文化专业课程体系。"融合式"的嵌入是民族文化融入县域职校的最理想样态,其核心要义是民族文化与学校专业课程的多层次、多角度、全方位的有机互嵌。为此,民族文化需以"群"样态汇入并以物质"群"、理念"群"、制度"群"等形式扎根于学校空间,而这依赖于民族文化专业群的构建。"十四五"规划建议中提出深入"推动文化和旅游融合发展"。因而,民族文化专业群的构建可面向旅游产业集群,围绕民族文化挖掘、文化创意构思、产品设计开发、生产销售及售后构建核心基础专业,并延伸至餐饮服务、住宿服务等领域设计拓展专业,以培育出应用型、复合型、创新型的高素质民族文化技术技能人才。此外,"课程作为文化发展的重要手段或媒介为文化的增值与创新提供核心机制,离开课程,文化便成为一池死水终将枯竭"。③民族文化课程是学校实施民族文化教育的主要载体,在开发过程中应结合职业教育的特质,打造出具有职业教育特色的民族文化课程。在民族文化正式进入学校课程体系之前,要保证民族文化符合教育尺度。确立好进入校园的民族文化类型和内容之后,要考虑民族文化课程属于学科模式还是行动模式,对应不同的课程开发技术。如果某项民族文化内容同时具备实用性

---

① 陈丹.历史记忆、隔离机制与文化自觉——凉山彝族漆器工艺传承的多重语境[J].云南民族大学学报(哲学社会科学版),2014(3):42-48.
② 陆云.云南少数民族文化的传承与创新[J].云南社会科学,2003(S2):143-145.
③ 郝德永.课程与文化:一个后现代的检视[M].北京:教育科学出版社,2002:1-4.

与技能性,且想要培养与该民族文化相关的应用与创新型技能人才,则将其开发成为工作逻辑下的任务模式课程,并且要组织课程专家、教师以及从事与该民族文化相关行业企业技术人员进行工作任务的分析,并系统编排出民族文化的专业核心课程、专业基础课程以及专业选修课程。此外,也可将民族文化与其他学科专业进行课程体系的科学设计与组织,构建民族文化专业选修/必修课程,以达到"1+1>2"的效果。例如,可将蜡染、刺绣等民族文化工艺课程嵌入到服装设计专业,构建蕴含多元文化的课程,这样既能教予学生鲜活实用的民族技艺,对服装进行大胆创新,又能实现民间技艺的保护与传承。

三是活化互嵌机制,立体实施民族文化三级课堂模式。民族文化要真正嵌入县域职校人才培养全过程,还需创新人才培养模式,构建第一课堂(传统教室课堂)、第二课堂(校内外活动)、第三课堂(企业实践)等三级课堂联动的课堂链。其中,第一课堂侧重于对民族文化知识和技能的专门学习,包括民族文化专业课堂、民族文化公共课堂。其中民族文化公共课不限于以"民族文化为主体"的课堂,还指向将民族文化作为"课程资源"融入公共课堂或其他专业课堂。比如,在学校推动"三全育人"的大背景下,充分挖掘民族文化中有关开展思政教育的课程思想资源要素、课程知识资源要素、课程人力要素等,并将其融入思想政治、艺术等公共基础课堂。同时,要延续和补充第一课堂,以形成具有趣味性、灵活性的第二课堂。学校应鼓励学生积极参与校内外民族文化知识和技能竞赛,支持学生成立、组织与参加民族文化相关社团活动,举办民族文化活动周,与小学、初中、高中(普通教育)合作开展与民族文化相关的职业启蒙教育实践活动等。此外,要打破学校与社会的有形隔离,面向校外拓展和深化第二课堂,形成第三课堂。该类课堂主要是在校外进行实践教学活动,有专业社会实践、顶岗实习、毕业实习等多种类型,目的在于解决学生岗位综合技能问题。例如,学校可在当地旅游景区设立与民族文化相关的创客空间、校外创意孵化基地和校外实习实训基地等。

四是构筑互嵌平台,多向发力促进民族文化有机嵌入。县域职校与民族文化要达成互嵌共生的谐振效应,还需要"政-产-学-研"多元主体构筑多重平台的有效支撑。一是成立"民族文化大师工作室"。民间个人参与是近年来民族地区职业教育的创新模式,以"非遗大师"作为传承民族文化的传承源点,通过建立"非遗大师工作室",利用技艺传承与技术创新来促进民族地区产业结构优化升级,是社会外部力量注入职业教育民族文化传承的一种体现。因此,县域职校可在教育行政部门的统筹下因地制宜选聘优秀民族文化传承人进校并担任兼职教师,成立大师工作室并纳入日常教学,同时将具有扎实教学技能和丰富理论素养的优秀民族文化传承人作为专业带头人,面向对全体教师开展优秀民族文化知识通识教育,促进即将担任民族文化教学的教师转型。二是建立"民族文化人才产教融合孵化基地"。县域职校应积极对接本地民族文化产业需求,根据实训、实习及跟岗实习等不同阶段的要求,兼顾政、校、企三方的利益,通过学校自筹资金、校企共建、政府资助等形式建立民族文化人才孵化基地。同时县域职校要充分利用当地文化资源,通过创新"工作站+企业+传承人+农户""非遗项目+传承人+基地"等模式,开发高质量的民族文化创新产品,实现"人才培育—经济创收—生态发展"的良性共演。[①]三是成立"民族文化传承与保护联盟"。同一民族地区之内的县域职校可联合成立"民族文化遗产传承与保护产教联盟",秉承"资源共享、以强带弱、互利共赢"的理念,通过共建民族文化特色专业、共享民族文化资源、合作开发民族文化课程标准及教材、互聘共培民族文化优秀师资等方式,充分整合不同职业学校的民族文化教学资源,促进校际教学资源镶嵌、对接与组合。

**案例　广西民族中等专业学校民族文化传承**

广西民族中等专业学校民族音乐与舞蹈专业是全国职业院校民族文化传承与创新示范专业点、广西重点建设品牌专业。学校突出专业的民族特色,将优秀传统文化融入专业教学,组织开展校园文化艺术节、各类节庆文艺演出等丰富多彩的校园民族文化活动。

1.2021年4月13日,学生承办"壮族三月三·桂韵民歌颂党恩"广西民族歌舞会,中央民族画报、广西日报、南国早报、广西新闻网等媒体到校采访报道。同时组织师生参加武鸣区"壮族三月三"民族文化展演活动。

2.建设"学生民族艺术社团"和"学生民族文创社团"。在专业教师的指导

---

① 许珂,郭可冉."非遗"视角下民族职业教育扶贫的内在逻辑与实践路径[J].民族教育研究,2021(2):115-122.

下,让学生从中探知民族文化的瑰宝,领悟传统文化的魅力,达到传承传统文化的目的。

### (四)跨界融合,提升人才聚集能力

一是增强"三农"人才的供给力度。乡村振兴以农民为主体,力求增加农民在乡村振兴中的参与度、获得感与满足度;乡村振兴以农村为主战场,农村的生态环境治理、基础设施改善、乡风民俗传承、基层组织建设等工作不可或缺;乡村振兴以农业为主导产业,通过传统农业向现代农业、观光农业、休闲农业、立体农业、农产品深加工等"农业+"相关产业转型升级拉动关联产业的发展。[1]与此对应,乡村振兴必须建立在增强"三农"人才的供给力度基础之上,以人才振兴拉动产业振兴、文化振兴、生态振兴、组织振兴。职业教育尤其是农村职业教育,因其面向农业、面向农村、面向农民的办学属性,能够依托乡村特色优势资源,升级改造现有涉农学科专业,进一步加强交叉学科和新兴涉农专业建设,并同地方政府与企业共同打造农业全产业链,推进农村第一、二、三产业融合发展。

二是丰富"三农"人才的供给种类。随着乡村旅游、民宿经济、健康养老、休闲农业等新产业、新业态在乡村的全面发展,乡村除了需要主导的农业人才,还需要多种多样类型的人才共同助力。未来,乡村振兴对人才的类型提出了新需求。因此,县域职校不能仅仅满足于为乡村供给农业人才,还应基于"面向'三农'"的办学使命,将"懂农业、爱农村、爱农民"的价值理念和知识体系嵌入到诸如汽车运用与维修、旅游服务与管理、养老康复等非农专业的人才培养过程之中,潜移默化塑造职业院校学生的"三农"情怀,为更广范围的技能人才返乡就业或创业提供情感和能力基础。

三是按需分类供给本土人才。实施乡村振兴战略,主业是农业、主体是农村、主人是农民。乡村人才振兴既要引进外来人才,也要注重培养本土人才,双向发力激发人才活力。在乡村振兴背景下,县域职校要在乡村人才科学分类的基础上,建立乡村人才振兴的需求预测机制,并根据预测需求开展精准培养。具体而言,既要加强面向乡村留守农民开展现代职业农民培训,还要根据

---

[1] 彭华涛,皇甫元青.巩固拓展脱贫攻坚成果与乡村振兴的衔接机制分析[J].江汉论坛,2022(1):65-71.

乡村实际人才需求积极探索诸如农场主培训、农业职业经理人培训、乡村工匠培训、非遗传承人培训等特色人才培训项目，充实多样乡村人才类型。此外，除了面向留守农民开展职业培训，县域职校还要通过制度创新、服务创新吸引广大青年"新农人"加入多元化的人才培训体系当中。

四是基于乡村第一、二、三产业融合建设专业集群。第一、二、三产业融合是乡村产业发展的主流趋势，但融合逻辑各有不同。因此，职业教育建设专业集群首先需要开展乡村市场调研。市场调研是职业教育专业群建设的行动基础，只有对市场、产业链、职业岗位群的情况有既充分又准确的了解，专业群才有活力和价值。[①]受地理空间和地理资本的形塑，当前我国不同乡村因地制宜发展起多样性的特色农业产业，形成了"一村一品""一县一业"差异化的农村产业发展格局。在此背景下，职业教育需要对乡村的产业状况及融合逻辑开展调研，明确不同乡村的主导产业及其延伸产业，并基于此融入专业集群建设理念，打破传统自成体系的人才培养格局，围绕现代农业产业链建立专业链，形成专业集群。

**案例　彭水县职业教育中心建设文旅融合专业群**

例如，文旅产业是彭水县支柱产业，基于九黎城的"食、住、行、游、购、娱"文旅产业链，彭水县职业教育中心以服务区域产业集群发展、助力乡村振兴为宗旨，以推动文旅专业集群发展、增加学校核心竞争力、提高人才培养质量为目标，构建了以旅游专业为核心，康养休闲旅游、民族工艺品设计与制作、服装、中餐烹饪、电子商务专业为支撑的文旅专业群。学校紧紧围绕专业群组织、建设和成果运用三个环节，构建了以"找逻辑、做调研、构体系、建机制、组团队、养队伍、搞研发、推试点、提成果"为实施步骤的"三环九步"专业群建设路径，并以扎根县域为办学定位，以按需分类供给本土人才为培养目标，制定专业群动态调整机制。

五是组建"学校+企业+乡村"合作育人主体。在职业教育服务乡村振兴中，体现着"职业院校+企业+乡村"的关系逻辑。由职业院校协调政府、行业、涉农企业、农业大户等多元主体，在政府、农协的统筹领导下，围绕农民群体的

---

① 林克松,许丽丽.课程秩序重构：高职高水平专业群建设的逻辑、架构与机制[J].高等工程教育研究，2019(6):125-131.

核心需求,优势互补,有机融合,协同共治,实现多元主体的联动共治与互利共生。因此,提升三农人才培养质量离不开多元主体的协同配合。职业教育要打破场域边界,通过组建涉农职业教育集团、现代农业发展联盟等统筹构建三农人才"1+N"培养共同体。其中,"1"为职业院校,发挥主体作用;"N"为行业企业、村民等利益相关主体。"1"与"N"基于共赢互惠的理念相互配合、有机互动,整合"专业导师""创业导师""农业导师"的育人优势,促成校企结合"培养人"、校乡联动"孵化人"、乡企联合"使用人"、三方联合"成就人"。①

六是延展"校园+庭园+田园"联动育人课堂。三农人才培养具有很强的实践性,以往"黑板上种田"的培养模式必遭扬弃。职业教育要助力培养"一懂两爱"的现代"新农人",必须延展育人空间,搭建"1+N"育人课堂,建立起跨时空的、"第一课堂""第二课堂""第三课堂"为一体的"三级课堂"教学实践行动框架。其中,"1"为相对固定的职业院校课堂,"N"为相对灵活的"庭园课堂""田间课堂""院坝课堂"等。职业院校课堂强调固定性,侧重培养学生的专业知识;"庭园课堂""田间课堂""院坝课堂"强调灵活性,重在培养学生的实践能力。课堂空间的拓展不仅能够促进职业院校农业人才培养过程的知行合一,而且可以支持新型职业农民的弹性学习、农学结合。

七是构建立体化帮扶网络。县域职校应以产业扶持为主线、以智力帮扶为推手、以全面帮扶为面向,建设由不同类型和来源的师资跨界融合而成的人才支援队伍。其中,"1"为与乡村产业对接的相关专业教师,主要以"产业带头人"或"科技特派员"的角色承担帮扶乡村产业振兴的重任,"N"则包含职业院校思想政治教育类专业、文化传媒类专业、地质地理类专业等不同专业类型的教师,侧重助力乡村的组织振兴、文化振兴和生态振兴,进而通过"1+N"人才支援队伍的融合撬动乡村的全面振兴。此外,县域职校在个体支援的基础上,还可以结合所帮扶乡村的特点和需求,设立诸如"乡村振兴学院""乡村振兴支援队""农民学院"等人才支援组织,从而吸纳学校不同专业背景的教师兼职担任"乡村振兴学院教师""乡村支援员",扩充人才支援的数量和范围。最后,农村青年在乡村振兴中大有可为、大有作为。农村是职业院校的主要生源地,农村

---

① 金绍荣,张应良.农科教育变革与乡村人才振兴协同推进的逻辑与路径[J].国家教育行政学院学报,2018(9):77—82.

青年是职业院校生源的主要构成,职业院校学生"知农爱农"的特点使其更有优势成为乡村振兴的"中坚青年"。事实上,只有让学生深入乡村、亲近农民、靠近农业,才能真正意识到运用自身所学帮助农民生产和经营的重要性。在此意义上,县域职校要积极为青年学子"下乡唱戏"搭建广阔舞台,借助专业实践、社会实践等多种形式,组织或引导学生走进农村、了解农业,广泛参与到乡村产业发展、文化振兴、文明提升、环境保护、医疗服务等工作当中,使学生在服务乡村的同时生成"面向三农"的情怀、知识和能力,实现育人与服务的融合共生。

# 后记

　　自党的十八大提出"加快发展现代职业教育"以来,以习近平同志为核心的党中央高度重视职业教育的发展,将职业教育作为推动经济社会发展的一项重要工作。多年来,职业教育作为与区域经济社会发展密切关联的类型教育,一直都是推动民族地区反贫困治理的有效载体,为全国决胜脱贫攻坚做出了重要贡献。"十四五"时期,在实现全面建成小康社会的目标之后,乡村振兴正阔步前行,并进入全面推进的新发展阶段。此时,职业教育又该如何巩固民族地区脱贫攻坚成果,进而精准契合民族地区发展需要,全面推进乡村振兴战略实施呢,这是每一个相关研究者需要关注和重视的问题。

　　为此,近五年来,我和课题组成员针对西南民族地区县域职校扶贫的相关问题展开了长期性和系统性的研究,并在此过程中形成了这本著作——《从脱贫攻坚到乡村振兴——西南民族地区县域职校发展生态与路径》。本书共分为十四章,内容主要涉及理论研究、成效研究和对策研究三大模块。前三章围绕县域职校扶贫的价值定位、作用机理与应然逻辑,描摹民族地区县域职校反贫困治理的逻辑理论和目标框架,从"应然"层面聚焦于民族地区县域职校反贫困治理的体系建设。第四章到第十章围绕着县域职校在反贫困治理中的具体进展和表现,展开了一系列实证调查,从"实然"层面既揭示了民族地区县域职校反贫困治理的形式、成绩、痛点与难点,也分析了影响民族地区县域职反贫困治理的内外部影响因素。第十一章到第十四章则是"应然"层面的对策研究,通过聚焦职业教育实现脱贫攻坚与乡村振兴有效衔接的核心问题,明晰后扶贫时代民族地区县域职业教育的新目标、新任务与新路向,为民族地区县域职业教育走向高质量发展和服务乡村振兴、促进共同富裕提供策略建议。

在课题研究和本书写作的过程中,我始终致力于实现两个统一:第一,"共性问题"与"个性问题"相统一。书中的内容涉及了县域职校扶贫模式开发、产教融合建设、办学格局塑造、教师队伍建设等共性问题,解决这些问题的经验不仅有助于民族地区职业教育的反贫困治理,也可供研究者和实践者从更为宏观的层面,整体性探讨职业教育扶贫的行动逻辑。同时,书中的内容还涉及了民族文化创新与传承、县域农民培训、民族地区控辍保学、县域学生就业"离农"等具有民族地区和县域特征的个性问题,对个性问题的把握,将有助于民族贫困县域精准脱贫治理。第二,坚持"理论研究"与"实践经验"相统一。书中既有笔者基于已有研究成果和前沿问题思考,形成的对民族地区县域职校扶贫的价值定位、作用机理、方法路径的理论性成果,也有笔者基于实地考察,形成的对民族地区县域职校扶贫的实践成效、阻滞因素、现实困境的实证性成果。理论研究与田野考察相互结合的方式,将有助于让我们更加系统、全面并深入地了解当前我国民族地区职业教育发展改革和反贫困治理的现实情况。

进入到后扶贫时代,民族地区县域职校面临新目标、新使命和新任务。"十四五"时期,我国在全面推进乡村振兴战略的同时,西部大开发新格局不断形成、"一带一路"建设持续推进、乡村文旅融合发展和区域协作纵深发展继续深化。因此,西南民族地区县域职校将面临更优良的机遇、更复杂的形势、更强烈的诉求和更严峻的挑战。那么,职业教育又该如何作为?这不仅是职业教育自身需要审视的问题,也是整个教育系统和全社会需要审视的问题。值得注意的是,事实已经证明脱贫攻坚和乡村振兴战略并不是任何一方通过单打独斗而实现的。未来,县域职校的发展必然需要纳入区域经济社会发展规划和相关产业发展规划当中的,只有构建起县域职校与民族地区发展命运共同体,才能实现真正的乡村振兴和共同富裕。身为职业教育的研究者和实践者,我们必须要充分认识到这一点,避免盲目行动,以促使职业教育在全面推进乡村振兴战略新征程中,前途广阔、大有可为。

最后,研究成果是来之不易的。在这五年的时间中,我和团队成员深入了四川、云南、贵州、西藏、广西、重庆等省(自治区、直辖市)几十所县域职校展开实地调研工作,其中,要特别感谢彭水县职业教育中心、秀山县职业教育中心、北川羌族自治县七一职业中学、紫云县民族中等职业学校、昌都市职业技术学校等几十所民族职业学校对我们田野工作的大力支持与积极配合。本书是课题研究成果的总结与升华,课题组成员杨欣怡、彭敏、沈家乐、王官燕、曹渡帆、刘璐璐等对于本书的形成付出了智慧与汗水。最后,书中参考和引用了诸多机构和学者的研究成果,受到了西南大学发展规划与学科建设部的专项支持,得到了西南大学出版社的专业帮助,本人在此一并表示最诚挚的感谢!

# 主要参考文献

1. 高红梅.城镇化背景下县级职教中心发展模式创新研究[M].沈阳:辽宁人民出版社,2014.
2. 国家行政学院编写组.中国精准脱贫攻坚十讲[M].北京:人民出版社,2016.
3. 朱德全.职业教育统筹发展论[M].北京:科学出版社,2016.
4. 庄天慧,蓝红星,杨浩,曾维忠,等.精准脱贫第三方评估:理论、方法与实践[M].北京:科学出版社,2017.
5. 姜大源.职业教育要义[M].北京:北京师范大学出版社,2017.
6. 郭佩霞,朱明熙.西南民族地区脆弱性贫困研究[M].成都:西南民族大学出版社,2017.
7. 教育部职业教育与成人教育司.中国高等职业院校精准扶贫报告(2013—2020年)[M].北京:高等教育出版社,2021.
8. 中国扶贫发展中心,全国扶贫宣传教育中心.中国脱贫攻坚报告(2013—2020)[M].北京:中国文联出版社,2021.
9. 朱旭东,李兴洲.中国教育扶贫报告(2020—2021)[M].北京:社会科学文献出版社,2021.
10. 中国职业技术教育学会乡村振兴与城市可持续发展工作委员会.乡村振兴 中国职教在行动——职业教育服务乡村振兴典型案例[M].北京:电子工业出版社,2023.

11.李伯玲.县级职教中心的办学机制问题研究——基于三个县级职教中心的实地考察[J].东北师大学报(哲学社会科学版),2016(4):161-165.

12.李兴洲.公平正义:教育扶贫的价值追求[J].教育研究,2017,38(3):31-37.

13.李中国,黎兴成.职业教育扶贫机制优化研究[J].国家教育行政学院学报,2017(12):88-94.

14.戴建兵,谢俐,贾海明,刘宝民,纪绍勤,刘占山,张昭文.全国县级职教中心新时代振兴发展笔谈[J].河北师范大学学报(教育科学版),2018,20(2):5-8.

15.贺雪峰.关于实施乡村振兴战略的几个问题[J].南京农业大学学报(社会科学版),2018,18(3):19-26,152.

16.高明.大有作为与大有可为——县级职教中心服务县级经济情况调研[J].职业技术教育,2018,39(12):55-60.

17.豆书龙,叶敬忠.乡村振兴与脱贫攻坚的有机衔接及其机制构建[J].改革,2019(1):19-29.

18.巩红冬,鲍嵘.空间正义视角下的职业教育民族文化传承功能及其发挥[J].重庆高教研究,2019,7(3):39-48.

19.杨华.论以县域为基本单元的乡村振兴[J].重庆社会科学,2019(6):18-32.

20.姜汉荣.功能综合体:县域职业学校的功能再构与路径探寻[J].中国职业技术教育,2019(19):82-87.

21.胡美玲,袁凤琴.利益趋同与合力构建:职业院校传承民族文化多元参与的案例研究[J].中国职业技术教育,2019(22):41-47.

22.郭言歌."三区三州"农业特色产业发展困境与对策[J].北方民族大学学报,2020(5):13-19.

23.韩文根.乡村振兴背景下县域职业教育发展的意义、问题及关键举措[J].教育与职业,2021(10):28-33.

24.雷云,赵喻杰.以教育看待贫困——中国教育扶贫理论建构及未来路向[J].教育研究,2021,42(12):120-130.

25.李芳.职业教育固脱防返的内在逻辑与政策框架——基于"三区三州"的调研[J].教育发展研究,2021,41(11):9-15,46.

26.李郭倩,张承洪.精准扶贫视角下县域民族教育发展的困境与策略——以四川省A州为例[J].贵州民族研究,2020,41(6):155-160.

27.吕晓娟,陈虹琴.控辍保学问题的地方经验与改进策略——基于"三区三州"深度贫困地区控辍保学政策的文本分析[J].民族教育研究,2021,32(1):111-121.

28.朱德全,熊晴.民族地区职业教育服务乡村振兴——基于系统耦合的立体性分析框架[J].南京师大学报(社会科学版),2021(4):13-22.

29.高岳涵,王琪.民族地区职业教育如何赋能乡村振兴[J].中南民族大学学报(人文社会科学版),2022,42(9):165-172,188.

30.唐本文.民族地区产业振兴与农村职业教育的多维耦合机制与融合模式构建[J].民族学刊,2023,14(9):86-93,162.

# 附录 | 调查表

编号：_____      学校：_____

## 国家社会科学基金教育学青年课题"西南民族地区县级职教中心精准扶贫的实施成效及推进机制研究"调查表

★

填答说明：您好，感谢您在百忙之中填写此份调查表。本研究是由全国教育科学规划办资助的"西南民族地区县级职教中心精准扶贫的实施成效及推进机制研究"项目，主要目的在于调查民族地区县域职教中心扶贫情况。**问卷无须填写姓名，答案不分对错，调查结果仅供科学研究之用。**您的填答是我们科学研究的保证，恳请您务必如实、认真作答每一道题。

衷心感谢您的支持与配合！

### A部分：县域发展情况

A1.本县域民族构成比例：

    1.汉族_____      2.（　　）族_____      3.（　　）族_____

A2.本县域人口总数（常住户籍人口）：

    1.2019年_____      2.2018年_____      3.2017年_____

    4.2016年_____      5.2015年_____

A3.本县域经济发展情况（GDP）：

    1.2019年_____      2.2018年_____      3.2017年_____

    4.2016年_____      5.2015年_____

A4.本县域产业分布情况（2018年）：

    1.农业比重_____      2.工业比重_____      3.服务业比重_____

A5. 本县域的优势、核心产业是：_____

A6. 本县域有无工业园区(产业园)：

  1. 有       2. 无

A7. 本县域有多少个中大型企业(从业人员在300人以上)：

  1.0个  2.1~3个  3.4~6个  4.7~10个  5.10个以上

A8. 学校与工业园(产业园)属于何种互动关系：

  1. 紧密互动，原因：_____

  2. 松散互动，原因：_____

A9. 本县域有_____所中等职业学校；有_____所普通高中；有_____所高等院校。

A10. 本县域近五年高中阶段教育在校生人数(含普教和职教)：

  1.2019年_____  2.2018年_____  3.2017年_____

  4.2016年_____  5.2015年_____

A11. 本县域普通高中办学质量(高考升学率)情况：

  1. 全省中等偏上水平  2. 处于全省中等水平  3. 全省中等偏下水平

A12. 本县域是否属于国家级贫困县域：

  1. 是      2. 否

A13. 本县域重视职业教育发展程度：

  1. 不重视    2. 重视

A14. 本县域发展环境或条件对学校发展构成哪些不利或有利影响？

_____

_____

_____

## B部分：学校发展情况

B1. 学校组建于_____年；占地_____平方米；归属_____部门主管。

B2. 学校属于：

  1. 国示范    2. 省(市)示范    3. 非示范校

B3. 学校综合办学实力在省内处于：_____

  1. 前30%      2. 30%~70%     3. 后30%

B4. 学校专任教师_____人；兼职教师_____人；"双师型教师"比例_____；

  本科及以上学历教师比例_____；拥有高级职称教师比例_____；

  学校师资发展困境：_____

B5. 学校合作企业数量：_____

  1. 丰富      2. 紧缺

B6. 学校合作企业的总体特点：_____

1. 本县企业为主；   2. 县外企业为主；   3. 省外企业为主

4. 小型企业为主；   5. 中大型企业为主；  6. 国有企业为主

B7. 学校加入了哪些职教集团？_____

B8. 学校开设_____个专业；分别是_____

_____

_____；优势特色专业是_____

B9. 学校开设的涉农专业是_____；未开设涉农专业的原因是_____

_____；开设的契合本县优势特色产业的专业是_____

B10. 学校各类经费来源占全部经费来源的比例状况：

1. 中央财政拨款_____   2. 省(市)财政拨款_____

3. 县级财政拨款_____   4. 向学生收取的费用_____

5. 学校经营性收入_____   6. 企业或社会捐资_____

B11. 学校近五年的生均公共财政预算教育事业费支出是：

  1. 2019年_____元/生 2. 2018年_____元/生 3. 2017年_____元/生

  4. 2016年_____元/生 5. 2015年_____元/生

B12. 学校在发展过程中遇到的主要困难或挑战体现在哪些方面？

_____

_____

_____

## C部分：招生就业情况

C1.学校最近五年招生人数：

　　1.2019年_____　　　　2.2018年_____　　　　3.2017年_____

　　4.2016年_____　　　　5.2015年_____

C2.高一年级学生本县域户籍比例：_____；少数民族比例：_____

贫困学生比例：_____；受资助学生比例：_____

C3.近五年毕业生人数（含升学）：

　　1.2019年_____　　　　2.2018年_____　　　　3.2017年_____

　　4.2016年_____　　　　5.2015年_____

C4.学校近五年毕业生升学人数：

　　1.2019年_____　　　　2.2018年_____　　　　3.2017年_____

　　4.2016年_____　　　　5.2015年_____

C5.近五年毕业生直接就业人数（含自主创业）：

　　1.2019年_____　　　　2.2018年_____　　　　3.2017年_____

　　4.2016年_____　　　　5.2015年_____

C6.毕业生在本县域就业人数（含自主创业）：

　　1.2019年_____　　　　2.2018年_____　　　　3.2017年_____

　　4.2016年_____　　　　5.2015年_____

C7.毕业生一次性对口就业率：

　　1.2019年_____　　　　2.2018年_____　　　　3.2017年_____

　　4.2016年_____　　　　5.2015年_____

C8.学校在招生过程中面对的主要困难或挑战体现在哪些方面？

_____

_____

C9.学校近年学生辍学情况怎么样？如何有效控辍保学？

_____

C10.毕业生总体倾向城市就业，如何看待？

_____

## D 部分：社会培训情况

D1. 学校过去一年所开展的社会培训的项目来源情况是：

    1. 教育部门分配_____个，名称：_____

    2. 其他行政部门委托_____个，名称：_____

    3. 企业行业委托_____个，名称：_____

    4. 学校主动举办_____个，名称：_____

D2. 学校是否愿意主动承担县域各级行政机构分配的社会培训项目：

    1. 愿意，原因：_____

    _____

    2. 不愿意，原因：_____

    _____

D3. 学校过去一年开展农民培训情况：

    1. 政府组织的留守农民培训_____次，培训人数：_____

    2. 转移农民培训_____次，培训人数：_____

D4. 在政府组织的农民培训体系当中，学校功能的发挥情况：

    1. 作用很大，原因：_____

    _____

    2. 作用缺失，原因：_____

    _____

    _____

D5. 学校开展农民培训的成效情况：

    1. 成效很好，原因：_____

    _____

    _____

    2. 成效不好，原因：_____

    _____

    _____

## E部分：扶贫举措情况

E1. 学校参与精准扶贫的主要动力：＿＿＿＿
  1. 落实上级部门的任务  2. 完成相应的考核要求
  3. 主动承担社会服务责任  4. 自觉提升学校办学吸引力

E2. 对学校开展扶贫工作的总体满意程度：
  1. 不满意，原因：＿＿＿＿＿＿＿＿＿＿＿＿＿＿＿＿＿＿＿＿
  ＿＿＿＿＿＿＿＿＿＿＿＿＿＿＿＿＿＿＿＿＿＿＿＿＿＿＿＿
  ＿＿＿＿＿＿＿＿＿＿＿＿＿＿＿＿＿＿＿＿＿＿＿＿＿＿＿＿

  2. 满意，原因：＿＿＿＿＿＿＿＿＿＿＿＿＿＿＿＿＿＿＿＿＿＿
  ＿＿＿＿＿＿＿＿＿＿＿＿＿＿＿＿＿＿＿＿＿＿＿＿＿＿＿＿
  ＿＿＿＿＿＿＿＿＿＿＿＿＿＿＿＿＿＿＿＿＿＿＿＿＿＿＿＿

E3. 在帮扶建档立卡贫困学生方面，学校的主要举措是：
  ＿＿＿＿＿＿＿＿＿＿＿＿＿＿＿＿＿＿＿＿＿＿＿＿＿＿＿＿
  ＿＿＿＿＿＿＿＿＿＿＿＿＿＿＿＿＿＿＿＿＿＿＿＿＿＿＿＿
  ＿＿＿＿＿＿＿＿＿＿＿＿＿＿＿＿＿＿＿＿＿＿＿＿＿＿＿＿

E4. 在助力乡村文化/产业振兴方面，学校的主要举措是：
  ＿＿＿＿＿＿＿＿＿＿＿＿＿＿＿＿＿＿＿＿＿＿＿＿＿＿＿＿
  ＿＿＿＿＿＿＿＿＿＿＿＿＿＿＿＿＿＿＿＿＿＿＿＿＿＿＿＿
  ＿＿＿＿＿＿＿＿＿＿＿＿＿＿＿＿＿＿＿＿＿＿＿＿＿＿＿＿

E5. 学校有无参与"职业教育东西协作行动计划"？
  1. 有，对接学校是＿＿＿＿＿＿＿＿＿＿＿＿＿＿＿＿＿＿＿
  2. 没有

E6. 对"职业教育东西协作行动计划"实施成效的总体满意度：
  1. 不满意，原因：＿＿＿＿＿＿＿＿＿＿＿＿＿＿＿＿＿＿＿＿
  ＿＿＿＿＿＿＿＿＿＿＿＿＿＿＿＿＿＿＿＿＿＿＿＿＿＿＿＿

  2. 满意，原因：＿＿＿＿＿＿＿＿＿＿＿＿＿＿＿＿＿＿＿＿＿＿
  ＿＿＿＿＿＿＿＿＿＿＿＿＿＿＿＿＿＿＿＿＿＿＿＿＿＿＿＿